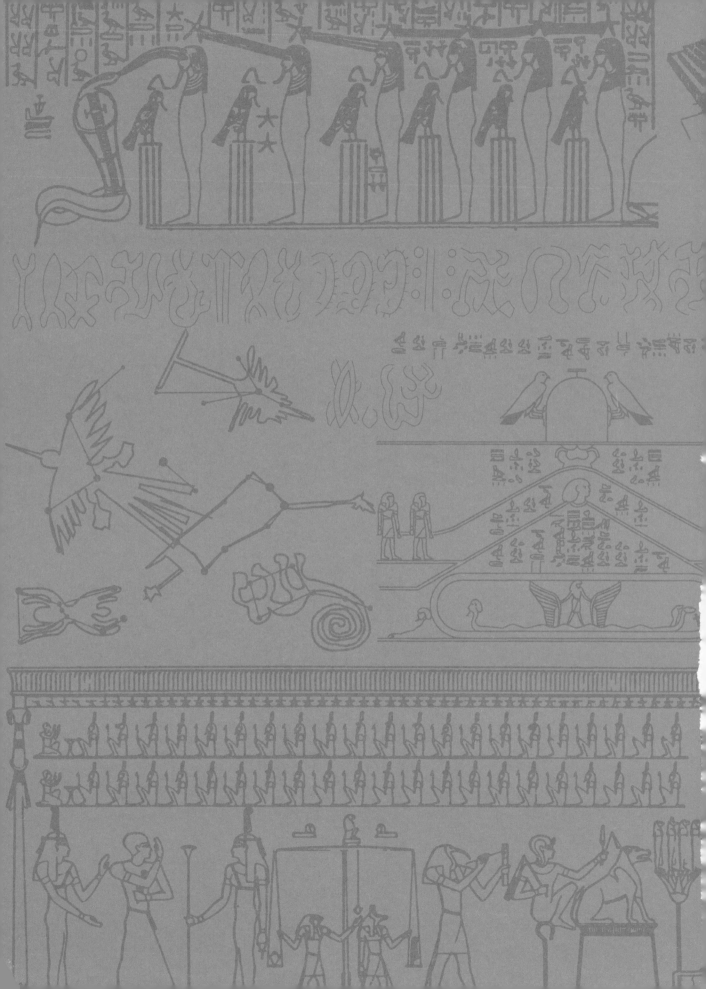

天之鏡

Heaven's Mirror
Quest for the Lost
Civilization

全 譯 本

古文明研究權威　**葛瑞姆·漢卡克**｜著
全球暢銷書作家　Graham Hancock

桑沙·法伊亞｜攝影　　　　**周健**｜譯
Santha Faiia

大哉問

「我們活在一個巨大問號的陰影之下。

我們是誰？

我們從哪裡來？

我們到哪裡去？」

"We live under the shadow of a gigantic question mark.

Who are we?

Where do we come from?

Whither are we bound?"

——《人類的故事》（*The Story of Mankind*），1921

荷蘭裔美籍作家房龍（Hendrik Willem van Loon, 1882～1944）在其名著《人類的故事》中，開宗明義揭櫫人類內心深處的三項「大哉問」，追根究底，恐無標準答案。

公元二〇〇〇年為二十世紀的尾聲，「世紀末」的心態浮現，二〇〇一年則為二十一世紀之始，芸芸眾生罹患「前不見古人，後不見來者」、「兩處茫茫皆不見」的焦慮與憂鬱。後現代主義有大破而無大立，多元思潮爭奇鬥豔，卻令人六神無主。

國學大師錢穆（1895～1990）強調唯有道德才能拯救人類文明，英國歷史學家湯恩比（Arnold Joseph Toynbee, 1889～1975）則認為宗教乃是文明之光，並預測結合傳統宗教與自然科學的新宗教終將誕生。啟牖愚民至正確的前景，自許為知識分子者實責無旁貸。

每個圓顱方趾的直立狀生物皆為千百年歷史的縮影，卻因站在經驗巨人的肩膀上看得更遠。面對渺不可知的未來，無常感油然而生，逼使吾人反思遠古文明的意涵，希冀從已進入時間深處的生命活動中擷取智慧的結晶，以趨吉避凶，掌握時代複雜的脈動。

超心理學、幽浮學及古文明的研究，必將成為本世紀的顯學。人們回歸文明的母體（matrix）方能獲得安全感，曾經存在的過去成為瑰麗的寶藏，因吾人所擁有的一切，實淵源於遙遠的過去。

Graham Hancock繼《上帝的指紋》（*Fingerprints of the Gods*）之後，嘔心瀝血，焚膏繼晷，完成極具學術深度的《天之鏡》，其妻Santha Faiia為專業攝影師，數百幀精美的照片直可當作藝術作品欣賞，不僅唯美，卻更具啟示性。

本書將帶領讀者神遊亞洲的柬埔寨、非洲的埃及、中美洲的墨西哥、南美洲的玻利維亞與祕魯，以及太平洋地區較具代表性的古文明遺址，試圖從天文學的詮釋切入，以解讀建築群結構的驚人奧祕。

眾所周知，先史時代的占星術（horoscope）演變為占星學（astrology），後成天文學（astronomy）的前身。化學（chemistry）根植於煉金術（煉丹術, alchemy）。法律演繹自禁忌（taboo, tabu）。「醫」字的古寫為「毉」，檢視世界各民族的傳統醫學，仍隱含巫術色彩，此即民俗療法淵遠流長之因。

非學院派的另類理論，易被堅守所謂正統學說的專家學者們圍剿，但疇昔被視為異端邪說的觀點，歷經千錘百鍊之後可能成為顛撲不破的真理，自古希臘至文藝復興時期有關宇宙中心論的爭議即為一例。法國印象派作品從落選演變為主流畫派，實發人深省。

文化（culture）與文明（civilizaion）的定義已有數百種，而浪漫主義的定義竟多達一萬一千餘種。本書作者明心見性指出「死亡是生命最根本的奧祕」，人類在此藍色行星上已打拚數百萬年，從尼安德塔人的埋葬儀式，至今日耗費不貲的「尋找外星生物」（Search for Extra Terrestrial Intelligence, S.E.T.I.）狂熱，證明不論遠古的原始人或當代的文明人，皆欲超越面對死亡的恐懼，以追求永恆。

古羅馬演說家西塞羅（Marcus Tullius Cicero, 公元前106～43）曾言「不懂世故，幼稚可笑。」（Not to know what happened before one was born is to remain a child.）人們沈醉在意義網路之中，即必須假設每日的所作所為皆具有正當意義，雖然「古猶今也，今猶古也」。世人仍相信「明天會更好」，唯其大前提在歷史必須要有「連續性」，若陷入「不連續的時代」，吾人將何去何從？

死亡學帶動對死亡現象的思索，初民長期觀察天象，自井然有序的宇宙劇場中，戮力探尋永生的奧祕，故藉符合星座排列次序的建築物，以

與自然的呼吸相契合。

西班牙裔美籍哲學家桑塔雅納（George Santayana, 1863～1952）亦言「凡是忘掉過去的人注定要重蹈覆轍。」（Those who do not remember the past are condemned to relive it.）過去的一切並非一片死寂，地球上看似孤立發展的各處古文明，卻有驚人的相似性，直接挑戰多元論的人類起源說。

生活在世界文明邊陲地帶的蕞爾小島上，始終缺乏正確的世界觀，常掙扎於離心的國際化和向心的本土化的緊張關係之中。今日流行全球化，亦即超國家化，其核心為西化，實為歐化，因西化與歐化常為同義字。而反全球化似乎就是反現代化，與其抗衡者厥為本土化，即尋根意識，較具代表性者有：去西方化，去基督教化和去中國化。

上古時代的建築，如神廟和陵墓，皆以巨大著稱。自發明飛機以後，從空中鳥瞰其建築群，則有驚人的發現，整體格局皆呼應某些星座在某一特定時空的位置。人身是小宇宙，為大宇宙的縮影。「天人感應」並非虛無縹緲，「天衣無縫」或許為真。

柬埔寨吳哥城、英國巨石陣、埃及吉沙三大金字塔與智利復活節島的建築和雕刻，皆有星辰崇拜的懷鄉情結。聯合國教育科學文化組織（UNESCO）所審定的世界遺產分為三大類：自然遺產、文化遺產及雙重遺產，其中的文化遺產以建築為大宗，尤以宗教性的建築最為顯著，如神廟、教堂和聖地。

若從相對主義而非絕對主義的觀點切入，每個時代均有其特色，二十世紀的人類不見得比十九世紀的人類更理性。勿藐視古人的智慧，今日所擁有的一切，不一定比往昔更進步。

本書兼具學術深度與廣度，猶如全球著名古蹟的大觀園，再三咀嚼，回味必定無窮。裨益夜郎國的升斗小民，重新建構「長時間、遠距離、寬視野」的胸襟，除不會對現存的成就感到自傲以外，亦因深知人類的極限而謙卑填膺，自可治療「目中無人，心中無神」的思想幼稚病，俾便在即將來臨的「宇宙大同世紀」中永續生存。

中國文化大學史學系副教授
周健

全球性的人類與
宇宙的特殊關聯現象

一九七九年，聯合國教科文組織（UNESCO）底下的世界遺產協會（World Heritage Committee），將義大利北部一處非常特別的上古遺址列入世界文化遺產名錄。這是裡義大利與奧地利交界的阿爾卑斯山區，清新靜幽的世外桃源，隱藏祕密的好地方。

瓦爾卡莫尼卡（Val Camonica）位於時尚之都米蘭的東北方，約莫九十公里的峽谷內。從距今一萬年前的始新世舊石器時代，一直到羅馬帝國時期，當地住民卡莫尼人（Camunni）以鐵器將超過二萬件的圖騰與記號，篆刻在白雲石或硬砂岩上，忠實地紀錄遠古時代日常生活的瑣碎細節。舉凡天候變化、山川水利、蟲魚鳥獸、花草樹木到衝突戰爭，每個描繪都令人歎為觀止。

不過，最讓考古學家與藝術史家感興趣的，不是那些關於狩獵或是部落豐收舞會的熱鬧情景。分布於瓦爾卡莫尼卡內的帕斯帕爾多（Paspardo）、塞萊羅（Sellero）、達爾福博阿廖泰爾梅（Darfo Boario Terme）到納篤（Nardo），一種被稱為「卡莫尼玫瑰」（Camunian rose）的特殊符號，反覆地出現在岩刻之中。

卡莫尼玫瑰在考古學圖像分類中，被歸類為「杯環圖現」（Cup and Ring mark）部門，這是辨認史前文化最主要的特徵之一。遠古時代人類利用堅硬的工具在岩石上砍鑿出大小不等的圓孔，用來表示部族聚落分布位置、或是製作陶器的模型。基座在全球各地都有不同程度的發現，以歐洲為例，西班牙的加里西亞（Galicia）、北英格蘭的諾森伯蘭（Northumberland）都有相似的發現。不過卡莫尼玫瑰之所以特殊，是因為在原始圖繪系統中，加入了極其獨特的表現。

首先，卡莫尼玫瑰呈放射螺旋狀，每個岩刻圖繪都以順時針方向旋轉。宗教學家認定，卡莫尼玫瑰是古老的「卐」字符號（Swastika）。原始宗教以「卐」代表「太陽輪」，象徵自然崇拜中最清晰可見，也最具有

能量的恆星——太陽。

　　不過，宗教學家無法解釋卡莫尼玫瑰特殊的布置方式，有時同一塊岩板上同時存在形狀大小迥異的卡莫尼玫瑰。美國天文學家薩根（Carl Edward Sagan）在《彗星》（Comet）一書中，認為「卐」字符號可能源自於彗星噴出氣體，並於大氣層旋轉的型態，卡莫尼玫瑰是近地慧星尾端所殘留下來的星際塵埃，落入地球大氣層所形成的流星雨。直到考古天文學的研究結合了「沙普利斯亮星雲表」（Sharpless Catalog）與「星雲和星團新總表」（New General Catalogue of Nebulae and Clusters of Stars, NGC），才赫然發現卡莫尼玫瑰極有可能是遠古人類對星雲與星團的抽象描繪。

　　將這些圖形聯結串列，透過歲差級數後，就像是一張張刻畫在岩石上的銀河系旅行指南。更特別的是，在某些卡莫尼玫瑰旁，我們會觀察到一群造型特殊的人像。這些人都穿戴著類似玻璃防護罩式的特殊裝備，手持風格前衛的器具，肢體表現也有微妙差異。種種跡象，讓大膽的考古學者假設，是否在遠古時代，曾有更先進的地外文明拜訪過人類原始的部落社會？

　　除了義大利的瓦爾卡莫尼卡外，全球各地也都有相似的古代遺址，對應著人類與宇宙的特殊關聯。日本大阪府堺市的大仙陵古墳，從高空俯瞰，就像是通往奧祕之道的鑰匙孔；位於墨西哥猶加敦州的馬雅古城遺址烏斯瑪爾（Uxmal），也有學者提出從總督府（The Governor's Palace）、魔法師金字塔（Pyramid of the Magician）到修女四合院（The Nunnery Quadrangle）的排序，與我們所生存的太陽系結構異曲同工之妙。

　　葛瑞姆‧漢卡克一九九八年出版的《天之鏡》，以旅行者與歷史學的視角，探索失落古文明與地外文明的可能性。透過通俗淺顯的文字風格，帶領讀者一窺不同的文明觀點。

作家暨文史工作者
謝哲青

偉大的來世有何物？

▶伊索比亞艾克桑的花崗石碑，高二十餘公尺，重達三百噸，至少有二千年歷史，甚至有可能更古老。有證據顯示其尖頂曾以標示日、月、星辰的金屬板作為裝飾。雖然對其建造者的宗教信仰一無所知，但與天文有關及都是巨石建築的特徵，是散布在全球的現象。

———————

天空的天，地上的天；
天空的星，地上的星；
凡在天際消失者，皆在大地顯現。
凡能解讀箇中奧妙者，必能獲致快樂。

——翡翠字板（Tabula Smaragdina）[1]

死亡是生命最根本的奧祕，對芸芸眾生而言這是亙古不變的事實，但我們至今仍無法了解其真義。死亡的奧祕可以簡化為單純的「非此即彼」題。當我們死亡時是否一切也跟著結束？或者可以有某種方式持續我們的生命？在物質的總和之外是否空無一物？靈魂是否存在？其概念是否為人類心理上虛構之事？或者只是宗教上的發明物？抑或有某些令人驚訝的真實性？

科學可度量和評估一具遺體，卻無法說明死後是否有靈體存在。雖然眾人意見並非一致，但科學上的假設多傾向於靈魂是不存在的，死亡即是死亡。雖說一些科學家藉實驗提出的事實倡導此論調，但並無足夠證據支持其觀點。事實上，科學上對靈魂不存在的這種狂熱信念，其本質便帶有些許宗教色彩。

另一方面，宗教則持相反立場，但也在同樣脆弱的背景中有著相同的狂熱。科學無法證明許多宗教信仰中的天堂、地獄和來世是否存在。但在宗教上和精神上的觀點卻強烈斷言靈魂確實存在，而且死後歷經審判後，靈魂能以各種形式輪迴並重生。

詢問者如斯

面對此種兩極化的論調，好思索者自然會思考肉體死亡的普世法

則，並想知道自己的命運將會如何。根據印度聖書《羯陀奧義書》[譯注1]（*Katha Upanishad*）當中一段描述，一位勇敢而好奇的青年納契凱塔斯（Nachiketas）抵達「死者之屋」（House of the Dead）後，得到向印度死神閻摩（Yama）許願的權利。

納契凱塔斯：人死後是什麼情況，有些人認為「人死後依然存在」，有些人則認為「人死後便什麼都沒有了」。希望你能為我解惑……

閻摩：這個問題並不容易理解……納契凱塔斯，請你選擇其他願望吧……選擇兒孫滿堂數百年，選擇更多牛、象、山羊和馬……選擇財富和時間的長度……

納契凱塔斯：世事無常，生命如此短暫……擁有財富並不會幸福，人死後是否還能擁有財富？我們如何能隨意活著，還不是要受你掌控……這就是他們所質疑的……在偉大的來世中有什麼？願聞其詳。探究死亡奧祕中的奧祕是我的心願，除此之外，納契凱塔斯別無所求。

閻摩：納契凱塔斯啊，你的確在思考珍貴且喜愛的願望。你已通過考驗，並未選擇多數人皆沉淪其中的致富之路……他們被虛幻的財富蒙蔽了雙眼，他們認為「此即現世，並無他世」，因此都逃脫不出我的手掌心……你堅信真理，願詢問者都像你一樣，納契凱塔斯，與我同行[2]。

閻摩為掌管肉體死亡之神，後來成為印度經典中很凸顯的陳述之一。下面是一段有關靈魂本質的陳述，「它從未出生亦未死去，並非從何處衍生，亦不會成為任何東西[3]。」：

未誕生、永恆不變、亙古存在，老者的肉體死去卻不會毀滅……比渺小的更小，比巨大的更大，這個「自我」隱藏在人心之中：了解這些……智者不會悲傷……肉體中無肉體，不穩定中有穩定……它從逝者口中釋放出來[4]。

我們將在下面章節中提出說明，在《羯陀奧義書》裡閻摩對於死亡的啟示，原先並未出現在任何印度宗教哲學之中。這個啟示為古老精神教誨的一部分，不僅在印度流傳，還遠至墨西哥、埃及、中南半島、太平洋及南美洲。但在任何史書中均未有重要文明早已存在的暗示，也就是所謂影響這些地區、已失落的「共同來源」。

此一神祕的思想體系運用天文學的形式，作為其主要的方法論，並在地面建造偉大的建築物，以反映星座的結構及運行。這種體系屬於「不朽的科學」之一，欲將人類設計成「從逝者口中」釋放出來，然而其起

源在先史時代便已被遺忘。而「先史時代」一詞是我們對人類四萬餘年以前，幾乎已徹底失去記憶時期的定義。此一失憶症涵蓋自解剖學上的近代人類的出現，至公元前三千年在蘇美（Sumer）和埃及首度寫下的「歷史記錄」。

強大的記憶

在漫長的失憶時期與有文字記載的歷史交界處，遺留下許多規模巨大的紀念碑。包括用劈削石塊所建的神廟、巨石圈、在遼闊距離排列成絕對直線的聖地等，像是法國北部卡納克（Carnac）以直立石塊排列成的大道，該處一土塚有用巨石排列朝向冬至日出的通道，經碳十四檢定，確定為公元前四千七百年前的遺物[5]。

法國卡納克附近加夫瑞尼斯的巨石通道墓穴，其方位對準冬至的日出，雕刻在石頭上的圖案意義不明。其通道的走向是否與天文學和靈魂的不朽有關？

在不列顛群島最古老的巨石圈，例如位於外赫布里底群島（Outer Hebrides, 在蘇格蘭的西北方）的卡拉尼許（Callanish），據信是公元前三千年前的遺物，但有可能更古老，這點無人能確定[6]。日本亦有尚未挖掘的巨石圈[7]。馬爾他（Malta）的巨石神廟可上溯至公元前四千年[8]。伊索比亞拉里貝拉（Lalibela）用劈削石塊所建的「教堂」，以及北部的艾克桑（Axum）重達三百噸的花崗石碑，不僅起源不明，以任何現存客觀的技術皆無法推定其建築年代[9]。在太平洋地區的島嶼也零星散布許多神祕的巨石建築[10]。另外還有埃及、墨西哥和南美洲的巨大石碑，一塊石頭便重達二百噸[11]。

這些建築有許多不確定性，即它們在何時建造？為何建造？如何建造？何人建造？但可以確定的是，建造者擁有非常先進的工程技術，才能展現出如此標準的天文對應線。

像是卡納克某些以巨石排列成的大道，被當作觀測月球之用。而卡拉尼許的巨石圈，其目的在觀察月球的朦朧現象，即天文學家所熟知，每

巨石頗類似象形文字，顯示某種符號與形狀的神祕語言。

▲英國外赫布里底群島的卡拉尼許巨石。

▶法國北部的卡納克巨石。

十九年才出現一次的「月球主體停滯的南方極限」[12]。此外，卡拉尼許巨石的主軸之一，是排成直線朝向春分與秋分的日出和日落[13]，與聞名世界的英國威爾特郡（Wiltshire）巨石陣（Stonehenge）的石圈對比，則是透過所謂「踵石」（heelstone）的精巧裝置，朝向夏至的日出（太陽沿著地平線每年運行至東方的最北極限）與冬至的日落（西方的最南極限）[14]。

神祕的杜魯伊德教派

長久以來，巨石陣被視為是自公元前二千一百年至一千一百年的一千年之間建造而成[15]。一九九六年，此一年代因新的考古證據出現而受到質疑。在「英國遺產基金會」（English Heritage Foundation）所委託的二年研究中，推論用青石和沙岩遺跡所圍繞的大圓圈，實際上是建於公元前二六〇〇年至二〇三〇年之間，主體部分則是在公元前二六〇〇年至二三〇〇年之間的三百年完成[16]。在這些結果發表後不到一年，另一項研究指出，巨石圈是先用高六公尺的松木「圖騰柱」支撐，其歷史可上溯至公元前八千年[17]。

我們對巨石陣是否作為宗教儀式的用途一無所知，在此舉行宗教儀式的說法也只是一項假設（即使是最佳假設）。關於此處最早的記載見於羅馬人統治時期，有關其原始功能的知識幾乎全部佚失。傳說只有並未建造巨石陣的杜魯伊德教派（Druid）教徒知道其中祕密，但他們卻不願意透露。

　　杜魯伊德教初見於史冊是在凱撒（Gaius Julius Caesar, 公元前102或100～44）於公元前五十年所撰寫的《高盧戰記》（*De Bello Gallico*）中。相關資料非常簡略，只有不到一千字，但這位古羅馬皇帝提供了許多關於杜魯伊德教非常重要的線索：

他們特別希望重述此一觀念，即靈魂不會死去，只是在肉體死亡後轉移至他人……他們亦大肆爭論關於星球及其運行、世界的大小、地球及萬物的本質[18]……

　　從巨石陣精確的排列和幾何圖形看來，其功能大致上是作為天文觀測，特別是夏至的日出，這些用途想必對建造者非常重要，但他們並未說明為什麼。杜魯伊德教的信仰中有關夏至的慶典有助於補強說明，其中提出以下的可能性，即巨石陣並非僅「原始」的不列顛人舉行太陽禮

蘇格蘭卡拉尼許的巨石圈。

夏至破曉一小時後的巨石陣。巨石柱的功能已確定為天文台及計算曆法,但是始終未發現建造巨石陣的目的,這是否為古人尋找不朽的一部分?

拜儀式用,而可能與探索轉世和靈魂的不朽有關,與地球的測度和星球的運轉也有關聯。

杜魯伊德教對於數字擁有特殊興趣,學者們對這點是毫無異議。基於某些理由,他們特別崇敬「七十二[19]」,這個數字源自於天文觀測,我們將在後面探討其意義。

在杜魯伊德教的傳統中,「七十二」這個數字無所不在,其字母筆畫甚至需要謄寫「歐甘」(Ogham, 西元四、五世紀至七世紀初,用來撰寫愛爾蘭文的字母)先史字母的二十二個記號,此乃教士們用作祕密溝通之用。「歐甘」字母本身包含密碼。英國詩人格雷大斯(Robert Ranke Graves, 1895～1985)在其研究塞爾特人(Celt)神話的《白色女神》(*The White Goddess*)一書中言及,「字母中與母音的比例為二十二比七……此乃數學公式,是一個正圓形的圓周對其直徑的祕密比例。」

今日我們使用口袋型計算機很容易便可以圓周率(pi)乘上直徑,算出任何圓形的圓周,其值為3.141592……,若針對小數點後二位,此一數碼所表示出的比例為二十二比七(二十二除七為3.142857)。

這些證據顯示,杜魯伊德教徒必然是幾何學家和數學家,然而這只是一種推論,事實上無人知道杜魯伊德教的起源,甚至在凱撒初次提及

他們之前已存在多久，亦無人能知。此外，雖然他們和公元前六百年進入不列顛的塞爾特人有關聯，但種種跡象顯示，在塞爾特人移入以前，甚至千年以前，這些極具魅力的教士們可能已定居不列顛群島數世紀之久。至少，杜魯伊德教被視為是巨石陣的古老傳統繼承者，並以身為最佳保存者為榮。

晨霧籠罩下，吉沙的人面獅身像神廟，背後是山谷神廟的外牆。

並非孤立的巨石遺跡

巨石陣及其神祕性並非單一現象。古代的祕魯及玻利維亞使用更巨大的石頭建築龐大的歷史遺跡，諸如祕魯薩克賽瓦曼（Sacsayhuaman）城堡鋸齒狀的城牆，以及用重達二百噸方石所修建的歐蘭泰坦堡（Ollantaytambo）與帝瓦納科（Tiahuanaco）神廟。同樣的巨石也用來建築埃及吉沙（Giza）無名的「山谷」和「喪葬」的神廟，以及人面獅身像（Sphinx）神廟。

人面獅身像為一劈削過的巨石，長八十七公尺。而「大金字塔」（Great Pyramid）則以重達一百噸的巨石建造而成，且不知用了何種方法才能堆砌超過四十五公尺的高度。在上埃及（南方）譯注2阿比多斯

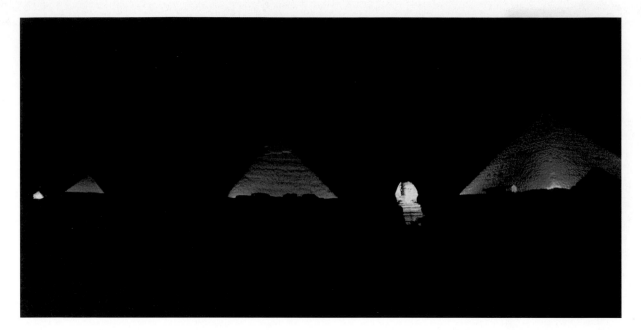

吉沙的金字塔群及人面獅身像。其起源是否比史學家所想像的更久遠？歷史更古老及具有更神祕的目的？

————

阿比多斯歐希瑞恩神廟的大門。這是否為古文明所遺留下的巨大建築物？

————

（Abydos）的歐希瑞恩（Osireion）神廟亦有同樣的現象，這座用一百噸岩石所建造，令人吃驚的半地下神廟，年代似乎比周圍的建築物更古老。

吉沙的大金字塔無疑是埃及所有歷史遺跡中最有名氣的，其建造年代應為公元前二六○○至二三○○年，與巨石陣的年代相同。其遠古創起的徵兆，亦與巨石陣雷同[20]。這些巨石建築所透露出的幾何學和天文學上的特徵，都與對不朽的探尋有關（都跟七十二這個數字有關），此一現象不僅出現在埃及，還出現在地球上的許多文化之中，時間上則可上溯至遙遠的古代。

這些文化的共同設計，均是運用才智和觀察力探求靈魂的奧祕——正如凱撒在其著作中所言，杜魯伊德教徒可能已掌握其奧祕。如同我們將在第一部所談到的墨西哥，或者在埃及、柬埔寨、復活節島、南美洲或塞爾特人所居住的不列顛，這種對靈魂上的探討是遍及全球的，令人聯想到的「神」或是「開化的英雄」，據傳都是偉大的教師和創教者。在各時代各地區，追求神聖遺跡的氛圍，都成了維持地面與天空連結的設計。

遺跡被視為是進入來世——不論是天堂或地獄的大門，而將到達何種終極目的地，在於其本身的選擇。

在墨西哥，他們選擇了地獄。

譯注：

1.《奧義書》意為「神祕而玄奧的教理」，是印度古老的經典著作，乃當時各種祕傳知識的集大成者，目前已知的奧義書約有一百零八種之多。《羯陀奧義書》透過納契凱塔斯的故事，論述死亡與靈魂的持久性。

2.埃及人的方位判定是以尼羅河的流向為依據，上游地區（南方）為「上」埃及，下游地區（北方）為「下」埃及，故習稱「北下」、「南上」，與台灣習稱「北上」、「南下」，正好相反。

第一部

MEXICO
墨西哥

第一章
羽蛇神明

▶下顎骨佩戴項鍊的獻祭
犧牲者的遺骸，出土於墨西
哥灣。

來到中美洲的遊客，若想探索該地建築或歷史，想必會對許多可怕神祕的事物感到困擾。黑暗的憂愁猶如一具棺罩籠罩整個大地，這裡的歷史充滿難以解釋的矛盾。

中美洲崇高的精神理念、深奧的哲學傳統，以及藝術、科學和文化上驚人的成就，在在留下撩撥人心的證據。但另一方面，邪惡的行為從十六世紀開始已在墨西哥山谷制度化，阿茲特克（Aztec）帝國在每年如惡夢般的殘酷儀式中，獻祭十餘萬人[1]。西班牙征服者於一五一九年二月抵達此處，他們是一群海盜和冷血殺手。這些入侵者的唯一動機是物質上的貪婪，卻也為此地帶來正面的影響，即終止了阿茲特克人著魔般的獻祭儀式。

在受到西班牙人統治前，已有許多征服者及羅馬天主教教士抵達此地，並目睹了這些祭典。而目擊者中有自身也是征服者的寇特斯（Hernán Cortés, 1485～1547）、退伍軍人兼劍客卡斯提羅（Bernal Diaz de Castillo, 1492～1585）及神父薩哈岡（Bernadino de Sahagun, 1499～1590）——一名「絕頂聰明的方濟會修士[2]」，著有《新西班牙事物史》[3]（*History of the Things of New Spain*），記載了西班牙人征服墨西哥之前的珍貴史實。當中便透露這種像是罹患精神分裂症的文化陰暗面，在熱中殺人的同時，亦顯現出十分驚人的偽善，聲稱十分崇敬遠古關於人類靈魂不朽的教誨——教誨之中鞭策人們去尋找智慧，以便「有品德、對人謙卑、愛好和平……以及憐憫。」

阿茲特克人描述此種非暴力和「宇宙靈知」（cosmic gnosis）的教誨係來自神王奎扎科特爾（Quetzalcoatl）——「有羽毛的蛇」（quetzal的字義為「飾以羽毛的」或「有羽毛的」，coatl意即「蛇」）。他們說這位神王統治著遙遠的黃金時代，與一群同伴從很遠的國度來到墨西哥。祂教導人們不要傷害生命，不可以人獻祭，只能用「四季的花果」。其禮拜的

泰奧提瓦坎古城，奎扎科特爾神的象徵。此神王之名意即「有羽毛的蛇」，在前哥倫布時期的墨西哥藝術中，通常都以這種形象呈現。在傳說中，祂也以「金髮碧眼白皮膚、臉色紅潤、蓄長鬚」的面貌顯現，是一位偉大的教導者、天文學家、建築師，在墨西哥傳授憐憫及一種注重智力的宗教。

儀式專注於死後生命的奧祕。據說祂曾遊歷冥界，後來返回塵世敘述所見所聞[4]。

金字塔之神

奎扎科特爾的故事背後，是否暗示這位神王是位真實存在的歷史人物？公元十三和十四世紀，在阿茲特克人逐漸興盛前的二、三百年，許多國王，尤其是墨西哥山谷的圖爾特克人（Toltecs）自稱為「奎扎科特爾」。但他們並非自視為神王，而是神王的繼承者，只是使用此名當作頭銜或尊稱。

我們將在下一章中提到，在圖爾特克人之前，奎扎科特爾特殊的象徵便已在墨西哥灣廣為奧爾梅克人（Olmecs）所知，其文化興盛於三千五百年以前，後在二千餘年前，開始在墨西哥中部的卓魯拉（Cholula）興建巨大的遺跡，以紀念相同的神王。在該地後起的文化皆越蓋越大，最後在西班牙征服者的猛烈砲火下終止。

此一驚人的工程和持續進行的神聖建築結晶，便是奎扎科特爾金字塔山。今日在精神上已被羅馬天主教小禮拜堂所「覆蓋」，這座金字塔山

占地十八公頃，高度近七十公尺，比埃及的大金字塔還大三倍[5]。

　　二千餘年前，在今墨西哥首都墨西哥市東北方三十五公里處，出現了神祕的泰奧提瓦坎（Teotihuacan）文化，非常尊敬奎扎科特爾神，故修築了金字塔和其他建築物以資紀念。至少在一千五百年之前，直至西班牙征服者入侵，猶加敦半島、恰帕斯和瓜地馬拉的馬雅人（Maya），皆以庫庫爾坎（Kukulkan）及古庫馬茲（Gucumatz）（為二種不同的方言，意即「蛇神」）稱呼之。公元九百年至一千二百年之間，奇琴伊扎（Chichen Itza）地區紀念奎扎科特爾與庫庫爾坎的九層金字塔已完工。這九層金字塔跟許多歷史遺跡一樣，也供奉此一神明，並興建於相同位置、早期的聖塚之上。

　　如上所述，阿茲特克人在公元一三二〇年代建立帝國，只是從祖先那學到已失傳的古代傳統，當他們提到「羽神」時，有著非常清晰的描繪：

皮膚白皙、臉色紅潤、蓄著長鬚的人……神祕的人……白人，身體強壯，前額寬闊，大眼，下垂的鬍子。使用自己驅動而不用槳的船隻跨海而來。祂責備以人獻祭，只能用花果，以和平之神聞名[6]。

卓魯拉大金字塔的日落，為數千年前作為紀念奎扎科特爾儀式的巨大建築物。西班牙人統治後，此聖塚在精神上已被羅馬天主教小禮拜堂所「覆蓋」。

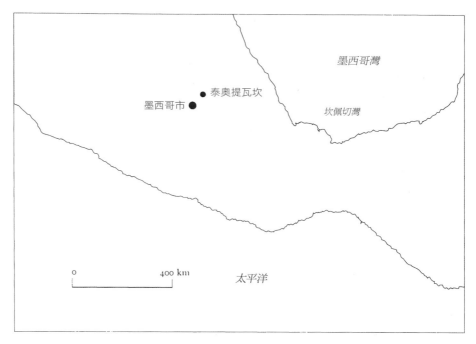

這是中美洲歷史上最大的未解之謎之一，殘酷的阿茲特克人用各種儀式來崇拜和榮耀這位仁慈的神明，並敬畏其和平及賦予生命之道。他們深信祂及其隨從，在遠古時代曾被逐出墨西哥，但有朝一日會從西邊駕船返回。他們也相信奎扎科特爾會懲罰恢復使用人體獻祭的方式，祂將終結邪惡及恐懼，重建和平與富裕的黃金時代，這些都曾是祂在神話似的過去中所掌控過的。眾所周知，這位白皮膚和有鬍鬚的神王，對一五一九年抵達的西班牙人大有助益，他們也搭乘無槳的帆船，卻罹患了「心病」，只有掠奪黃金才是唯一的特效藥[7]。

奇琴伊扎紀念奎扎科特爾／庫庫爾坎的階梯型金字塔，為崇拜羽蛇的歷史遺跡。

破損的長笛

西班牙征服者卡斯提羅是個冷酷及殘暴的人物，不過在他首度造訪阿茲特克人的神廟時，仍大受震撼：

我在狹小的空間裡目睹許多殘酷的東西，有號角、小喇叭、小刀、印第安人的心臟，他們將其燃燒以煙燻神像，東西上都有血塊，它們是如此之多，我詛咒它們，這裡像屠宰場一樣臭氣沖天，我們極欲清除此種惡臭和惡劣的情景[8]。

充滿血腥的死亡儀式。

　　這些被殺害的犧牲者大部分是戰俘，通常心臟被取出，伴隨祭典，「主導儀式者剝其皮，並肢解俘虜。」有時被俘虜者馬上被殺獻祭，有時會在持續很久的折磨後才處決。薩哈岡神父便述說了一則在阿茲特克首都泰諾契替特蘭城（Tenochtitlan）發生的「祭日」：

他們殺害非常溫順的青年，他在一年內都過得很愉快……當他被款待一年之後即被殺害，另一位青年立刻補其位，並接受款待一年……在所有的俘虜中，他們挑選貴族……去承受各種痛苦，他們要展現絕佳耐力及風度，且身體上毫無缺陷[9]。

　　薩哈岡神父並記載：「青年被撫養以便在祭日中獻祭，並被細心教導如何正確吹好長笛。」當他的大限來臨時：

他們將他帶到狹小、陳設貧乏的神廟，位在路旁並遠離任何聚落……當他抵達神廟攀登第一個階梯時，將弄壞在快樂時光中所吹奏的一個長笛，至第二個階梯則弄壞第二個長笛，餘此類推，直到將全部長笛毀壞為止。當

寇特利裘神（Coatlicue）
——阿茲特克眾神及人類之母，傳說須用人的屍體供養。頭部相當樸素，其座位有二條蛇構成一個畸形臉孔的幻象。祂所佩戴的項鍊懸掛著頭骨，並有一串心臟和人頭。此造型和印度佩戴頭骨項鍊的死亡女神卡里十分相似。

他爬上神廟最高處，祭司成對地站著，準備將他殺害，他們將他的手和頭綁住，背靠在石塊上，然後用石刀刺入胸膛，用力切割，拉向前方，再將手伸進傷口裡，扯出心臟，立刻獻給太陽[10]。

當深感困惑的西班牙人詢問這些祭司，為何要進行此種恐怖祭典，據說他們皆會如此答覆：他們認為每個人都會有此下場，俘虜的悲劇故事為「人類命運的典型」。

扼殺自然之聲

阿茲特克人也是殘忍的兒童謀殺者——猶如薩哈岡神父在某些「祭日」的簡單目錄中所透露：

在第一個月的朔日……他們殺害許多兒童，在許多場所和山頂獻祭，取出他們的心臟以紀念水神……第四個月的第一日，他們舉行紀念玉米神的祭日……殺害許多兒童[11]……

雨神「特拉洛克」（Tlolac）尤其貪得無饜，為了祂：

兒童之中，大部分是嬰兒被當作祭品。他們生在空曠的雜物堆中，穿著祭袍，用春天盛開的花朵裝飾，他們的哭聲被祭司們激昂的歌聲所淹沒，秉持著鐵石心腸，祭司們從嬰兒的眼淚中取得有利於祈禱的徵兆。這些無辜的犧牲者通常購自貧窮的家庭，祭司們扼殺自然之聲，這當中可恥的迷信要比窮困的因素多[12]。

或者說恐懼可能是此種「扼殺自然之聲」的主要手段？考古學者賽鳩妮（Laurette Sejourne）在她的名著《燃燒之水》（*Burning Water*）中，提出令人佩服的觀點，她認為阿茲特克人已創造出：

一個極權主義的國家，一套包括極度輕視個人的哲學……死亡永不休止的隱藏在各處，構成堅固的房子，每一個阿茲特克人都禁錮其中。他們以社會地位及法律決定是否被消滅：任何人都可能因喪失其財富或公民權而成為奴隸、被俘的戰士；兒童在祭典及奉獻給諸神的有利徵兆下誕生……對於未經許可便穿著及膝衣服的人、進入皇宮禁室的官員、因財富而驕傲的商人、踏錯腳步的舞者而言，死刑都是一種持續性的威脅[13]……

　　用人獻祭對這個可怕的「肢解人體的機制」是如此重要，若是群眾中有人不願觀看，將被「判決為可鄙的人，不配為官方機構任用，並可不依律法直接變成卑鄙的人。」同時，酋長和貴族通常很樂意觀看獻祭，因為「如果不出席，就好像在承受獻祭自己的痛苦。」

十三萬六千顆頭蓋骨

　　所目擊的情景是如此恐怖，遠遠超過想像。依據編年史家卡瑪戈（Munoz Camargo）所陳述：

一位曾是惡魔的祭司告訴我……當他們從可憐的犧牲者的脅部切開，扯出的心臟其顫動之大，還會在地面跳起個三、四次，心臟才會冷卻下來[14]……

　　薩哈岡神父回憶一場祭日：

俘虜的主人抓著他們的頭髮往階梯上爬……他們將俘虜放在一塊石頭上，處決以後取出心臟……然後用力將屍體丟下台階，由其他的祭司剝下他們的皮膚[15]。

　　在榮耀火神的祭典中，俘虜的主人：

細綁俘虜的手腳，然後扛在肩膀上，帶至神廟的高處，該處堆著龐大的炭火，之後將俘虜拋入火中……不幸的俘虜開始扭曲和嘔吐……承受極大的痛苦，他們用爪鉤將俘虜拉出……放在石頭上，剖開他的胸口……取出心臟，丟在火神「芝烏替特烏特里」（Xiuthtecutli）雕像的腳下[16]。

在奇琴伊扎古城，有著頭骨
架子的浮雕。

———

神廟依慣例保存犧牲者的頭蓋骨，釘在水平的橫樑上，此種特別設計
的木架稱為「特洛龐特里」（tzompantli），乃「在建築物中適合此用途
者[17]」。在一座神廟裡，隨同寇特斯的士兵清點出十三萬六千顆頭蓋骨，
由於井然有序，呈現出非常駭人的景象。

寓言成真

如同我們早先所觀察者，中美洲的奧祕在於對這種殘酷文化的容忍，
同時又成為深奧的宗教思想的傳達媒介。我們要特別感謝薩哈岡神父的
紀錄，若無他的介入，我們今日對阿茲特克人的所作所為將一無所知。
他的《新西班牙事物史》被現代學者描述為「對任何人皆是十分完整的
人種誌調查」，同時被讚揚可用作「非常嚴謹精確且合乎科學的人類學
方法」。

一九五六年，賽鳩妮引用薩哈岡神父所蒐集的人種誌和宗教事務的
豐富資料，提出研究阿茲特克人的傑出理論。她主張用人獻祭的整個儀

式，源自古老的純粹精神啟蒙的體系，其與尋找不朽的生命有關，卻被怪異地曲解。

所有阿茲特克人用以祭祀，令人毛骨悚然的肉體虐殺——剝皮、切除心臟、火焚等等——原為引入某種知識所經歷的心靈過程的隱喻。「剝皮」意即教誨，使某種知識能夠從其肉體中分開。「心臟」代表靈魂，在死後將其從身體中「切除」，以釋放至光明的國度（後以太陽作為象徵）。「火焚」乃更新之火，在火中，永恆的靈魂將從其先前存在的肉體灰燼中，以類似鳳凰的形象升起，並從一個生命已精疲力竭的肉身中釋放出來，以其他的形體再生。

有了此種隱喻，便可以理解為何阿茲特克人會這樣形容被獻祭者，在有如「人類命運的典型」，「被款待一年」之後，再被殘酷地殺害。如同寓言，被獻祭者將再度步向神廟之路，並在該處被殺，捨棄所有以往累積的華服，最後毀壞曾經吹奏悅耳音樂的長笛，意在象徵從傳授知識者那所學到的終極真理之一——在死亡時，靈魂必須放棄物質塵世的一切。此一真諦簡明地封存在阿茲特克人所使用的納瓦透（Nahuatl）語殘片中，並由薩哈岡神父在十六世紀的著作中留下記錄：

我所愛和年幼的兒子……知道並了解你的住所不在這裡……你在這裡誕生（就是肉身），它不過是個窩，是個你來到的客棧，你進入了這個世界；在此你萌芽和開花……你真正的房子在別處[18]。

我們也讀到：

誕生來了，生命降臨大地。
借給我們的時光是如此短暫，
在時光的榮耀中，萬物高興地過日子。
誕生來了，生命降臨大地[19]。

賽鳩妮提出強有力的案例，此一思想體系，也就是這些深奧的概念，在墨西哥山谷已流傳許久，或許還遠在阿茲特克人遇見它們數千年前。在操納瓦透語的部落中，有一支龐大的族群非常殘酷，名為奇奇美卡（Chichimeca，即「蠻族」之意），係在十二至十三世紀初從北方湧入中美洲，他們本身並無文化，在征服偉大的墨西哥文化之後，將式微的遺產據為己有，學習他們的天文學、農業、工程和建築，並獲得其宗教附屬物的外觀。特別是被他們所大批繼承，同時充滿色彩及戲劇性的入門

阿茲特克曆法石。描繪第五個太陽地球的面貌和象徵。其舌頭是一把黑曜石小刀,飢餓地伸出來,代表需要人血和心臟的滋養。臉上的皺紋顯現其年邁,象形符號表示其運轉。撇開令人不安的訊息之外,曆法石表現出的是進步的天文知識,是阿茲特克人繼承數千年以前,比他們更早居住在墨西哥山谷的先進民族的成就。

儀式所穿透。

然而很不幸地,他們並不了解,或者根本不想去了解,儀式只是隱喻的戲劇效果,只具有象徵意義。他們卻只採用字面上的涵義,衍生出令人害怕的結果。

初民的回音

阿茲特克人深信,其民族誕生於高山中心一個像子宮的洞穴裡,而最早的故鄉——阿茲特蘭(Aztlan),是建立在一個島嶼上,後遭神明威齊波契特里(Huitzilpochtli)命令離開該島嶼。祂預言:「你將征服世界的四個角落,世界將臣服於你……它將使你精疲力盡、付出血汗[20]。」

神明亦預測有朝一日他們在流浪中,將遇見有老鷹棲息於從石上長出的仙人掌刺間處[21],並在這一地點興建帝國的國都。

如同納粹黨人被希特勒(Adolf Hitler, 1889～1945?)所催眠,阿茲特克人著手完成威齊波契特里的願景,輕而易舉地侵占墨西哥山谷中的居民住地,並且有系統地運用戰爭,削弱和征服其他的奇奇美卡部落。在

十四世紀初期，德茲科科（Texcoco）湖的沼澤中，被發現有一塊岩石長出仙人掌，而且老鷹也棲息其間。預言記憶猶新，於是他們開始建設泰諾契替特蘭城，至一三二五年成為阿茲特克帝國的國都。

歷經二個世紀直到西班牙人入侵，以泰諾契替特蘭城為中心的帝國持續擴張勢力，而國都也成長為擁有三十萬人口的大都市，建立在一個人造島上，被一連串的廣場和圓形的運河環繞，朝向正方位，精心設計的公路橫跨水域，通向四個主要的入口大門。

中央廣場有一巨大的四層階梯金字塔俯視四方，西班牙人大為讚賞此建築，稱其為「市長神廟」（Templo Mayor）。寇特斯稱「口舌無法形容其大小及特色[22]」，西班牙編史家狄雅茲（Bernal Diaz del Castillo，約1495～1584）則說：「這些士兵到過世界許多地方，如君士坦丁堡（Constantinople, 今土耳其伊斯坦堡）、義大利和羅馬，他們表示未曾見過有如此完美比例、有秩序、如此龐大和人聲鼎沸的廣場[23]。」

值得注意的是，阿茲特克人並未因其高度文明獲得榮耀，這可以從這個繁榮帝國的各種輝煌建築物得到見證。他們坦承整個知識體系傳承下來的只有一部分，是從神王奎扎科特爾及其同伴所遺留的珍貴遺產，他們是「這片土地最早的居民，初次來到這塊稱為墨西哥的地方……並在這個國家撒下人類的種子[24]。」

他們的文明在這段時期興盛，若有人嘗試探索這些「初民」，將很快了解在阿茲特克人擴張階段之前，中美洲的歷史存在著許多疑問。無疑地，在公元一千年以前幾乎全無「歷史」——我們可回溯者越來越少。

學者們對於此區域三個最古老的高度文明的起源一無所知：一是奧爾梅克人，推測主要是沿著墨西哥灣的海岸線，興盛於公元前一千五百年至基督時代；二為馬雅人，與奧爾梅克人同時發展，並繼承其文化，今日在中美洲仍可發現他們的後裔；三是幾乎在二千年前，建立起令人望而生畏的泰奧提瓦坎神聖版圖的文化。

賽鳩妮主導在泰奧提瓦坎遺址大規模的挖掘工作，她於一九五六年摘錄：「此一高等文化的起源為一絕對的謎。」一九九五年，加州大學持續近四十年前的考古工作，考古學者陶柏（Karl Taube）不得不承認：「我們仍然不知道泰奧提瓦坎人說何種語言，從何處來，發生什麼事情[25]。」

世代的死亡與再生

從賽羅戈多山遠眺泰奧提瓦坎。

————

一九九六年九月秋分前數日，我們攀登賽羅戈多（Cerro Gordo）山，從山頂俯瞰泰奧提瓦坎，此乃阿茲特克人以納瓦透語命名，字義即「使人成為神的地方」。山下伸展如箭般筆直的「亡靈之路」，位於正北方之東及正南方之西十五度三十分。在北方的末端，我們可見到高達四十六公尺、龐大的五階月亮金字塔，向南方一公里處，也就是「亡靈之路」東側，矗立著更大的太陽金字塔，高達七十公尺，每一底邊有二二二公尺。更遠之處為一廣闊長方形的奎扎科特爾小金字塔。

耶魯大學的寇依（Michael D. Coe）教授指出，月亮金字塔和太陽金字塔皆「確實已在古老的傳說中被命名[26]」，他推論「並無理由懷疑它們是獻給神明」。十二世紀，阿茲特克人開始滲透墨西哥山谷後不久，偶然發現泰奧提瓦坎時，亦採用相同的名稱。這個龐大的城市雖然非常古老，卻已成為廢墟。不過，新來者保存了非凡的傳統，並暗示從故鄉遷徙至此前，此傳統便已享有盛名，或者有可能是在成為強權途中，向被征服的民族學習而來。

無論如何，他們非常尊重被征服者，在西班牙人占領期間，阿茲特克皇帝蒙特祖瑪二世[譯注1]（Montezuma II, 1466～1520）在位的最後數年，據悉仍經常步行至太陽金字塔朝聖。

蒙特祖瑪及其子民皆相信，金字塔為最原始的土塚，乃初期陸地創造開始運轉之處。此一傳統遍及中美洲各地，其中值得注意如馬雅這支不相關的鄰近文化，主張他們曾經歷過四個時期，或四個「太陽」，每個時期皆因自然界的劇變而結束，卻將陸地的面貌洗滌至淨。第五個時期據說肇始於馬雅曆法的「4 Ahau 8 Cumku」，即公元前三一一四年八月十三日，至「4 Ahau 3 Kankin」，即公元二○一二年十二月二十三日，預期將因「地球巨大運動」的結果，導致悲慘的結局[27]。

阿茲特克人宣稱他們用人獻祭的動機是在拖延，或者可能去防止預言中的世界末日——藉由源源不斷地提供心臟和鮮血，以使老邁的第五個太陽「返老還童」。當深思熟慮之後，其實這種信仰看似極不真實，但他們卻深信不疑。誠如賽鳩妮所主張，他們的政治體系「奠基於精神的遺產上，顯現及變換成世俗權力的武器。」換言之，他們在精緻且具象徵性的儀式中，做下重大的物質曲解，並利用古老的第五個太陽末日的預言，作為恐怖政策的超凡辯護，許多人似乎也樂意去「支持他們嗜殺的國度」。

第五個太陽的誕生

從太陽金字塔的頂點往下看，阿茲特克人相信金字塔是最原始的土塚，乃創造開始運轉之處。

太陽金字塔上方的日出,此地為諸神會合之處。

在理解了阿茲特克人傳教背後的真理後,我們必須正視下述的事實,即有關泰奧提瓦坎混合宇宙視野的傳統,包括遠古的和世故的,看起來時間的過程並非如同直線前進,卻像無窮盡的循環,目擊世界體系的盛衰興亡。

在古老的納瓦透歌曲和詩詞中,我們發現有關這種觀點的片段。它顯示在世界性的大洪水(水患持續五十二年,後來天也塌了[28])毀滅第四個太陽以後,眾神在泰奧提瓦坎的原始土塚的頂巔集會,決定誰要自我犧牲,以便成為嶄新的第五個太陽,再為世界帶來光明:

縱使它是夜晚,縱使它不是白晝,

縱使沒有光祂們仍集會,

眾神集會在泰奧提瓦坎[29]。

其中二位為投身聖火的榮譽而競爭,以使第五個太陽再度燃起——一為英俊及追逐名利的鐵奇茲泰卡爾(Tecciztecal),「祂很自大,貪求榮譽。」一為謙卑、不出風頭的納納瓦欽(Nanahuatzin),「潰爛神,生病和全身遍布膿皰。」在最後一刻,鐵奇茲泰卡爾停止在強烈的光燄前。然而納納瓦欽「努力向前閉上眼睛,投入火中,接著祂發出劈啪聲,燒得像烤肉。」在這宇宙利他主義行動的結果下,第五個太陽升

起，引導我們進入現代的階段：「從眼中縱覽一切，它發出光芒，增添華麗的光輝，溢出的光遍及各處。」

不朽的探詢

賽鳩妮指出特別重要的事實，神的自我犧牲使第五個太陽得以誕生：
結痂的他，身體瓦解，完成了調和的任務，遂開始從祂殘破的身軀分離……此一故事與其儀式的細節和祕密的公式，看似構成創始最後審判的典範，它將引領透過死亡步向永生[30]。

值得注意的是，許多泰奧提瓦坎神話、傳奇和禮拜儀式遺留給我們的，均深切關切人類靈魂的不朽，必須為獲得此種不朽而努力。在古老儀式中一段遺物警告調查者：「啊！兄弟，汝來到險地，工作繁重又恐怖……汝來到互相堆疊的羅網和陷阱之地，無人可免於落入其中……這些就是你的罪。」

凡此種種讓我們不禁有些懷疑，在泰奧提瓦坎所進行的儀式，必須苦修和蒙受精神上嚴酷的考驗。然而，同樣的來源使我們更清楚聖城本身亦被視為最初機制的一部分。某些特殊和神祕的特質依附在其建築上，

月亮金字塔高四十六公尺，
俯瞰亡靈之路。

提供神聖的環境，相信肉體的死亡將失去其痛苦，而凡人會轉變成不朽
的神明：

他們稱它是泰奧提瓦坎，因為它是貴族長眠地。

因此他們說道：「當我們死去，其實並未真正死去。

因為我們將活著，我們將升起，我們將繼續活著，我們將甦醒……」

因此死者被指引，當他過世時：「醒來，天空已成為玫瑰色……」

於是先前的老者說道，當他死亡時成為神明，

他們說：「他在那裡造就成為神明[31]。」

　　納瓦透的傳說進一步告訴我們，人轉變成神的過程是被「老者」——
祭司的身體所監督，他指引死者甦醒。這些祭司據說是「聰明的人、
玄祕事物的知曉者、傳統的擁有者。」有時被形容成「奎扎科特爾的門
徒[32]」，他們在古老的奎契族（Quiche）馬雅人聖書《波波武經》譯注2
（Popol Vuh）中被描寫成「羽蛇……神明中的偉大理解者、偉大思想家
[33]。」在西班牙征服者入侵前二百年，他們教導一種特別的精神入門儀
式，最後卻被阿茲特克人所劫持。

羽蛇神奎扎科特爾

　　墨西哥古老的再生儀式的主角是「至高無上的羽蛇」奎扎科特爾——黃金時代的神王，雖已死去多時，但在傳說中，有朝一日祂將會回歸。這位「過去與未來之王」在神話中所描繪的特徵為——高大、白皮膚、黃髮及黃鬚——這似乎像高加索人種（Caucasian）。然而在哥倫布（Christopher Columbus, 1446～1506）抵達美洲之前，並無白種人造訪此一新世界，況且，奎扎科特爾比他們更早。因此，學者們長久以來並不重視祂所特有的白種人外貌，因與主流的美洲人理論並不符合，某些美洲本地的遊說者亦覺得政治上有錯誤。

月亮金字塔廣場西南方盡頭的「奎扎蝴蝶宮殿」中，柱子頂端代表時間循環的象形文字。古代的傳說將泰奧提瓦坎連結至生、死、再生的循環觀念。

　　但令人驚訝的新證據出現後，喚起對此種想法徹底的再評估：一九九七年四月十五日星期二，〈華盛頓郵報〉（Washington Post）最後一版：

在西部數州，像明尼蘇達州那樣遙遠的地方發掘出一些骨骸，向「早期的美洲人均類似今日亞洲人」的傳統觀點挑戰。頭骨所具有的特徵類似歐洲人，暗示高加索人種為最早遷徙至新世界者已有九千年之久。人類學家知道這些骨骸已長達數年，但並不全然重視其意義，直至最近數月才重新檢視。針對去年夏天在華盛頓州的肯尼威克（Kennewick）發現的人骨進行全新的分析，那是一具罕見且完整的白人骨骸，大約死於九千三百年以前……此人的頭部及肩膀已木乃伊化，表面的皮膚大致完好……經過檢驗（他起初認為是骨骸）是歐洲殖民者的遺骸（直到碳十四透露其高齡）。史密斯生國立自然歷史博物館的專家史丹福（Dennis Stanford）表示：「這是個令人興奮的時刻，我認為關於北美洲人種的故事將面臨真正的改變34。」

　　奎扎科特爾神話有多古老？是否能上溯至這些先史時代的「類歐洲人」的白種人？他們在石器時代便已住在美洲九千年之久？

譯注：
1. 阿茲特克帝國的第九位皇帝。一五一九年，西班牙征服者寇特斯抵達首都泰諾契替特蘭，蒙特祖瑪二世待之以禮，後因不明原因被囚禁並遇害。
2. 為奎契族馬雅人混合神話與歷史的文獻。主題為創世神話，言及洪水與雙胞胎英雄烏納普和斯巴蘭克及其家族的故事。

天地如一

我們對泰奧提瓦坎的起源所知不多。但可以確定的是，當地對天神奎扎科特爾十分認同及崇敬。從遠古以來，直至西班牙人到來前，「羽蛇」一直是這位神祇的象徵，其特徵為在巨蛇頸部有羽毛環繞或沿著背部綿延。此一鮮明的形象和其他明顯的特徵在泰奧提瓦坎隨處可見，不只在所謂的「奎扎科特爾金字塔」，其他神廟或宮殿裡也能得見。誠如賽鳩妮所言，當時這座城市顯然是為了崇拜奎扎科特爾而興建。

這種崇拜著重性靈的轉化，試圖藉由艱辛的心智作用與棄絕自我，「剝除」與感官世界的連結，好將那猶如「寶石與豐羽」的靈魂從物質的牽絆中釋放出來。在舉行的儀式中，參與者歷經了象徵性的死亡與重生，就像「過去與未來之王」奎扎科特爾一樣。根據傳說，這位神祇曾自囚於石棺中四天，然後再起，前往「天府聖水之濱」。在那兒：

祂停住，叫喊，抓著衣衫，戴上羽徽……穿戴好之後祂便自焚……據說燃燒時祂的塵灰即刻升起，當祂死去時，珍奇的鳥兒成群出現……接著在八天內出現了人稱奎扎科特爾的星體[1]。

泰奧提瓦坎古城，奎扎科特爾金字塔西側建築的正面。

這一則哥倫布之前的中美洲故事裡有兩個鮮明的主題，學者們認為其與舊世界有關聯，而非新大陸，即鳳凰自灰燼中浴火重生及重生為星星。我們會在本書第二部中看到，後者最早出現的記錄是在公元前二千多年、遠離墨西哥的古埃及金字塔文獻裡。古埃及人視太陽的無限新生能力為重生的有力象徵，而古墨西哥人也稱太陽為「生命回歸之王」。

來世的王國

類似的共同點遍及各宗教信念之中。例如，古埃及人所認知的來世是

個可怕的世界，位於冥府「杜埃」（Duat）的天界，死者的靈魂會在此
處進行一趟危險之旅[2]。古墨西哥人所謂「神祕之地」的來世也是非常可
怕：

越是哭泣，越是受苦，我越不想去。

言盡語止之時，我非去神祕之地不可嗎？

我們的心曾言：「我的朋友啊，但願我們是不死之身，

我的朋友啊，何處是人可以不死的？」

我就這麼走了嗎？我的母親在那裡嗎？我的父親在那裡嗎？

神祕之地啊……我心震顫：願我不死，願我不滅……！我好苦，我好痛[3]。

　　墨西哥人認為，死者必須通過神祕之地的七大難關，最後一關是在恐
怖的死神面前接受最後審判。另有一說是，奎扎科特爾帶回埋葬在冥府
的先人骸骨並使之重生，為未來的冥府旅人創造了獲得永生的可能。古
埃及人也賦予復活與重生之神歐西里斯幾乎完全相同的功能[4]。

　　古代中美洲民族心目中的冥府位於銀河橫亙的天界，這點和古埃及人

非常類似[5]。另一個相似處是，兩個民族似乎都相信，來世之門將在「破曉前的紅光閃現」中開啟[6]。最值得注意的是，兩者皆注重天文學，講求奧祕的天界循環之道，並企求升為天星而永生不朽。對於死亡的意義，阿茲特克的智者表示：「那不是死亡，而是從生之夢中醒來……回復到精靈或神祇之身……有些變成太陽，有些變成月亮[7]。」

升天成仙是奎扎科特爾之道的終極目的。奎扎科特爾被形容為「通曉所有仙術的奧祕」。在神話中，這位神祇「傳授科學、度量時間及觀測星體運行。」

天界的模仿計畫

有了以上的認知背景便不難想像，興建金字塔以崇祀奎扎科特爾、太陽、月亮的泰奧提瓦坎聖城，蘊涵了企圖反映天界的精密天文設計。

此城的主軸「亡靈之路」與正南北線相差了十五度三十分，其緣由得從泰奧提瓦坎的主要建築結構「太陽金字塔」去探索。

這座金字塔的西面與正西方相差十五度三十分偏北，東面與正東方相差十五度三十分偏南。也就是說，太陽金字塔西面的方位決定了亡靈之路的走向。

此方位的設計並非偶然。它指向西方地平線上兩個具有重要天文意義

「亡靈之路」的中軸線，從南端往西看，前方是月亮金字塔，左後方是太陽金字塔。美國工程師小哈勒斯東（Hugh Harleston Jr.）在現場進行九千餘處的測量，發現泰奧提瓦坎環繞此中軸線所呈現的方格狀系統，為建築師使用標準的度量單位——1.05946公尺所設計——即「標準的泰奧提瓦坎單位」（Standard Teotihuacan Unit, STU）。當使用STU表示時，各遺跡之間的關鍵範圍皆以72為依據，屬於一定的序列，此數據來自歲差的比率。因此，某建築物的中心可分成72個STU或36個STU（72的一半）、108個STU（72+36）、216個STU（108x2）、54個STU（108的一半）、540個STU（54x10）等。序列向外擴大的倍數為2160個STU、4320個STU、5400個STU等。太陽金字塔地基每邊的長度為216個STU，月亮金字塔的東西軸線長114個STU。太陽金字塔的中心距離南方月亮金字塔的中心720個STU。這種標準的度量單位，與柬埔寨吳哥眾寺使用的數字序列相同，是否為巧合？

太陽金字塔西側落日。金字塔的方向界定「亡靈之路」正確的南北向,並以天文學上二個意義深遠的日子的日落點為目標。

的日落點:一年中的五月十九日和七月二十五日這兩天。在泰奧提瓦坎所在的緯度區(赤道以北十九度半[8]),太陽於正午通過人們正上方的天頂點。泰奧提瓦坎顯然也根據公元一百五十年左右的金牛座「昴宿星團」(Pleiades)位置做空間方位配置,這和在當地進行的考古研究結果相符。根據電腦模擬,當時正午的太陽在一年兩度通過天頂點的第一天,昴宿星團會成為天文學家所說的「日升之星」,並於破曉前出現在東方暈紅的低空中[9]。

泰奧提瓦坎全盛時期,古代中美洲的馬雅人與這座城市似乎有固定且廣泛的接觸。對他們而言,銀河是非常重要的天象,是連結冥府「西巴巴」(Xibalba)的通道。和其他中美洲民族一樣,馬雅人所認知的冥府同樣位於天界。

布魯克林文理研究所(Brooklyn Institute of the Arts and Sciences)民族學系系主任哈格爾(Stansbury Hagar)曾在泰奧提瓦坎進行廣泛的古天文學研究,這樣的宇宙觀對他而言一點也不陌生。

在一九二〇年代發表的學術論文中,他提出有力的證據證明泰奧提瓦坎的「亡靈之路」——或稱「星之路」——其設計原意可能是要「作為銀河的象徵」,「據說亡靈會走過……這一條介於人世與星空,讓靈魂回

泰奧提瓦坎的「美洲虎宮
殿」。天上的美洲豹，背景
有星狀符號，吹著有羽毛的
海螺。這是遠古世界流傳
很廣的習俗，即以海螺象徵
十二月的冬至。

歸的道路。」

　　其核心意念為：大地是「天之鏡」，「下方」地面上的建築物必須
模仿「上方」天空的特徵，與天上發生的重要事件一致。在稍後幾章我
們會看到，埃及吉沙的三大金字塔和人面獅身像也是如此，而且和號稱
「地面銀河」的尼羅河有一定的關聯。同樣的觀念出現在泰奧提瓦坎，
這會是巧合嗎？哈格爾指出，泰奧提瓦坎的地面建築試圖「重現天上神
祇與亡靈的居所」。

　　哈格爾的研究結論是：「我們還不理解天文崇拜的重要性及其在古代
美洲的普遍性。這種天文崇拜包含了模擬天空的計畫，泰奧提瓦坎在其
中是重要的指標之一。」若此言不假，那麼不論起源為何，這種崇拜想
必由來已久。

　　不僅在公元前二千多年的埃及有相同的觀念，在墨西哥，考古學家發
現泰奧提瓦坎現存的古建物是在公元一百五十年至三百年間所建，三座
金字塔底下都有更早期的建築構造痕跡，顯示在同一處曾挺立著更古老
的金字塔，建於遠古的聖塚上，有些還包括洞穴，自古以來便受到人們
崇敬。

七十二塊玉石

　　一九九六年九月二十一日秋分，我們來到猶加敦半島的奇琴伊扎，
這座可上溯至第六世紀的馬雅古城，一直到至少十三世紀都還持續發展
著。主要金字塔庫庫爾坎神廟（即奎扎科特爾），由九層台階建構而

奇琴伊扎庫庫爾坎金字塔的古老魅力，仍然吸引人們至現場一探究竟。此照片攝於一九九六年九月二十一日下午三點四十分，陰影區域沿著北邊階梯的欄杆，形成一條起伏如蛇的幻影。

成，高三十公尺，每一邊長五十五點三公尺。主軸線和泰奧提瓦坎的太陽金字塔一樣，刻意向東北和西南傾斜。決定此一角度的是春秋分，而不是太陽的天頂路線，其時太陽於正東方升起，白晝和黑夜等長。

傍晚五點十五分左右，光影效果已出現。這座壯麗的金字塔設計極為精巧，和春秋分日落軌道緊密結合，在北面台階西側會出現奇特的光影景象。時間緩緩過去，太陽逐漸西沉，金字塔西北角所投射的光影越發明顯。到了五點三十分左右，一條七折蜿蜒的巨蛇在七塊三角形亮光對比之下成形。蛇尾觸及金字塔頂端，蛇身直下台階，連結地面上張開大口的蛇頭塑像。

此一古代神祇於春秋分以近乎奇幻的方式現身，這顯示奇琴伊扎有著進步的測地學與天文學知識背景，因為要在特定時刻創造出如此精準的光影效果，得是具有技術精良的測量員、天文學家與空間規劃師的文明才辦得到。但無人能確知奇琴伊扎的建築何時開始應用如此先進的科學知識，因為庫庫爾坎神廟和泰奧提瓦坎的金字塔一樣，在其下方同一處，還有一個方位配置相同，且年代更古老的建築結構。

這座被現在的金字塔所覆蓋的「祖師爺」金字塔仍相當完整，一九三〇年代已被廣泛挖掘。我們在北面台階下爬上一條由考古學者挖出的陡

峭、陰暗、如隧道般的階梯抵達頂端。頂部有一方形房間，內有一尊查克穆爾（Chacmool）神的雕像斜倚著，此神像是殺人獻祭時常見的道具。在後面另一個方形房間的陰影中，隱約可以看到一尊漆成紅色的石豹像，由整塊石頭雕成，其張大的口，被古馬雅人視為「地下世界的入口」[10]。豹身的斑點則由七十二塊玉組成。

接下來幾章我們會看到，此豹在古埃及成了人面獅身像（也是漆成紅色），而七十二這個數字在埃及大金字塔的設計結構中，也占有重要的地位。

五點三十分，羽蛇的顯現完全成形。陰影部分在十分鐘以內整個填滿，幻影即刻消失。

————

洞穴之星的奧祕

對埃及、墨西哥及其他古文明而言，七十二這個數字的運用源自一種名為「歲差運動」的天文現象，此現象只有透過長時間精確的觀測與記錄才能發現。

但人類進行這種天文觀測有多久了？

一九七二年，美國考古學者馬夏克（Alexander Marshack）根據在石器時代洞穴裡找到的雕刻骨頭碎片，在經過碳元素年代測試後，馬夏克宣稱在四萬年前的北歐地區可能就已針對月亮圓缺和春秋分有了精確的觀察與紀錄[11]。

奇琴伊扎的天文台，其狹窄的門窗，可觀測包括春分及秋分日落的精確視線、金星最北及最南的落點、天頂通道時期的日落、夏至的日出、天空的南方子午線。馬雅的天文學者為遠古觀測天空傳統的繼承人，年代可能比史學家所承認的還要早。

———

馬夏克手邊那些有奇異的螺旋點狀刻紋的骨頭碎片，有些來自法國的拉斯考（Lascaux）洞穴地區譯注1。一九九五年十二月，宇宙學家艾吉（Frank Edge）發表一篇研究報告，為著名的拉斯考洞穴裡的「牛室」（Hall of Bulls）提供了天文學上的解釋[12]。科學家的共識是，牛室在大約一萬七千年前繪成，比一般以為古巴比倫人和希臘人首創黃道十二宮，以及為其命名的時間還早上一萬四千多年[13]。

對那些眼中只有正統理論的人而言，艾吉深具說服力的分析讓人十分不安。他指出電腦模擬所顯示的（希臘／巴比倫的）金牛宮（Taurus），在公元前一萬五千年夏至破曉之前的模樣，和拉斯考之牛有著相似之處：

請看拉斯考之牛肩膀上方的六大黑點。若將這些黑點和金牛座諸星做比較，就會發現拉斯考之牛和金牛座昴宿星團之間的關聯。這六個黑點不只和金牛座清晰可見的亮星數目相同，排列方式也非常接近，而且和牛頭及牛面的相關位置大致相同。這隻冰河時期的拉斯考之牛和金牛座的傳統圖像如此相似，如果不是在穴頂，而是在中古時期的手抄本發現此圖像的話，它一定會被當成金牛座[14]。

背負天空的星座

科羅拉多州梅薩州立大學（Mesa State College）天文學教授戈斯坦（Alexander Gurshtein），將艾吉有關金牛座遠古身世的認定延伸至其他黃道宮。在一九九七年五月發表於《科學的美國人》（*Scientific American*）雜誌的一篇論文中，戈斯坦指出：「各著名星座的身世可能要比之前認定的更古老。」

他的立論根據是：「在黃道十二星象中，任何時代都只有四個具有重要的意義，也就是春分、秋分、冬至與夏至日出點上的星座。」戈斯坦的論點是，現今四個「背負天空」的星座是雙魚座、處女座、雙子座、射手座（雙魚座在春分日出點上）。然而：

在巴比倫時代很不一樣。地球轉軸的擺動（歲差運動）使得太陽在春分、秋分、冬至、夏至於天邊升起的位置，以每七十二年一度的速率形成緩慢的位移。因此在公元前七百年左右（據說是希臘／巴比倫的黃道宮圖問世時），最重要的星座應該是白羊座（春分日出點）、天秤座、巨蟹座、摩羯座。這可以解釋為什麼巴比倫會把這四個星象放入黃道宮圖中，但為何他們還放入了其他星象？答案可能要追溯更古老的過去。如果黃道十二星象在巴比倫時代都已經「具有重要的意義」，那麼為星座命名的過程，想必在公元前四千四百年天空星圖和現在一樣時就已開始。也就是說，雙魚座、處女座、雙子座、射手座可能是最古老的黃道星象，在石器時代即已被命名[15]。

就地球轉軸「歲差運動」的星圖效應而言，電腦模擬顯示，戈斯坦所推估的公元前四千四百年還算保守。如果他的推論是正確的，那麼此日期應該是命名過程最晚應該要開始的年代，因為那時雙子座幾乎不再是春分的日出點，由於歲差運動的關係，正要被鄰居金牛座取而代之。同時，在夏至日出點上，獅子座正要取代處女座，在秋分日出點上，天蠍座正要取代射手座，在冬至日出點上，寶瓶座正要取代雙魚座。如果再往前推一千六百年，也就是公元前六千年，太陽歲差之旅正要從雙子座的春分日出點出發——也就是從處女座的夏至日出點、射手座的秋分日出點、雙魚座的冬至日出點出發[16]。

戈斯坦想要表達的是，我們現在所認得的這些星座，早在公元前六千年就已經被命名。若此言不假，首創黃道宮圖的就不是希臘人和巴比倫

天文知識一二三

　　日出「東方」是不變的事實，然而東方地平線上的日出點並非每天一成不變。太陽就像某個巨大儀表的指針，在一年之中沿著地平線緩慢位移，每天早上從觀察者的右邊（東方偏南）朝觀察者的左邊（東方偏北）移動，然後再從左邊回到右邊，如此永不停息。從東方最南處到東方最北處再回到東方最南處，需時一年。

　　一年裡有四個「高點」，是全球各地許多古老和神聖儀式所祭祀的對象。就現代西方曆法而言，這四個高點是：

● 冬至（十二月二十一日，北半球之隆冬和白晝最短的日子），太陽於東方最南處升起。
● 春分（三月二十一日，北半球之初春），太陽於正東方升起，白晝黑夜等長。
● 夏至（六月二十一日，北半球之盛夏和白晝最長的日子），太陽於東方最北處升起。
● 秋分（九月二十一日，北半球之初秋），太陽於正東方升起（如三月春分時），白晝黑夜等長（如三月春分時）。

　　四個「高點」各代表地球繞行太陽軌道上的一個位置。地球轉軸傾斜大約二十三度半，其北極於十二月二十一日離太陽最遠，於六月二十一日離太陽最近，三月二十一日和九月二十一日則無遠近之別。

　　距離太陽一億四千六百萬公里的地球繞日軌道面，位於無垠虛空與遙遠眾星之間。由於我們所居住的世界是個球體，自然也視宇宙為一巨大的球狀物，我們彷彿立於其中心點向四周望去。大約有二千顆可見的星體點綴其間，在某些象限分布較多，但卻是無所不在。

　　古代天文學家稱地球軌道面上成帶狀分布的星座為「黃道十二宮」。如果把地球軌道比擬成一條環狀鐵路，那麼這些星座就是一個個的火車站。

　　當地球繞日運行時，太陽便會在不同時間依序來到地球和各車站之間。從地面上觀察者的角度來看，便是太陽在早上以天邊星圖為背景升起，在一年當中，此星圖會緩緩移動，太陽在黃道帶的每個星座上大約「停留」一個月。

　　若把時間拉長，便有所謂「歲差運動」的天文現象。此乃地球轉軸輕緩的搖顫。從地面上觀察者的角度來看，便是黃道帶與日出點相對位置週期性的緩慢變動。在任一時期，四大星座只是暫時標示出春分、秋分、夏至、冬至。歲差運動每七十二年產生一度的位移，也就是說，太陽會在一年中的某一天於同一星座升起，連續大約二千一百六十年的時間。十二星座全部輪值過一年四個「高點」，需時二萬五千九百二十年。

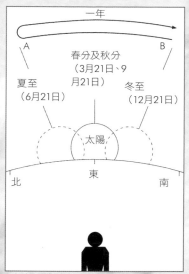

一年

A   B

春分及秋分
（3月21日、9
月21日）

夏至
（6月21日）   冬至
                    （12月21日）

太陽

北   東   南

1.每年日出的位置。

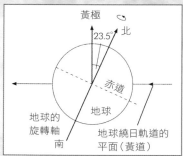

黃極

23.5°   北

赤道

地球的
旋轉軸   地球

南   地球繞日軌道的
            平面（黃道）

2.地球的旋轉軸。

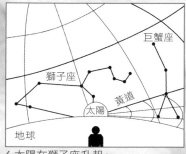

巨蟹座

獅子座

黃道

太陽

地球

6.太陽在獅子座升起。

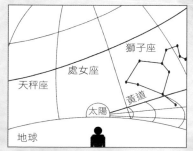

獅子座

處女座

天秤座

黃道

太陽

地球

7.一個月之後觀看，在處女座升起。

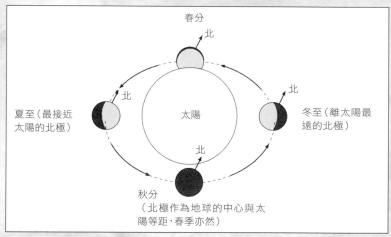

春分

北

夏至（最接近
太陽的北極）   北   北   冬至（離太陽最
                                  遠的北極）

太陽

北

秋分
（北極作為地球的中心與太
陽等距，春季亦然）

3.地球在每年繞日旋轉軌道上，四個旋軸點的位置。

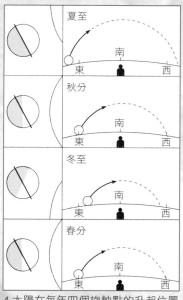

夏至

南

東   西

秋分

南

東   西

冬至

南

東   西

春分

南

東   西

4.太陽在每年四個旋軸點的升起位置
與軌道，主宰白晝的長度（只限於北
半球）。

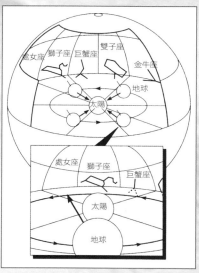

處女座 獅子座 巨蟹座 雙子座

金牛座

地球

太陽

處女座 獅子座

巨蟹座

太陽

地球

5.由於「背景」星座的陪襯，加上地球繞
日軌道的作用，太陽的升起似乎每個月皆
不同。

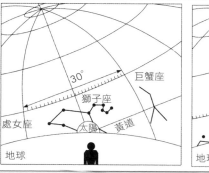

30°

巨蟹座

獅子座

處女座

太陽   黃道

地球

每72年1°

雙子座

巨蟹座

獅子座

太陽   黃道

地球

8.由於有歲差週期星體背景的陪襯，太陽升起在任何特定的日期，每七十二年朝
反時針方向移動一度。

矗立在叢林中的墨西哥烏斯瑪爾廢墟，與落日相輝映。從左至右：「修女四合院」——依據哈格爾的觀點，是處女座在地球上的複本；「龜府」代表巨蟹座；「魔法師金字塔」代表天蠍座；「總督府」代表雙子座。

人。他們想必是繼承了更古老文明的遺產。理論上，此一遠古文明也影響了其他許多古文明。

黃道宮之城

早在艾吉和戈斯坦之前，哈格爾就已經對西方的黃道宮與中美洲前哥倫布時期的馬雅族所使用的星圖如此近似感到困惑。他認為相似的程度「幾乎可以證明兩者來源相同，雖然我們不知道兩者交流的地點和過程為何[17]。」

哈格爾延續他對泰奧提瓦坎「模仿天界」的研究，發現馬雅神殿的空間配置同樣遵循著天上的黃道宮圖式：

許多或可能所有的馬雅城市都是為了要在地面重現天界圖像而設計……在烏斯瑪爾（Uxmal）、奇琴伊扎、雅奇蘭（Yaxchilan）、帕連克（Palenque）等四個地方可以發現幾乎完美的黃道宮排序，其他各地也有完整程度不一的相關排列，包括科潘（Copan）和奎里古亞（Quirigua）等馬雅最古老遺跡的神殿和碑柱[18]。

哈格爾在奇琴伊扎以西約二百公里的烏斯瑪爾進行了更詳盡的研究，並於一九二一年發表論文〈烏斯瑪爾神殿的黃道宮圖式〉（The Zodiacal

Temples of Uxmal）。如五十四
頁的附圖所示，他指出靠近當
地西南邊界的一座神殿為地上
的白羊座，雞冠形屋頂的「鴿
府」（House of Pigeons）為金
牛座；「總督府」（House of
Governor）為雙子座（因為蜿蜒
於整棟建築正面上的「雙蛇」是
在馬雅黃道宮圖上雙子座的位
置）。再者，「龜府」（House
of the Turtles）代表巨蟹座；中
央的「舞廳」（Ball Court）代表
獅子座；所謂的「修女四合院」
（Nunnery Quadrangle）代表處
女座；「祭司府」（House of
Priests）代表天秤座；「鳥府」
（House of Birds）代表射手座；
「魔法師金字塔」（Pyramid of
the Magician）代表天蠍座；代表
摩羯座、寶瓶座、雙魚座的則是
當地靠近東南邊界的三座神殿。

　　哈格爾補充道：
此一偉大的宇宙計畫乃基於萬物
皆為完美天界倒影的信念。因
此，模仿並觀察天界，可為地面
帶來天界的完美，同享來自天星
的祝福[19]。

獵戶座之城

　　除了哈格爾所定義的黃道宮
神殿外，馬雅還有另一城市則是
按照不屬黃道宮的星座所建，

▲烏斯瑪爾廢墟的「鴿
府」，哈格爾認為與黃道宮
的金牛座有關。
▲▲中央舞廳，代表獅子座
在烏斯瑪爾的天地規劃。
◀代表雙子座的「總督府」
正面細部景觀。

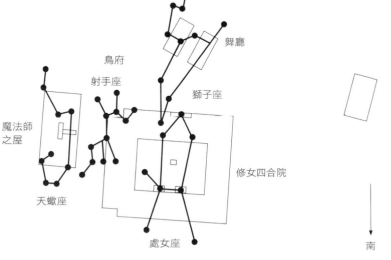

烏斯瑪爾廢墟的黃道宮計畫

雙魚座

老婦之屋

寶瓶座

摩羯座

白羊座

西南方神廟

大金字塔

雙子座

鴿府

金牛座

總督府

巨蟹座

龜府

舞廳

鳥府

射手座

獅子座

魔法師
之屋

修女四合院

天蠍座

處女座

南

烏斯瑪爾廢墟中背靠背的
攣生美洲豹雕像，安置在從
「總督府」至夏至日落的直
線上。可與古埃及二隻背靠
背的獅子阿克魯（Akeru）
象徵作比較，亦與夏至和冬
至的日出、日落有關。

即烏塔特蘭城（Utatlan）。此城是奎契族馬雅人於後古典時期在瓜地馬拉高地上的首都（1150～1524）。奎契人是智慧之書《波波武經》的作者，書中不斷提及天地互相對映的神祕觀點。因此，如同弗南德茲（José Fernandez）、柯馬（Robert Cormack）及其他考古學家所認定，烏塔特蘭城的空間設計是根據「天上獵戶座的樣式[20]」。

弗南德茲同時指出，烏塔特蘭主要神殿的方位，都是「根據獵戶座中和太陽並列天空的亮星[21]」所設計。他強調，流經獵戶座的銀河「被視為連結天界與地下世界的天路」。

學者們相當熟悉的一個相關事實是，獵戶座和馬雅人的重生信仰有廣泛且密切的關聯。在此信仰中，獵戶座正是「創造的所在」。《波波武經》經常將獵戶座腰帶的三顆亮星描述為「創造爐床」上鑲嵌的三顆石頭或是「重生之龜」。在「馬德里手稿」中，也有象徵宇宙核心的玉米神樹，自龜背上復活的場景。如同我們將在本書第三部中看到的，幾乎相同的意象也發生在柬埔寨的小吳哥，毘溼奴（Vishnu）神化身為巨龜，以背支撐代表世界的曼陀羅山，同時「翻攪乳海」以求永生。而在第二部中的埃及，獵戶座被視為天上的重生之神歐西里斯，其腰帶三顆星的排列方式如同地面吉沙三大金字塔的空間配置——該地也是人們心目中「創造的所在」。

魔法師金字塔，是反映天界在地上的偉大宇宙規劃的一部分。

帕連克的葉狀十字架碑，大約為公元七〇〇年的文物。左側的人物是新加冕的國王昌巴倫，他站在「第一座真實的山頂」──從「原始海」的水域中升起的原始土堆。右側的人物是帕連克的前任統治者帕卡爾大君的靈體。兩者之間有代表銀河系的象徵裝置──馬雅人及古埃及人皆視為冥府的主要特徵。

上埃及的森穆特（Senmut）墓天花板上（參見附圖一一九頁），可清楚辨認出由三顆星所代表的獵戶座與雙龜形象緊密並列，在馬雅人心目中，雙龜和獵戶座與復活重生的意念緊密相連。

在墨西哥恰帕斯省帕連克城馬雅族的「葉狀十字架神殿」（Temple of Foliated Cross）裡的一幅壁畫上，可以看見由玉米樹所代表的銀河自「靠近獵戶座的創造之地」升起。帕連克故主帕卡爾大君（Lord Pacal）之靈和其子及繼承人的昌巴倫（Chan-Bahlum）立於銀河兩旁，兩人彼此心靈交通。當父親升天，兒子就「從王儲的地位轉而為王」。我們也發現，父親如果想要在天星之間獲得重生，兒子的行為和舉行的儀式為決定性的因素。這幅壁畫的啟示是：就某種意義而言，兒子是父親的創造

者。研究學者弗瑞德（David Freidel）、薛勒（Linda Schele）、帕克（Joy Parker）等人稱之為「馬雅宗教的偉大奧祕」。

我們將在第二部看到，這份奧秘也深植於古埃及的重生信仰之中。在古埃及，歐西里斯扮演轉化的父親，荷魯斯（Horus）則是創造父親的兒子。對埃及人和馬雅人而言，獵戶座和銀河都是重要的天象。在埃及和墨西哥，死者必須經歷冥界之旅。兩地的宗教都告訴人們，生命是為冥界之旅做準備的機會，絕不能浪費。

無先例可循的文明

種種跡象使我們可以推測，這些散落於墨西哥各地的古老重生儀式，皆以精密的天文觀測呈現，且源自一套世界性的宇宙觀系統；此觀念系統也影響了埃及和東南亞，強調地與天、物質與精神的對立，教導人們要跳脫感官世界的羈絆，透過自我犧牲與追求知識以達天界。

所有中美洲的古文明顯然都具備此觀念，但問題是，學者們無法確知其起源。這些觀念好像就那麼存在著，存在於馬雅文明之初，也存在於泰奧提瓦坎城建立之初。所有事情都找不到先例，不只在精神層面和宇宙觀方面是如此，即使是世俗的事務也不例外，例如泰奧提瓦坎規模宏大的城市設計。

耶魯大學的寇依（Michael D. Coe）教授便說：「此一傑出的城市設計最奇怪的地方是，我們無法在新大陸找到任何先例。」

馬雅文明也沒有先例，不管是其深沉的精神信仰、驚人的建築成就、精密的天文知識皆是如此。曾被科學史專家紐傑包爾（Otto Neugebauer）形容為「人類最重要的發明之一」的馬雅曆法更是玄祕難解。

馬雅曆法提供精密且恢宏的歷史紀年，我們現存的世代便是其中所謂的「第五太陽紀」。曆法結構繁複，對太陽年長度的計算比現代通用的陽曆（格里高里曆）還要準確，對月球繞行地球與金星運行的觀察精確無比。

然而，不同於馬雅人其他發明的是，這套曆法嚴格來講不能說「沒有先例」，相反的，根據考古證據顯示，學者們也都同意，號稱中美洲「母文化」的奧爾梅克族也使用同樣的曆法系統。

然而問題依舊存在：我們無法確知「奧爾梅克族」的起源，連這個名字都是考古學家命名的。考古學家們承認「奧爾梅克族起源成謎……我

▶奧爾梅克老者人頭雕像，
可與埃及吉沙的人面獅身
像做比較。

們無法確知他們的文化是在何時、何地具體成形。」

　　令人掛念的是，我們和這個古老民族唯一的聯繫，僅有幾百件驚人、隱匿在數百年歲月中的石雕作品。

羽蛇的起源

　　天色漸晚，我們站在拉文塔（La Venta）巨大的「奧爾梅克人頭」的陰影中。拉文塔遺址有三千五百年歷史，主要的建築物是一個有凹槽的圓錐形金字塔，模樣古怪，如今大都已被工業發展所破壞。

拉文塔的奧爾梅克人頭雕像。

拉文塔的奧爾梅克人頭雕像。

拉文塔以「步行者」聞名的人物，似乎像蓄鬍的白種人。

埃及吉沙的人面獅身像。

阿爾班山蓄鬍白人的形象。

這個和其他幾十件同樣精巧的石雕作品，一起從拉文塔遺址搶救出來的人頭，是用一整塊灰色花崗岩雕刻而成。那是一位老者之頭，五官有非洲人的輪廓，高二公尺半，寬二公尺，重逾二十噸，口唇肥厚突出，鼻子寬闊扁平，雙眼深陷，凝視前方。雕刻者為這件作品加上頭飾，就像一塊條紋布覆蓋住耳朵，垂在下巴兩旁。此一人頭雕像和埃及人面獅身像顯然有其神似之處。

正統史學家不承認新大陸在哥倫布之前曾有非洲人的存在，他們對已有三千年歷史的奧爾梅克人頭（至今找到十六個），其明顯的非洲黑人特徵視而不見。由於大多數人也認為在哥倫布之前的新大陸沒有白種人，因此至少考古學是沒有種族偏見的。學者們視高大蓄鬍的白人奎扎科特爾神話為謬論，對在墨西哥一些最古老遺址所挖掘出的無數高加索

拉文塔有蛇纏繞的蓄鬍白人形象。

拉文塔的神壇。

拉文塔的坐像石雕，頭飾類似古埃及法老的頭巾。

拉文塔的蓄鬍人石碑。一九四〇年代發現此物的考古學者史特林認為，中間的人物有鷹鉤鼻和儀式用的假鬍鬚，因此取名為「山姆大叔」。

拉文塔「嬰兒祭壇」側面。請注意二個成人的皇冠，左側者與下埃及（北方）的皇冠極為相似；右側者呈現出階梯金字塔的形狀，此符號不斷在美洲與埃及出現。

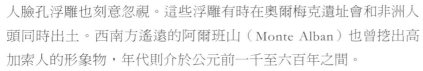

人臉孔浮雕也刻意忽視。這些浮雕有時在奧爾梅克遺址會和非洲人頭同時出土。西南方遙遠的阿爾班山（Monte Alban）也曾挖出高加索人的形象物，年代則介於公元前一千至六百年之間。

上一章曾提到，一九九六年和一九九七年在美洲所發現的逾九千年歷史的高加索人骨，似乎證實奎扎科特爾神話確有其根據。因此，說不定哪天考古學家幸運的鏟子，也能挖出奧爾梅克人頭像的原始模特兒的骨骸。

此處附上幾張這些人頭像和其他奇特的奧爾梅克雕刻作品圖。無人能對這些藝品提出解釋，也沒有先例可循。正如考古學家帕森斯

拉文塔的「蛇中之人」。蛇身上有羽毛，可能是美洲現存最早的奎扎科特爾的象徵。羽蛇神也同樣在古埃及的聖畫中發現。柬埔寨的吳哥眾寺中，宗教上的圖像多為偉大的天空之蛇。在印度的經典中，最高之神毘濕奴（即護持神），於甦醒前創造現在的宇宙之際，正沉睡在大蛇賽夏的懷裡。在這幾大文明中，蛇扮演難以形容的宇宙力量的角色，並隱喻再生及靈魂的更新。

（L.A.Parsons）所言：「奧爾梅克石雕沒有歷史……我現在相信，這些石雕在中美洲將會永遠沒有歷史。」

　　這些孤立的藝術品，當中有一幅最早出現羽蛇奎扎科特爾的浮雕，其中蛇身纏繞著一個人，使人想起納瓦透族（Nahuatl）的象徵系統：「羽蛇……象徵人類天上的起源。」更重要的是，奧爾梅克文化裡的羽蛇告訴我們，對復活與重生之神奎扎科特爾的信仰，至少於公元前一千五百年就已經在中美洲開始，一般認為這是奧爾梅克文明的創始年代。

　　此信仰總是包含被視為「靈界之門」與「天地指揮」的金字塔，即便在遠古時期的拉文塔也是一樣。我們將在本書第二部中看到，公元前二千五百年左右，有一種相同觀念的信仰在埃及古稱羅斯陶（Rostau），意為「靈界之門」的大金字塔聖地興起。

譯注：
1.位於法國西南部多爾多涅省蒙特涅克村，距今約一萬七千三百年前的壁畫。一九四○年九月被四個少年意外發現。一九七九年，聯合國教文組織列入世界文化遺產，正式名稱為「維澤爾河谷壁畫洞穴及先史遺址」（Prehistoric Sites and Decorated Caves of Vézère Valley）。

EGYPT
埃及

第三章
宇宙聖殿

春分日出不久，大金字塔的
陰影。

大金字塔旁埋藏著設計精
良的航海木船。

我們在一九九六年三月二十一日春分清晨，來到埃及大金字塔頂端。遠眺西方，金字塔的影子如同巨型日晷的指針向沙漠延伸。在我們的東邊，金字塔基座處有一連串在床岩上刻成的長斜形空洞，這些「船坑」或「船墓」裡曾經埋有儀式用的木船。基座南邊有一座醜陋的現代建築物「船博物館」和我們遙遙對望，裡面收藏了一艘在金字塔旁邊發現的四十三點五公尺長的完好船隻。在我們的東南方，兩座古老石廟圍繞的人面獅身像蹲伏著，前爪伸向地平線，象徵遠古的祕境。

一陣涼風從三角洲朝北方向我們徐徐吹來。我們仰望藍天，浮雲朵朵，在我們上空如透鏡般彎曲。我們腳下的人造山向上拔尖，大地自其寬廣的方形基座向四面八方鋪陳，直至遠方的地平線。地球守著自己的軸線不停地向東轉，一刻也不停息。

大金字塔完美的比例

古埃及人稱吉沙為羅斯陶，意為「靈界之門」。在這裡，人會不自覺滿懷天地悠悠之思。如果在夜晚立於金字塔底下，盯著金字塔頂端正上方任何一顆亮星，不出十分鐘，地球轉動的效應就會顯現——那顆星將自金字塔正上方的位置向西偏移。同樣地，如果在黃昏立於大金字塔頂端，而另一人在大金字塔底部，地面的弧曲使得底部的人會先看到日「落」，而在大金字塔頂端的那個人眼前，卻仍是斗大的夕陽。

史學家對古人是否有地圓的觀念一直有爭議，一般的結論是，這種概念至少在希臘時代之前不存在。那麼，以下數據純屬巧合嗎（參見附圖六十八頁）？大金字塔高度乘以四萬三千二百

吉沙的金字塔群和人面獅身像。攝於一九九七年十二月冬至前一週，大約下午四點。人面獅身像朝向正東，金字塔的每面則精確地朝向東西南北。

地中海

吉沙
太陽城
沙卡拉
孟菲斯
達斯爾
哈瓦拉

尼羅河

埃及

丹德拉
阿比多斯
帝王谷
路克索

紅海

艾德福

阿布辛貝

30°

30°

X
Y

X`
Y`

X` = X (×43,200)

Y` = Y (×43,200)

0   400 km

大金字塔猶如北半球的模型。

的所得數字，非常接近現代測量所知的地球半徑，其基座周長乘以四萬三千二百，接近地球赤道圓周的長度。學者們承認有此比例，但不承認它具有任何意義。他們認為：「難道要將這些數字當成某種『訊息』，而非巧合[1]？」

我們之所以會推測有某種訊息或試圖傳達某種訊息的可能，是因為四萬三千二百這個數字並非隨興所至，而是來自地球轉軸「歲差運動」的數學計算結果。第二章曾提到，此一緩慢的週期性位移以每七十二年一度的速率（三百六十度位移需時二萬五千九百二十年）改變所有星體的位置。最著名的效應便是黃道宮十二星座與春分日出點的相對位置：某星座會連續二千一百六十年在春分那一天於日出點出現，十二星座便是如此循環交替。

七十二（年）是這套算術機制的核心，它代表歲差運動中移動一度的週期。六百乘以七十二就是四萬三千二百，也就是金字塔與地球所形成的比例。

大金字塔的建築師已預知必須將金字塔建得非常宏偉，以對抗歲月的摧殘和無知民眾的破壞之手。如果相對於北半球任何地方的比例在1：40000或1：50000之間，就可以輕易解決如此的「設計需求」。但建築師卻刻意選擇了1：43200這個別具意義，可以被任何擁有天文成就文明所承認的神祕數字。它可能是一種溝通形式，遠古人類是否試圖使用歲差的宇宙語言以跨越數個時代傳送訊息？

一項失落的科學？

大金字塔是不是根據地球本身的運轉，也就是地球轉軸的歲差運動所製作的北半球的數學模型呢？

主流學者大都不願「浪費時間」去思索金字塔及其他古老建築在天文

學和測地學上的意義。部分原因是，在那些關於古代的正統理論中，都將我們的先祖塑造成愚昧無知的樣子，不可能會有什麼天文學與測地學上的觀察作為。再者，正如英國作家米榭（John Michel, 1933～2009）所說，那些體制內的學院派固執地用「自以為是的遠古世界觀，否定所有可能打破此一觀念的事實。」以便「固守他們的領土」，這是人之常情[2]。

有關歲差運動及其速率的天文效應，一般認為是希臘天文學家希帕克斯（Hipparchus, 公元前二世紀）在公元前大約一百年首先發現的。此點仍是記載於百科全書和教科書上的標準看法，但由於佐證石器時代已具有黃道星座相關知識的證據不斷出現——上一章也曾提及一些——而顯得越來越站不住腳。

法蘭克福大學的戴衡德（Hertha Von Dechend）博士和麻州理工學院科學史教授桑提拉納（Giorgio de Santillana）是第一批正視這些「不符歷史常規」的證據的學者。他們在一九六九年出版的《哈姆雷特的磨坊》（*Hamlet's Mill*）一書中指出，在「魏吉爾[譯注1]（Virgil, 公元前70～19）之前六千年」已有一套天文科學知識存在於世上，這套知識應用一種在廣為流傳的神話中的奇特語言來描述天象，根據天文學的計算結果，這些天象的確在公元前六千年時出現過[3]。

這份遠古的智慧及年代令桑提拉納和戴衡德深感困惑，因此不得不將這套天文知識歸因於「某個令人難以置信的古文明」，此文明「首次根據數據、測量、重量來理解這個世界。」兩位學者進一步指出，此一消失的文明對後來的埃及、印度、希臘、墨西哥等彼此距離遙遠的歷史文明產生深厚的影響。在一般所認知的歷史開始之前，有一種「確立的形上學」已然成形，一種「驚人宏大」的宇宙論，「於未摧毀人類在宇宙間的角色同時，極度地擴張心智。」

有關此一消失的精神與天文文明的存在，最確切的證據之一是，歲差運動的特定數值可在此一最古老的人類傳統中尋得，其所提供的數值和所運用的一致性符號，迫使兩位作者承認他們所面對的是消逝的科學文明的遺產；那是一種自有其術語的智慧傳統，一種「普世的偉大古老結構……當希臘人踏上歷史舞台的時候」，此一傳統早已為「世紀以來的塵灰所掩蓋」。

天文學家所說的「春分點」（vernal point, 春分時太陽在星空上的「位址」）在黃道帶上移動半度須歷時三十六年，移動一度要七十二年。由於白天的陽光遮掩了所有的星星，古代天文學家必須在破曉前從事觀測，趁著

吉沙的金字塔吸引我們的心靈沉思宇宙之謎。此地在古埃及以「羅斯陶」之稱聞名，意即「靈界之門」。

————

「古代文化一些顯而易見的成就，如金字塔和冶金術，足以證明，當時有一群認真、聰明的人在幕後主導這一切，而這些人肯定懂得使用科技語言……」摘自桑提拉納與戴衡德《哈姆雷特的磨坊》五八頁。

————

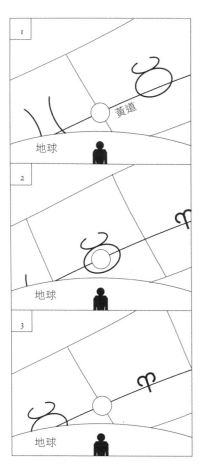

由於歲差的關係,太陽在春分的「位址」,每二一六〇年更動黃道宮一次。

能夠分辨出位於日出點的星星的時刻,向東方的地平線觀望。七十二年相當於人的一生,因此歲差週期所帶來的一度位移並不容易察覺,大約是伸向天際的一個食指寬。三十度位移——即變換一次黃道宮——則非常明顯,但其進程須經過代代的觀測方能確實記錄(每一度歷時七十二年,三十度就是二千一百六十年)。六十度位移,即變換兩次黃道宮,要花上四千三百二十年的時間(2160×2=4320),如此推算下去,三百六十度位移(走完一趟十二黃道宮)須耗時二萬五千九百二十年。

以上便是這套數碼的基本架構,姑且稱之為「歲差數碼」(precessional code)。桑提拉納和戴衡德透過數百頁詳細的文獻證據指出,在世界各地的古老神話和神聖建築當中,都可見到這套數碼的存在。和其他神祕的數字系統一樣,這套數碼允許小數點任意左右移動,也允許對若干基本數字進行幾乎所有想像得到的加減乘除與排列組合(皆與春、秋分點歲差率有密切關聯)。

這套數碼的「主導」數字是72,經常加上36成為108;108可除2成為54——乘以10就是540(或54,000或540,000或5,400,000等等)。2160(春分點跨越一個黃道宮所需的年數)也是一個很重要的數字,除以10是216,或者乘以10或10的平方成為21,600或216,000等等。2160有時也會乘以2成為4,320,或43,200或432,000或4,320,000等等。

其他的特徵

對於金字塔與地球所形成的一比四萬三千兩百的比例,桑提拉納和戴衡德的證據提供了可能的解釋。若吉沙金字塔真是「歲差數碼」的真實呈現,那麼這些建築結構就還包含其他歲差運動、天文學、測地學上的許多特徵。

例如,216這個歲差數字便巧妙地隱藏在大金字塔核心,一個由所謂「國王室」(King's Chamber)內三條基線所合成的三角形之中。這間陰暗的紅色花崗岩房間沒有任何裝飾,也沒有法老停屍其中,其形狀是長二十埃及腕尺(Egyptian royal cubit),寬十腕尺(十點四六公尺×五點二三公尺),即長寬比例二比一的四方形。如圖表所示,這個房間裡「有」一個直角三角形,其短邊(十五腕尺)是西牆上自底下西南角到

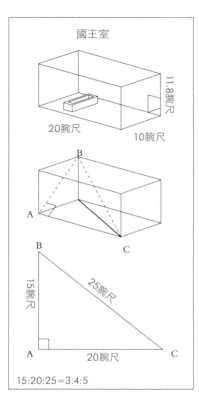

國王室

11.8腕尺
20腕尺
10腕尺

B
A
C

B
15腕尺
25腕尺
A
20腕尺
C

15:20:25＝3:4:5

直角三角形包含在國王室的量度之內。

上面西北角的對角線，其中邊（二十腕尺）是房間南邊整個地板的長度，其長邊（二十五腕尺）是房間上部西北到底下東南角的對角線[4]。

　　十五腕尺、二十腕尺、二十五腕尺的邊長成三比四比五的比例，是為「畢達哥拉斯」直角三角形。這種三角形據以命名的畢達哥拉斯（Pythagoras，公元前582～500）是公元前六世紀的希臘哲學家、數學家、宗教導師，據信是發現上述比例關係的第一人，此一關係就是短邊長度平方（3×3=9）加上中邊長度平方（4×4=16）等於長邊長度的平方（5×5=25=9+16）[5]。然而，如冰島數學家帕松（Einar Palsson）所指出，此三角形真正有趣的地方在於以上數字的立方：

3×3×3=27
4×4×4=64
5×5×5=125

27+64+125等於歲差數字216。這個數字會在「國王室」中出現，相信

國王室中從東向西觀看花崗石石棺，從無諮據顯示該處曾用來埋葬法老。我們將在後面幾章提議，石棺是複雜的再生儀式裝置的一部分，一種為來世靈魂之旅的「實質真實的遊戲」。建築師賦予它數學及幾何學上和諧的比例，它的位置也經過謹慎的挑選。該室的地板精確地位在金字塔二等分的垂直平面，建築物的水平區域正好是地基的一半，角落到角落之間的對角線與地基的長度相同，而正面的寬度則為地基對角線的一半。

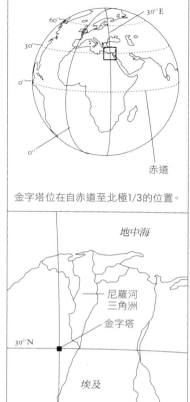

金字塔位在自赤道至北極1/3的位置。

金字塔的經度與緯度──位在自赤道
至北極1/3距離處。

從南向北眺望吉沙三大金字塔，前方為曼卡拉金字塔。所有令字塔均精確地朝向正方位，比倫敦的格林尼治天文台的子午線建築還要指向直正的北方。金字塔的測量如此精確，應是傑出的天文學者觀測星座而來。此外，地面上三大金字塔的建構形式，明顯是受天上獵戶座的腰帶三顆星所支配。

並非偶然。

　　同樣地，吉沙金字塔許多測地學和天文學上的特徵，也透露出建築者的智慧與深思熟慮，不像機緣巧合所致。

　　例如，金字塔位於北緯三十度，恰好是赤道往北極三分之一的位置。另一個精確計算的例子是，金字塔的北面朝向北極點的正北，東面朝向正東，南面朝向正南，西面朝向正西。大金字塔的方向定位更是精確無比，其縱軸和正南北線僅僅相差六十分之三度。

　　要注意的是，此處所說並非指向磁北極的羅盤方向。「正南北」所指乃是地理上的南北極，也就是地球轉軸基準點。定出正北方位的標準方法是觀察位於或接近「天北極」（北方天空位於無限延伸之地球軸線上

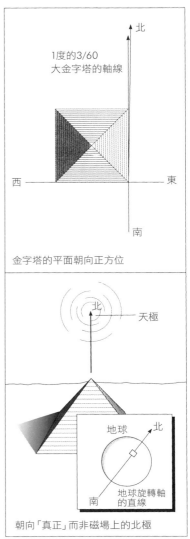

金字塔的平面朝向正方位

朝向「真正」而非磁場上的北極

大金字塔朝向正方位，由地球的旋轉軸主宰。

的點，目前由北極星代表）的星星。此外，天文學家也觀察南方天空的星星來定出準確的南北線，這些星星每晚升到最高點時就在觀察者的正南方。

　　從大金字塔的精確度看來，對北方與南方天空的觀測，想必是興建時不可或缺的條件。再者，可以確定的是，只有大師級的天文學家才有如此精確觀測的能耐。如果說這些人也能觀察到歲差運動的細微變化，並對其效應進行預測，不也是合理的推論嗎？

神殿的天文觀測功能

　　位於上埃及城市路克索（Luxor）市郊，神聖的尼羅河東岸，赤道以北二十六度，卡納克（Karnak）的阿蒙拉（Amen-Ra）神殿巨大的正殿形成一條筆直狹長的軸線，長約一公里，其方位不偏不倚由東南二十六度朝向西北二十六度。埃及學家認為，這棟於公元前二千多年在多位法老任內興建的雄偉建築，純屬儀式功能 6。然而，一九九五年十二月冬至前後，我們連續幾個早晨立於軸線西端向東方望去，幾天下來，日出點和我們的視角越來越一致。冬至前三週，太陽一直要升到地平線上幾乎十五度的高空中才會在軸線上出現；到了白日最短的十二月二十一日這天，太陽尚在低空時即進入軸線，看來像是在為遠方一處殿門行加冕禮。

卡納克在日出時的軸線。在
冬至前二週自神殿內部拍
攝。

卡納克在日出時的軸線。攝
於一九九五年十二月七日冬
至前二週,在神殿的西側入
口處。可與次頁圖做比較。

十九世紀英國天文學家拉吉爾(Sir J.Norman Lockyer)認為,此一現象並非偶然,因為就每一座主要的古埃及神殿而言,「且不論有什麼崇拜祭祀上的功能,其建造目的之一無疑是作為天文觀測所,而且是已知全世界首見的觀測站[7]。」拉吉爾於其著作《天文學之始》(*The Dawn of Astronomy*)裡詳細討論阿蒙拉神殿,指出其軸線刻意朝向夏至與冬至點(冬至時日出東南方,夏至時日落西北);因此,「我們大可以說,數千年前的埃及人對夏至和冬至一點也不陌生……對太陽一年中的運行軌跡也很熟悉。」

聖殿的閃光

拉吉爾這份實際的天文觀察,為日後綿延不絕的論爭埋下了種子,因為從東南方冬至日出極點,到西北方夏至日落極點,每一年太陽於其間的運行「路徑」並非一成不變,而會產生非常緩慢且難以察覺的細微變化。這種變化和歲差週期不同,而和地球轉軸在其繞日運行軌道面上傾斜程度的實際變化有關——此現象稱為「斜度週期」(obliquity cycle),延續時間超過四萬年。由於這類變化可形諸數學模式,如果你相信古代建築師的精確度,理論上我們可以從神殿當今「方位誤

差」的程度，去推測當初設定神殿方位的年代（也就是當初設定對準某一冬至和夏至日出或日落點的年代）。就卡納克神殿而言，此一年代眾說紛紜，一說是公元前一萬一千七百年，一說是公元前三千七百年，也有人認為是在公元前二千年與一千年之間。

公元前三千七百年是拉吉爾於一八九一年所持的看法。三十年後的一九二一年，天文學家理查（F.S.Richards）運用更細緻的觀測與準則，得出公元前一萬一千七百年的遠古年代[8]，但即使是自由派研究者也斥其為荒謬，連理查自己都感到無稽[9]。之後，史密斯生博物館的霍金斯（Gerald Hawkins）教授在聖殿頂上的小禮拜堂重新觀測卡納克神殿的軸線，得出介於公元前二千年到一千年的年代。

霍金斯提出的年代頗符合正統的埃及學研究。然而，他爬到和地面有相當距離的高度進行觀測，多少會帶來些許質疑。拉吉爾建議把卡納克神殿的軸線當成一種大型「工具」，就像一具有著聚光功能的望遠鏡，「引光入殿……於是每年會有一次……光芒長驅直入，毫無阻礙[10]。」拉吉爾強調，一定要在地面上，而且「恰好在日出的時刻」，才會有這樣的觀測結果，其主要景象是聖殿發出「閃光」，大約持續「若干分鐘」。

此一論點與觀察非常合理。如果拉吉爾所言無誤，那麼上述年代就應該

卡納克在日出時的軸線。
一九九七年十二月二十一日的冬至。

————

位於路克索神殿對面，尼羅河西岸的孟農巨石剪影，冬至時的日出。

————

是理查於一九二一年所提出的公元前一萬一千七百年。

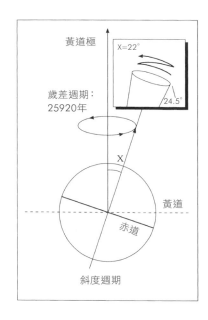

黃道極

歲差週期：
25920年

X=22°
24.5°

黃道

赤道

斜度週期

▶丹德拉神殿多柱廳的入口。

現代天空下的丹德拉神殿。

丹德拉神殿的黃道宮圖

托勒密（Ptolemy, 馬其頓君主亞歷山大大帝死後，其將軍托勒密一世所開創）王朝的丹德拉（Dendera）神殿位於卡納克以北一百哩處，所祀奉的智慧與愛的女神哈瑟（Hathor）掌管夜空。這棟建於公元前第一世紀的美麗建築，比最古老的歌德式教堂幾乎還要老上三倍，其保存狀況良好，剝蝕的內梯沿著牆裡陰涼的迴廊，往上可以通到仍然完好的屋頂。

整座神殿布滿色彩豐富的浮雕，其中具象化的天文星象一字排開，頗為壯觀。帶頭的是熟悉的黃道十二宮和星宿神「歐西里斯，雙重上主……獵戶座踩踏兩地，領航群星[11]。」

我們經由二十四根圓柱挺立的巨大門廊進入神殿，往上看就是所謂的「丹德拉神殿黃道宮圖」，獅子座在天花板西側領頭往北。在上面的一個屋頂小禮拜堂裡，某一通曉歲差運動的專家根據同樣的星座意象，也設計了一個圓形結構圖[12]。

丹德拉神殿前廳的圓柱和天花板。

年代交替的天空

古人認為春分日出點在一年裡有「決定性的意義」，占星學上的每一個年代其特殊風貌，便是由春分日出點上的黃道宮所決定。

我們目前身處「寶瓶年代的發端」，春分日出點上的星座正要由寶瓶座取代雙魚座。這表示：當新的年代來臨，秋分（九月二十一日）日出點上將會是獅子座（現在是處女座），冬至（十二月二十一日）日出點將是天蠍座（現在是射手座），夏至（六月二十一日）日出點將是金牛座（現在是雙子座）。

換句話說，占星學上每一個繼起的年代都有專屬的星圖，四黃道宮兩兩相對立於一年四季的基準點，形成一套奇特的宇宙運行機制，圍繞著春分、夏至、秋分、冬至流轉，其中寶瓶配獅子，天蠍配金牛，雙魚配處女，射手配雙子。其他四黃道宮（白羊—天秤，摩羯—巨蟹）也是兩兩成對，是牽一髮而動全身的運作機制。

丹德拉神殿方形黃道帶浮雕的細部，右上角為射手座。

戈斯坦教授對這些成雙星座的研究，將黃道宮的歷史上溯到至少公元前六千年。在古老神話裡，這些星座常以天空的「看守者」或「背負者」的擬人面貌出現，在丹德拉神殿的圓形黃道宮圖中，則是兩臂上舉

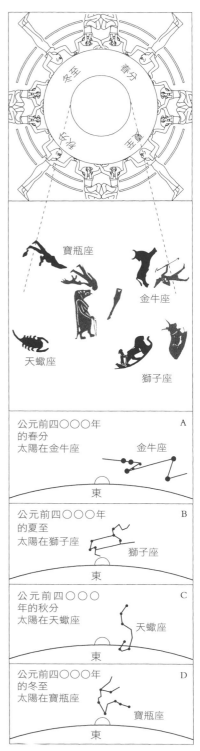

寶瓶座

金牛座

天蠍座

獅子座

公元前四〇〇〇年 　　　　　　A
的春分
太陽在金牛座　　　　金牛座

東

公元前四〇〇〇年 　　　　　　B
的夏至
太陽在獅子座
　　　　　　　　獅子座

東

公元前四〇〇〇 　　　　　　　C
年的秋分
太陽在天蠍座
　　　　　　　天蠍座

東

公元前四〇〇〇年 　　　　　　D
的冬至
太陽在寶瓶座

　　　　　　　寶瓶座

東

丹德拉神殿的黃道帶，描繪公元前四
〇〇〇年在基本方位上的星座。

的女子樣貌。

奇怪的是，這座神殿雖是建於公元前第一世紀，時值雙魚年代
初期，此圖所呈現的卻非「雙魚的天空」，亦非前一個年代中，
春分日出點落在白羊座的天空。它所描繪的是「寶瓶圖式」——
天空的四大背負者兩兩相對立於獅子—寶瓶與金牛—天蠍等星座
底下。

電腦模擬指出（參見右圖），此一圖式所呈現的天空屬於約
公元前四三八〇年到二二〇〇年的時代，當時春分日出點在金牛
座，夏至日出點在獅子座。這年代在公元前第一世紀看來已非常
古老。我們知道埃及祭司一向是丹德拉神殿被上溯至更古老年代
的來源。殿內一段刻文說，原始建築計畫係傳承自「遙遠的年
代」，據稱是「在荷魯斯追隨者的時代，以古老的筆法寫在動物
皮革上[13]。」

艾德福神殿

根據古埃及人於其三千年信史中所遵崇的一個傳統，即任何工
事唯有以聖地遺址為據點方為神聖，位於上埃及艾德福（Edfu）

方形黃道帶浮雕的壁板，右
上角為獅子座。

———————

方形黃道帶浮雕的細部，右
上角為天蠍座。

———————

丹德拉神殿頂的小禮拜
堂。人頭鳥代表靈魂的要
素——巴（ba），其特徵為
自由和來世不受拘束的行
動。

———————

丹德拉神殿浮雕的描繪，中央為獵戶座神歐西里斯。

尼羅河西岸的荷魯斯神殿即為一例。荷魯斯即太陽神，其父母據說是星宿神艾瑟絲女神^{譯注2}（Isis, 即天狼星〔Sirius〕）和歐西里斯^{譯注3}（Osiris, 即獵戶座〔Orion〕）。

這座至今保存完好的神殿並不古老，至少就古埃及人的標準來看是如此，因其主體結構於公元前二三七年才動工，之後陸續興建至公元前五十七年¹⁴。然而，考古學家在艾德福發現到更古老的工事遺跡。例如，內城牆與外城牆可上溯至古王國時期（Old Kingdom, 公元前2575～2134），外城牆之外，一道年代較晚的牆可上溯第一過渡時期（First Intermediate Period, 公元前2134～2040）。還有其他遺跡可溯至第二過渡時期（Second Intermediate Period, 公元前1640～1532）與新王國時期（New Kingdom, 公元前1550～1070）。

簡言之，考古學研究顯示，古埃及人視艾德福為聖地，而且經營了二千多年，至少從公元前二千多年開始，一直到基督的年代為止。考古上的發現證實那些刻在神殿石牆上的無數象形文字所傳達的大量訊息並非虛構。這些「艾德福建築文本」總是將神殿描繪成早期原始模型的複本，當中也提及在神殿出現前，其建造與重建的各個階段¹⁵。這些文本的時間觀與考古記錄不符，那是一種超出一切已知歷史範疇的時間觀念，

艾德福神殿中，荷魯斯以老
鷹的形象呈現。

————

艾德福神殿後的神龕。

————

▶ 艾德福神殿的多柱大
廳。

————

可上溯至遠古被遺忘的年代，第一王朝（First Dynasty）的第一任法老還
要好幾千年後才會統治埃及。已故的利物浦大學瑞門（Eve Reymond）博
士指出，埃及人認為：

史上神殿之構成係由一早已存在的神話結構體所決定……神殿為先祖的具
體面貌……「出自那原初的計畫」[16]。

　　文本中說艾德福神殿是神祇「於初始之時的真正座席」，並一再提
及顯然是神殿工程指南的古書與典籍。據說這些文獻是從古埃及人所謂

艾德福神殿中的方舟。

「初始之時」的傳奇年代流傳下來。「初始之時」又名「第一時」（Zep Tepi）、「太古紀」、「歐西里斯神的時代」、「荷魯斯神的時代」等等。那是一個遙遠的年代，據說當時一群名為「七位賢者」或「興築之神」的神明落腳於埃及，並在尼羅河沿岸建立「聖塚」，讓後世興建的神殿據以立基並測定方位。更重要的是，「艾德福建築文本」很清楚地表明，開發這些聖塚是為了「重現已毀壞的昔日神界」。據說，此一失落的世界即「初始者的故鄉」，是「一座長著蘆草、在黑暗裡立於原始水中的島嶼……」據說，「天地之生成始於此島……」據說，「最早的神明居所在此。」然而，遠古年代的某一刻，美好的「昔日世界」突然毀於一場大洪水之中，當中的「神明」大都滅頂，「神明居所為大水淹沒」。

陰曹地府

在今天看來，神殿或昔日世界的重生可能是很奇怪的觀念，因為今日文明的時間觀是直線式，而非循環式。古埃及則將時間視為一條不斷自噬其尾的蛇，此時間觀左右了一切有關過去、現在、未來的思考。因此，當時

人們自然會相信，每個擁有意識的生命和這世界的每一段「時期」都會不斷回歸重生。而神殿也被視為同出一源的生命體。如瑞門博士所說，「在埃及建立王朝前的遙遠年代確實存在過的神殿」。她並補充道：

根據艾德福神殿及其他神殿的傳統，這座遠古的聖殿顯然是天神親手建造，開天闢地也在其中完成[17]。

艾德福神殿的象形文字。此神殿據信是依照「從天而降」的計畫所興建。

依照「艾德福建築文本」的循環時間觀，瑞門所說的「遠古」聖殿自然也是以更早的原型為本。據說，天神是以一處「據信在世界生成前就已存在」之地為範本建造這座聖殿。這地方稱為「靈魂冥府」（Duat-N-Ba），我們在下一章會有更詳盡的討論，其天界位置可在流傳至今的建築文本中，論及艾德福神殿所在方位的一段奇文裡找到一些線索。根據這段文字所述，神殿方位與日出點或日落點無關，而是根據「自南方的獵戶座朝向北方的大熊座」。另一段相關刻文也表示，神殿是依據「從天而降」的計畫所興建。

譯注：

1.古羅馬最偉大的詩人之一，又稱「民族詩人」。代表作為史詩《伊涅亞德》（Aeneid）。另有田園詩（牧歌）（Eclogues[Bucolics], Georgics），教訓詩（Didactic Poetry），後形成魏吉爾風格（Virgilian），影響西方文學甚鉅。

2.古埃及母親、豐收、生育、魔法女神，奴隸、罪犯、工匠之友。保護死者與兒童的女神，為理想中的母親與妻子。古埃及人認為尼羅河的氾濫，為艾瑟絲因其丈夫歐西里斯（亦為其兄）的慘死而流淚所造成。

3.古埃及死亡、喪葬、復活、來世、冥界之神。受人民愛戴，其弟賽斯忌妒之，騙其躺在盒子（棺材）裡，丟至尼羅河，使其淹死。其妻艾瑟絲（亦為其妹）變成鳶，飛至各地尋找，終於尋獲藏在家中，不幸被賽斯發現，大卸十四塊撒在各地，被大魚吞食。

第四章
真理大廳

▶古埃及人相信死者在往生後必會旅行，經過奇異而平行的冥府宇宙，同時也是眾星體的「來世」，一個有著狹窄通道、黑暗走廊及房間的奇特國度，居住著惡魔及恐怖。在旅途中，胡狼頭死神阿努比斯，有時會扮演嚮導及靈魂的伴侶。

「當死亡的報信者來臨將您帶走時，讓祂知道您已準備妥當。天呀！您將沒有機會說話，事實上，祂的恐怖將先降臨……」
——埃及拉美西斯二世時期碑銘

————

位於尼羅河西岸，正對路克索和卡納克處，矗立著奇特而美麗的米狄納（Deir el Medina）神殿，和艾德福與丹德拉神殿一樣，都是曾盛極一時的埃及古文明後期的傑作。神殿建於公元前第三世紀，祀奉埃及的宇宙和諧女神瑪特（Maat），牆上所刻的象形文字表達出古老的宗教與精神觀念。

神殿的軸線自東南朝向西北。我們通過東南角的一道門牆進入神殿，門內庭園挺立著四根精雕細琢、柱頭有花飾的圓柱。主殿盡頭的三道門廊通往三間各自獨立的聖堂，其中最靠南邊的一間，乍看陰暗不討喜，卻擁有一件精巧且大致完整的雕繪作品，其主題是學者所稱的「靈魂的稱量」（源自希臘字Psychostasia，psyche即「靈魂」，stasis即「天平」）[1]。

我們仔細檢視「靈魂的稱量」，此場景取自古埃及的《亡靈書》（Book of the Dead）。此書是埃及歷代相傳的眾多葬儀典章之一，主題著重在「那些超越死亡、來去自如的靈體所獲得的自由[2]。」

站在聖堂門口，左邊牆上是托勒密四世費羅佩特（Philopator, 公元前221～205年在位）的優雅浮雕，這座瑪特神殿便是這位馬其頓希臘籍法老下令興建的[3]。以死靈姿態出現的托勒密王，著涼鞋及樣式簡單的亞麻衫，正等待著被引入一間寬敞的大廳。在廳堂另一頭端坐著的是略呈木乃伊狀的歐西里斯神，在古埃及的天空信仰裡，這位死亡與復活之神就是南方的獵戶座[4]。

托勒密王來到的地方是歐西里斯審判廳，或稱「雙瑪特廳」，即「雙重真理廳」或「雙重公義廳」[5]。此地不是每個靈魂都能在死後立刻進來，來到這裡的都是精神上「裝備得當」（equipped）之士，能夠完成漫長而危險的死後旅程，且能安全通過冥府十二界的前五界，那是充滿陰暗恐懼、惡魔夢魘之地，古埃及人視其為隔開生界與死者福地的界域[6]。讀者想必還記得，「艾德福建築文本」所提及的神祕「遠古神殿」，便

是以這「靈魂冥府」（Duat-N-Ba）為建築範本。

托勒密呈致敬立姿，左手握拳橫過右胸，右手舉起。在他兩側各有一瑪特（因此是「雙瑪特」），這位高挑美麗的女神胸部豐滿，十足性感，頭巾上插著鴕鳥羽飾（在象形文字中代表「真理」）。托勒密身後的瑪特空著手，作勢要引他入廳；面對他的瑪特右手持一長杖，左手拿著的是代表生命的「十字符」或「鑰匙」，象形文字「安荷」（ankh），象徵永恆[7]。

四十二個人成兩列，在一旁漠然蹲坐著，專注於抄寫莎紙草。每個人都戴著瑪特女神的羽飾，此乃亡者四十二判官。死者必須在每一位判官之前就某一件罪行宣告自己的清白，也就是所謂的四十二項「否認」。例如：

第四項「我不偷」；

第五項「我不殺人」；

第六項「我不說謊」；

第十九項「我不欺人妻」；

第三十八項「我不詛咒神」[8]。

米狄納神殿「靈魂的稱量」的完整場景。

帝王谷中塞提一世陵墓內的壁畫。死神阿努比斯之母——內普特斯（Nepthys）女神，為死者的施主與庇護者。

　　通過這些檢測後，托勒密來到一具大天秤跟前，秤臂底下是胡狼頭的靈魂嚮導阿努比斯神[譯注1]（Anubis），以及鷹頭的歐西里斯之子荷魯斯。其中一個秤盤上放著一個形似小甕的物體，代表死者的心，一般認為心是「智識所在，因此也是人類行為與良知的策動者[9]。」另一個秤盤上放著瑪特女神的羽飾，同樣是代表真理。

　　心與真理的相會是關鍵性的一景。因為，此時做出的最終判決，將使勝訴的靈魂得到期盼的永恆，敗訴的靈魂遭到滅絕。至於靈魂如何滅絕呢？答案就在天秤旁邊：一隻合鱷魚、獅子、河馬於一身，名為阿米特（Ammit）的怪獸，是為「吞噬者」或「食屍者」。於阿米特前方極右處端坐的則是略呈木乃伊狀的星宿神歐西里斯，是為靈魂復生之神。

　　荷魯斯和阿努比斯測試天秤並負責稱重[10]。另有一高大的朱鷺頭索斯神（Thoth）立於天秤右側，就在死者和虎視眈眈的阿米特之間。索斯是

卡納克的多柱廳。智慧之
神索斯（左側朱鷺頭人身
者），在生命樹上寫下法老
塞提一世（中間）的名字。
索斯是知識的監護者，打開
通往不朽之門。

「神意的化身……天地之全面主導力量……天文學、占星學、數學、幾
何學、測地學的始祖[11]。」在古老的刻文中被冠上神祕的「三倍偉大」
稱號的索斯神，是古埃及的智慧之神與「靈魂記錄者」，自托勒密王朝
之後，也以「三倍偉大的赫米斯」（Hermes Trismegistus）之名為希臘人
所知。在審判一景中，索斯神以一強大的形象出現，穿戴短袍及鳥式頭
罩，左手握板，右手持蘆葦筆。

心和羽毛在天秤上兩相平衡，這是靈魂進入歐西里斯來世的必要條
件。

荷魯斯確定天秤呈平衡狀態。

阿努比斯宣判。

索斯記錄……

索斯神和瑪特女神

公元前兩千多年的古埃及「金字塔經文」（Pyramid Texts）是人類現存

最早的經文，當中已有索斯神與瑪特女神的描述。在三千年的法老歷史上，這兩位神祇一直扮演著重要的精神與宇宙意涵角色。

太陽神阿圖拉（Atum-Ra）乘坐「萬年船」航行天海，索斯與瑪特立於兩側，是《亡靈書》裡所描述的導引和平衡宇宙運行的永恆力量：「索斯……主上……自生自長，無父無母……祂是天空的測量者、星星計數者、數算世間萬物者、測地者。」此外我們還讀到：「馬努（西方）之地歡喜迎接你（太陽神），瑪特女神晨昏擁抱你……索斯神與瑪特女神記錄你每天的行程。」

「maat」（瑪特）一字除「真理」之外還有其他意思，例如「直的」，以及在物質和道德意涵上的「對的、正的、真的、正直的、公義的、公平的、堅毅的、不移的」等等。「Khebest maat」是相對於人造寶石的「真的青金石」。「Shes maat」是「一直不停地」。「Em un maat」是指事情真是如此。誠實的好人是「maat」。真理（maat）是「力量強大的，且自歐西里斯時代以來從不曾損傷。」難怪在有些版本的「靈魂的稱量」裡，女神瑪特兩臂平舉便成為天秤。

秤盤上的羽毛和心具有重要的象徵意義。羽毛代表女神，而那形似兩耳小甕的心，不僅是古埃及象形文字裡的「心」，也是意謂「法碼」的「tekh」的「限定詞」。有學者認為，索斯神的名號是從「tekh」和「tehuti」等字源衍生出來，而埃及人似乎也認同這個看法。

我們也注意到，尼羅河沿岸神殿裡高聳的花崗石方尖碑（obelisk），古埃及人稱之為「tekhen」——據紐約大都會美術館的達頓（Martina D'alton）指出，這是個「起源不詳的字」[12]。

稍後幾章我們會看到，方尖碑在埃及千百年來追求永生的歷史中扮演著特別的角色。從最古老的年代開始，這份追求便和崇拜索斯神密不可分，此神的意志與力量據說能讓天地保持和諧。埃及學權威布奇爵士[譯注2]（Sir E.A.Wallis Budge, 1857～1934）便指出，「祂擅長操持天道，善用律法（maat），使宇宙屹立不搖[13]。」

瑪特女神的天秤。

瑪特女神為真理、正義與宇宙和諧的化身。

尼泊爾加德滿都的佛寺，包迪納斯佛塔。

路克索西側塞奈吉恩陵墓內，荷魯斯之眼。

◀路克索西側塞奈吉恩陵墓內的壁畫，站在供桌前，有荷魯斯的雙眼護衛側翼的歐西里斯。

　　布奇爵士徹底分析古埃及歷史上各個時期的葬儀典章，他發現索斯神一直被描述成是冥府來世中擁有「無限力量」的形象。審判一景中，祂所呈現出來的記錄天使的模樣便象徵著這份力量。《冥府之書》（Book of What is in the Duat, 散見於第十八王朝之後的法老墓）有云：「祂（索斯神）審言度語，打擊邪惡——祂有一顆公正的心，祂衡度言語——在檢視心靈奧祕的神聖之地[14]。」

　　但「邪惡」指的是什麼？在歐西里斯審判廳裡接受檢視的奧祕又是什麼？

帝王谷中拉美西斯六世陵墓內,有如《冥府之書》、《入口之書》描繪經歷冥府的旅程。旅行方式為乘船,由一條盤繞的宇宙之蛇保護。太陽神「拉」站立著,前有代表「心靈」,後有代表「魔法」的人物。在《入口之書》裡,歐西里斯審判走廊位於冥府的第六界。

————

索斯之書

　　審判一景中所強調的不只是道德人格而已,因為有關道德行為的問題早在旅程的初期就已經問過,四十二項否認可為佐證。因此,心的「稱量」必定是評量別的東西——一個人在世時有機會為自己添加的特質、品性或真理。審判廳裡所謂的「雙重真理」或許就是由此而起,這裡所進行的是兩種不同層次的審核活動。如某傑出學者所說的:

歐西里斯審判廳裡對靈魂所做的檢視,並不是所謂審察或「行為評量」(即四十二項否認),而是「utcha metet」,即「言語評量」[15]。

　　這類奇異的提點帶來些許線索,古埃及人認為索斯神所教授的,除了有力的言語之外,也包括說出這些言語的方法。死者如果想走完冥府十二「界」以完成來生之旅,通曉這些「言語」是必要的條件:

言語……需自索斯處習得,若不知此言語,不知說出此言語的適當方法,死者將無法通過冥府。索斯的指點讓死者有所遵循,供給必要的飲

食與衣著，驅逐邪魔與惡靈，讓死者通曉冥府妖獸之名並呼喚之，使妖獸成為死者的朋友和旅途上的幫手[16]……

類似靈魂轉生手冊的《亡靈書》，據說是索斯神的作品，部分篇章還是由祂「親手寫下」。此外，許多現存的古老文獻告訴我們，智慧之神也是其他幾本「書」的作者，那些企求永生的人得在有生之年設法找到這些書：「我得榮耀，我得力量，我得大能，我得索斯之書，我帶著祂的書一路走過[17]……」

文獻中暗示，唯有找到索斯之書的人方能得到永生。「我能活多久？」在審判一景中死者會這麼問。如果「言語評量」一切順利，索斯會回答：「你將是千萬年，千萬年的生命[18]……」

知識的探索

根據亞歷山卓城的革利免（Clement of Alexandria, 150～215，基督教神學家）所述，索斯之書有四十二部，此一數字相當於由四十二項否認所檢驗之「第一真理」，也就是「行為評量」。而「言語評量」的「第二真理」之書分為七個領域[19]，包括宇宙學、地理、神殿工程學、世界史、神祇崇拜、醫藥、象形文字祕義、占星學及天文學，其中包含「恆星序列，日月星辰的方位，日月的交會與盈虧，以及星子升起的時間[20]。」

索斯之書的傳統世代相傳，至基督世紀仍可見其蹤影，與米狄納神殿、丹德拉神殿、艾德福神殿，以及費萊（Philae）島上的艾瑟絲神殿等希臘化埃及神殿皆有關聯。在費萊，古埃及象形文字一直到公元第四世紀仍為人所使用與熟悉[21]。

因此革利免知曉此一傳統並不令人驚訝，索斯之書的傳統就在他的時代，於其生長之地亞歷山卓城重新訴諸文字，是為《眾神的使者文集》[22]（Corpus Hermeticum）。索斯神（希臘人的「三倍偉大的赫米斯」）於其中總是被冠上「全知者」的稱號。祂：

看見一切，見無不知，知無不解。祂即知即刻之於石；雖刻之於石，卻盡皆藏匿，付諸靜默，讓往後世代皆得尋覓[23]……

顯然，索斯／赫米斯的這些石板或「書」是眾人追尋的目標，《眾神的使者文集》也說得很清楚，智慧之神運用魔術一再拖延其知識寶藏的復

現：

神聖之書啊……被塗以無可毀滅的藥……永世不損的，在地上來去的人看不見也找不著，直到老天將來生出與汝相稱的有機體為止[24]。

　　將這段文字譯成英文的史考特（Walter Scott）為「有機體」（organisms）一詞做了注解：「意為『複合體』，即由靈與肉組合而成的人類。適合閱讀赫米斯之書的人有一天終將出現[25]。」

不死之蛇

　　閱讀赫米斯之書是一份古老的願望，可上溯至《眾神的使者文集》尚未編成的遠古埃及。例如，托勒密時期的一份莎紙草抄本，記載拉美西斯二世[譯注3]（Rameses II，公元前1290～1224年在位）之子賽諾凱恩華斯特（Setnau-Khaem-Uast）尋找「索斯神親撰之書」的故事[26]。研究不懈的賽諾終於發現，這本據說內含永生祕語的書藏在孟菲斯（Memphis）墓地（沿著尼羅河西岸從梅登到吉沙，綿延大約三十五公里的大墳場）的古墓之中：

賽諾和兄弟在那裡搜尋了三天三夜……在第三天找到墓地。賽諾念念有詞，地面開啟後，他們下去藏書的地方。兩兄弟進去，發現墓室被書的光芒照得明亮無比[27]。

　　另一份中王國時期（Middle Kingdom）留存下來的莎紙草抄本（韋斯特卡抄本〔Westcar Papyrus〕，約公元前1650年）所記載的是更古老的庫夫王（公元前2551～2528年在位，據信是吉沙大金字塔建造者）時期的故事，其中提及位於神聖太陽城（Heliopolis, 吉沙東北方十八公里處）的一間「儲存所」，藏有一內含神祕物的「火石盒」，庫夫王據說曾「費時搜尋」此神祕物；文中暗示這可能是一份文件，記錄著「索斯聖殿裡密室的數目」[28]。

　　一般都同意「韋斯特卡抄本」所言為真，至少可信度頗高。愛德華茲（I.E.S.Edwards）教授指出，它含有「真理的核心」，而且「顯然是承襲更古老的文件」[29]。愛德華茲進一步指出，「儲存所」所在地的太陽城曾是遠古埃及的天文學與占星學中心，城裡大祭司的頭銜是「首席天文學家」。埃及學家葛林（F.W. Green）認為，「儲存所」可能是太陽城的一

間「繪圖室」，或「訂定計畫並貯存之的『繪製室』」[30]。加納（Sir Alan H. Gardner）也認為「這房間想必是檔案室」，庫夫王「想要了解的是索斯神太古聖殿裡的密室」[31]。

「韋斯特卡抄本」說索斯神的祕密藏在一個盒子裡，其他文獻也有類似的說法：智慧之神於卡波托斯（Coptos, 路克索北邊幾公里處的古城）尼羅河中央，把祂寫的一部書放進一個鐵盒子裡：

這鐵盒在一個銅盒子裡，銅盒在棕櫚木盒裡，棕櫚木盒在檀木象牙盒裡，檀木象牙盒在銀盒裡，銀盒在金盒裡……藏書的盒子為蛇、蠍及各種爬蟲類動物所環伺，盒子周邊纏繞著不死之蛇[32]。

還有大約公元前一千九百年的「棺材經文」（Coffin Text）也訴說著靈魂走向永生的旅程。「我打開索斯神的盒子，」死者如是說，「我開啟封印……我打開神的盒子裡裝的東西，我拿出文件[33]……」

綜合觀之，審判一景中的「言語評量」所檢視的，必然與死者所擁有的知識有關，那是一種可以刻在石板上或寫進書裡和「文件」裡的知識。

來生之旅的咒文

如同古埃及許多有關葬儀與重生的典籍，「棺材經文」是冥府中以審判一景為最高潮的恐怖旅程中，靈魂來生之旅的指引手冊，之所以稱為「棺材經文」，係因文字是刻在棺材裡，想必是為死者的方便著想。編撰日期可上溯至第一過渡時期（公元前2134～2040），在第十二王朝期間（公元前1991～1783）應用最廣。其中較早的一段咒文這麼說：

年少的神（進入歐西里斯之來世並得到永生的亡者）在美麗的西方誕生，他來自生界；他已甩脫身上的塵沙，他渾身充滿魔力，他因之解了渴……他的知識使他成為此地的主人[34]。

較晚的一段咒文幾乎如出一轍：

看哪，閣下來也，你已獲得所有的力量，你已無所缺憾……你渾身充滿魔力，你因之解了渴……你的知識使你成為此地的主人，如同那些你去會見的[35]。

更晚的一段咒文說「裝備得當的心靈」獲得勝利，也讓我們開始思考何謂「裝備得當」：

我已走過在天界的歐西里斯之路。知曉此咒文並來到此路者，本已是神，並有索斯神隨行，他會去任何想去的天界。而那些不知此咒文、走不了此路者，將被帶到死域，好像未曾存在過一樣[36]。

天上的對應物

裝備得當的心靈憑著「知識」成為冥界的主人，這應該無任何疑義。但那是何種知識？上文提及這份知識可以讓人「去任何想去的天界」，強烈暗示必有天文學牽涉其中，這頗能解釋太陽城祭司所具備的天文學知識，也和現代埃及學家鮮少注意到的冥界重要特徵符合：古埃及人所認知的來世，從來就不是傳統猶太—基督教意義下的「地下世界」。相反地，如大英博物館的福克納博士（Dr.R.O. Faulkner）早已注意到的，古埃及人心目中的冥府位於「可見的天界」[37]。

事實上，冥府在天空有相當確切的對應物，埃及學家哈珊（Selim Hassan）於一九四〇年代首次對此進行系統性的研

帝王谷中圖特摩斯三世陵墓內《冥府之書》的場景。在天文學上，冥府位於獵戶座與獅子座之間，也是一處平行宇宙，通常描繪成由怪物、許多狹窄的走廊、通路、上升的通道和房間所組成的迷宮。可與次頁的大金字塔的走廊做比較。

大金字塔的大走廊。

————

下降的走廊。學者們至今仍不願去思考，金字塔，或許甚至連吉沙的人面獅身像，其建築目的可能是當作天界冥府的立體模型。在這預備的場所中，為了獲得來世的知識，門徒可能得日夜埋首其中。這種見解並非全然不可信。許多古埃及的《亡靈書》提供了天界冥府文字上的解釋和可見的形象，其目的在為死者準備來世的旅行。建立天界冥府大比例尺的立體「模型」——一種模擬的來世，不過就是這個行為的延伸。

————

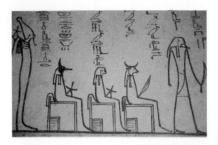

▲圖特摩斯三世陵墓內，
《冥府之書》的場景。
▶大金字塔內的地下密室。

究。他不辭辛勞地鑽研大量有關葬儀和重生的典籍，得到的結論是，當等同艾瑟絲女神的天狼星[38]及等同歐西里斯神的獵戶座於破曉前出現在東方天空，此時那兒的天空就是古埃及人所認知的冥府，因為古老文獻說得很清楚：「當天際住民淨亮時，獵戶座被冥府遮蔽。當天際住民淨亮時，〔天狼星〕被冥府遮蔽[39]。」哈珊指出，這種說法必定是以天文觀測為本：

當太陽升起在天際淨亮時，獵戶座和天狼星被冥府遮蔽，此乃自然界實際的觀察。每天早上，星星就像是被漸亮的曙光所吞沒。或許「冥府」一字的限定詞──圓圈包著星星──所象徵的就是星星被遮蔽之意[40]。

後來的包瓦爾（Robert Bauval，《獵戶座之謎》一書作者）進一步定出冥府的時空方位，因為他注意到一個被哈珊忽略的重要現象：在地球運行軌道的影響下，每天早上日出點的背景星圖在一年當中會有緩慢的變化；也就是說，太陽並不是每天都伴隨著獵戶座與天狼星升起，只在某些固定的日子是如此（當太陽大約介於地球與這些星星之間時）。此外，由於地球的另一種運行模式，獵戶座與天狼星會被「吞沒」的季節也有緩慢的變化。此一運行模式就是歲差運動，以每七十二年一度的速率，延遲太陽抵達任一星圖「位址」的時刻。

現存最古老的古埃及葬儀典籍大約是在公元前二五〇〇年至二三〇〇

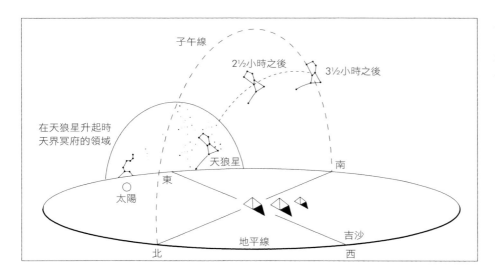

大約公元前二五〇〇年夏至，天界冥府在天空的領域，亦顯示出獵戶座直至子午線頂點的軌道。

年間編訂的，其時的歲差運動顯示，冥府只有在白日最長的夏至前後才是「活動的」（指獵戶座與天狼星幾乎和太陽同時升起）。據說一年中冥府只在這個時節向死者的靈魂開啟門戶。其中一個門戶是獅子座，和獅子座隔著閃亮銀河的另一個門戶是天狼星、獵戶座、金牛座。公元前二五〇〇年，人們認為此一神聖的天門會在夏至「打開」，因為太陽一年一度在這裡升起。今天，因為歲差運動的緣故，太陽在秋分時「吞沒」獵戶座與天狼星，在公元前一萬零五百年時則是在春分時。

所謂「去任何想去的天界」的能力，是不是指計算歲差運動的能力──駕馭智能以想像和清楚看見過去與未來的天空？是否就是這種知識足以和瑪特女神的羽飾在審判之秤上一較輕重，足以勝過一切滅絕？

此言此語尚未揭露，知曉者必當存活……永生不滅……不死[41]。

是迷信還是科學？

有關葬儀與重生的古埃及文獻所傳達的這種無可否認，甚至讓人有點不安的訊息，對大英博物館古埃及部主任奎爾克博士（Dr. Stephen Quirke）而言，是屬於：

永恆的世界……其追求永生的努力昭然若揭。〔它們〕清楚表述死者得以永恆重生之道。今天我們稱這些古老文獻為「喪葬文章」，但此一名稱很不精確：這些文字旨在變化亡者，讓人類成為永生之神[42]。

古埃及人稱這些文章為「沙卡烏」（sakhu），奎爾克解釋道：

《冥府之書》。死者的精神化，荷魯斯的雙眼在兩側，其中有星星及有翅的蛇。

意為讓死者變成「阿卡」（akh, 轉化之靈）的祝詞。另一種情況是死後便保持「莫特」（mut, 死去）的狀態。「阿卡」和「莫特」的對比類似歐洲所說的被祝福者和被詛咒者之間的分別。和歐洲傳統相同的是，樂園是光的意象，而和「阿卡」相關的字大都以光和明亮為其重要意涵，例如意為「地平線」的埃及文「akhet」（光的所在）。面對可能的選擇，埃及人無不全力追尋那永恆的光輝[43]。

換句話說，奎爾克雖然知道「沙卡烏」含有把人類變成永生之神的崇高目標，卻認為大都是心理作用。他認為其中的道理很簡單：古埃及人認為永生的另一面——不存在、滅絕——可怕得難以想像，因此構想出如果靈魂「裝備得當」，便可有所歸依並在其中獲得永生的獎賞。

今天埃及學家們承襲奎爾克的觀點，皆斥之為一廂情願的想法，認為那是「怪異的咒語和無謂的囈語……反映出古人試圖頑抗那無人得以回返的黑暗無聲世界[44]。」若干學者甚至表示：

儘管他們對現實事物的觀察鉅細靡遺，但金字塔時代的埃及人未曾發展出清楚明確的來生觀……其留給當今的印象是，這個民族在黑暗中摸索真理之鑰，但由於找到多把像是能開鎖的鑰匙，於是全部保存下來，以免把真的那一把給弄丟[45]。

大金字塔內國王室的「石棺」。假如金字塔的修建是當作天界冥府的模型，那麼石棺可能是用來作為門徒為了無可避免的死亡、來世的旅行及期望再生的準備的一部分。

穆瑞博士（Dr. Margaret Murray）也說：「埃及的宗教文章中有明顯的死亡恐懼……〔埃及人〕知道死亡無可避免，於是預先準備一套神奇的知識，以便讓人可以回到摯愛的土地與家園……[46]。」

本書的基本立場是，事情可能不是想像的那麼簡單。古埃及經典隱藏著深沉與未知的重要內容，絕不只是無謂的囈語而已，同時也比學者們所想像的要古老許多。

譯注：
1.亡靈與墳場的守護神，亦監督木乃伊的處理過程，為胡狼頭人身。在木乃伊的處理過程中，禮儀師頭戴阿努比斯的面具，指揮長達七十天的複雜儀式。
2.英國埃及學家、東方學家及歷史語言學家。曾任大英博物館埃及與亞述古物部門主管。一九二〇年冊封爵位。
3.古埃及第十九王朝第三位法老。相傳享壽九十三歲，有三十四位妻子，約一百位子女。

阿比多斯的塞提一世神廟。
魔法女神艾瑟斯贈予「安
卡」——永恆生命的禮物
——給法老塞提一世的靈
魂。除了象徵意義及精緻浮
雕外，油然而起的高尚感與
古老的目的皆賦予埃及神
聖藝術生命。

第五章
隱密界域

▶「俗世乃大王所惡，大王屬於上天。」

據「艾德福建築文本」所述，其中所記錄的是「聖賢之語」，早已由古埃及智慧之神索斯寫入書中[1]。第二、第三世紀於埃及亞歷山卓城編成的《眾神的使者文集》（*Corpus Hermeticum*）也有同樣的宣示，而《亡靈書》、「棺材經文」、「金字塔經文」、《入口之書》（*Book of Gates*）、《冥府之書》等有關葬儀與重生的古埃及典籍，也都有類似的宣示。

公元前二三〇〇年，當現存同類典籍中最古老的「金字塔經文」，被複製在位於沙卡拉（Saqqara）的第五與第六王朝金字塔墓壁上時，負責摹寫的抄寫員就已看不懂其中的內容。但奇怪的是，雖然現代學者強調「金字塔經文」和《眾神的使者文集》沒有任何關聯，兩者卻傳達出相同的重要訊息，即永生是「高價的珍珠」[2]，只有所思所行正確方能贏得，因為「靈魂來世得致永生的希望全繫於今世」。

那麼，我們該怎麼做才能讓希望成真呢？

《眾神的使者文集》中提到：「對人類的狀態不滿足是一個人的本分，我們應在思索神聖事物時展現力量，藉此輕蔑並鄙視那些屬於低下世界的俗世元素。」這種輕俗世、重上天的態度也能在「金字塔經文」中看到：「俗世乃大王所惡……大王屬於上天。」又說：「我願站上青天，立於天際。」又說：「天梯已經架好，可讓我登天。」

古埃及的法老尋找天文學上的來世，為其靈魂準備死後的旅行。此為沙卡拉第六王朝的法老泰提陵墓內，布滿星星的天花板。

我們在「金字塔經文」裡可以讀到充滿赫米斯風味的格言，例如：「心靈合當上天，肉體合當下地。」我們也常聽到如下的勸勉：「起來，絕塵離俗；起來，與靈同遊……穿越青天……築居不滅的星球。」

我們在埃及歷史中年代更晚的第十八王朝，其年輕的法老圖坦卡門^{譯注1}（Tutankhamun, 公元前1333～1323年在位）陵墓的第二神龕中，也看到

圖坦卡門陵墓的第二神龕，上為全景，下為細節。古埃及人在智力、洞察力和天文學之間與來世的連結顯而易見。

近似的意念。此處刻有一排金質人像，視線朝上，每個人的前額皆以光線與一星星或天體連結，形成冥思、專注、寧靜的氛圍，很難不將其與「登高」的企圖做聯想——思索並領受宇宙最深邃的奧祕：「天門已開，天神歡迎你，把你和你的靈魂接上天去……」

模擬天空

　　一般相信，如要「登天」，即馳騁心思悠遊於天星之間，就必須棄絕物質界的牽絆與連繫，能力才會提高；若能自覺其於宇宙間之位置，凝思必定更加豐厚，因為埃及和古代的中美洲都將「底下的世界」視為：

由上面的世界所規範與充填，下面的東西無力規範上面的世界。因此，弱屈於強……高者強過下者……一切皆來自上面的世界[3]。

《眾神的使者文集》指埃及為「天之意象」、「全世界的殿堂」、「宇宙聖殿」──於此寶地上,「在天上掌控運行的力量,已被帶到下面的世界。」《冥府之書》也告訴我們,企求永生者必須讓「天上之隱密冥界」在地面上完美重現:

凡予精確重現並知悉者,必是宜天宜地之能者,此殆無疑義,直到永久[4]。
凡予重現並知之於地者,必得此一神妙護衛相持,於天於地皆然[5]。

將此種意念形諸文字的人也將之形諸建築,這應是很自然的事。「艾德福建築文本」告訴我們,索斯神抵達原始祕殿──歷史上的艾德福神殿乃模仿此祕殿之作──的地基時說道:

我必使其長寬恰到好處,其規格合乎標準,殿堂皆各適其位,廳室皆模擬天空[6]。

依學者們之見,此一「模擬天空」的神祕建築很有可能的確存在於埃及。利物浦大學瑞門博士指出,幾乎可以確定它曾矗立於「埃及人視為

帝王谷中,塞提一世陵墓內的天文天花板。學者們皆同意,畫面右側有隻鱷魚騎在河馬背上的圖像,代表今日所知的天龍座,而河馬手臂所倚靠的「大腿骨」,則代表北斗七星(大熊座)。它所吸引人之處正好與學者們意見相反,是與獅子有關。獅子座的周圍由眾星點綴,面向它站立者是獵戶座,上方有隻牡牛,即金牛座。基於此種詮釋,塞提一世的陵墓顯示,在天龍座俯瞰之下,通往「天界冥府」的大門。

帝王谷之中，拉美西斯六世陵墓內墓室的天花板。奴特女神在整個天花板上出現二次，象徵早晨及夜晚的天空。

丹德拉哈瑟神殿的浮雕，站立的人抓住由群星裝飾的象形文字「天空」。古埃及的神殿與金字塔可能是將天空複製在地面的一種審慎和長期計畫的一部分──字面上即是將天界建立在地面上。

神殿發祥地的孟菲斯附近」。

新的發現

孟菲斯（Memphis, 原為Men-nefer，意為「莊嚴而美麗」）是古埃及歷史上第一個首都，至少可上溯至公元前三千年。其遺址位於開羅以南大約二十四公里處，靠近今天的米拉希納城（Mit Rahina），然而此處並無可觀之處。真正引人注目的是孟菲斯以西一長串所謂的「孟菲斯墓地」，沿著尼羅河向西邊的沙漠延伸，由北至南綿延三十五公里。除了千百個墓穴和巨大的瑪斯塔巴^{譯注2}（mastaba）古墳群之外，此墳場也包括了許多金字塔聳立的地點，如阿布洛許（Abu Roash）、沙威耶艾阿央（Zawiyet el-Aryan）、阿布希（Abusir）、沙卡拉、達斯爾（Dashur）。不過孟菲斯墓地公認最可觀的建物矗立於開羅以南十公里的吉沙，即三大金字塔和人面獅身像。

如此靠近孟菲斯的吉沙及附近的太陽城（主要的祭司養成中心），會不會就是瑞門博士心目中的「前王朝時期的宗教中心」？說得更精確一些，吉沙的大金字塔和人面獅身像會不會是「模擬天空」的作品，如同「艾德福建築文本」裡所說的原始祕殿？

一九九○年代，在吉沙進行的科學研究成就非凡，也為當地龐大的

古老建物罩上一層更神祕的面紗。研究結果顯示，這些建築的確反映出跟天體有關的計畫，年代也比想像的古老。新的發現引起廣泛的注意，其內容記載於《獵戶座之謎》（*The Orion Mystery*）、《上帝的指紋》（*Fingerprints of the Gods*）、《創世紀守衛者》（*Keeper of Genesis*）等三部暢銷書之中，報章雜誌也曾大幅報導，並透過一系列國際性電視記錄片傳送到千百萬觀眾面前──如「人面獅身像的奧秘」（The Mystery of the Sphinx）和「創始之石」（Genesis in Stone）等等。以下為尚不熟悉這些新發現的讀者做一番簡述，已有所聞的讀者也可溫故知新。

達斯爾的「曲折」（左）及「紅色」金字塔。兩者皆為第四王王朝首位法老──庫夫（推測是大金字塔的建造者）之父──斯奈夫魯王（公元前2575～2551）所建。如果金字塔真是墳墓，為何斯奈夫魯王要建兩座？

1.人面獅身像地質學

埃及學家魏斯特（John Anthony West）和波士頓大學地質學教授修奇（Robert Schoch）博士的科學研究成果顯示，目前一般公認的埃及人面獅身像建造年代已受到嚴厲的質疑。正統埃及學理論認為人面獅身像建於

從東南方眺望吉沙的三大金字塔。從右向左依序為庫夫大金字塔、卡夫拉金字塔及最小的曼卡拉金字塔。

人面獅身像及其巨石神廟。
地質學上有證據顯示,這些
建築物可能比埃及學家所
認知的更為古老。

———

第四王朝的卡夫拉王(Khafre, 公元前2520~2494年在位)時期,挑戰此一主張的有力證據已於他處詳載,在此不再贅述。一位資深研究員曾坦承:「沒有任何古文獻證明人面獅身像和卡夫拉王有任何關聯[7]。」

也就是說,人面獅身像是一座來源不可考的巨石,由一整塊吉沙高地的岩床雕成,在經過歷代的補修之後,仍可見其單一巨岩的雄姿。因此,只能為有機體判定年代的碳十四年代測定法在此並不適用。正如沒有任何古文獻提到過人面獅身像,目前也沒有任何測試法可以告訴我們人面獅身像的確切建造年代。理論上,從千百萬年前海洋自吉沙高地的石灰岩上退去之後的任何年代都有可能。

修奇教授為人面獅身像的年紀定出下限,縮小研究的範圍。但修奇的看法極富爭議性,因為他主張人面獅身像至少已有七千年的歷史,也就是說,在王朝時代前就已經存在,這比傳統埃及學所主張的年代至少早了兩千五百年。但這位波士頓地質學教授很堅持自己的主張:

我一再被告知,就目前所知,前王朝時代的埃及人既沒有足夠技術,也沒有相應的社會組織足以雕刻人面獅身像那樣的巨石。然而,這並不是身為地質學者的我應該處理的問題。我並不是要推卸責任,但誰才是人面獅身像的雕塑者,應該由埃及學家和考古學家來研判。如果我的發現和他們有關文明興起的理論有所牴觸,那麼他們或許應該考慮重新評估那些理論。

我並不是說人面獅身像是亞特蘭提斯人、火星人或是什麼外星人所建造。我只是按照科學事實講話，而科學事實告訴我，人面獅身像的年代比之前所想像的要早得多[8]。

修奇博士是世界級的石灰岩蝕化權威，他對人面獅身像受到侵蝕的現況進行詳細研究之後得到這個結論。他認為（其他數百位地質學家也都支持此一看法）[9]人面獅身像不可能建於公元前兩千五百年。因為，人面獅身像明顯帶有「垂直侵蝕」的標記，這是只有在千百年的大雨沖刷下，才有可能造成這類縱向深裂紋和橫向波浪狀窪洞，而沖刷的雨水必定是在人面獅身像完成後才落下。

問題是，公元前兩千五百年的埃及和現在一樣乾燥，一年降雨量不到一吋。古氣象學家可以很精確地告訴我們埃及歷史上何時較為溼潤。他們的結論是，東撒哈拉沙漠上一次落下足以造成如人面獅身像般侵蝕的雨水，是在公元前七千年至五千年之間[10]。

修奇教授根據此一事實，保守估計人面獅身像至少有七千年歷史，其同事魏斯特則認為年代還要古老許多（侵蝕研究從未排除這種可能）。他說：

我的推測是，這與世界各地的神話傳說中提到的古文明有某種關聯。例

人面獅身像兩足之間的花崗岩石碑，與石像的年代不同，碑銘在紀念圖特摩斯四世（在位期間公元前1401～1391）的復興戰役。神祕地描繪人面獅身像代表著「初始之時的輝煌之所」。

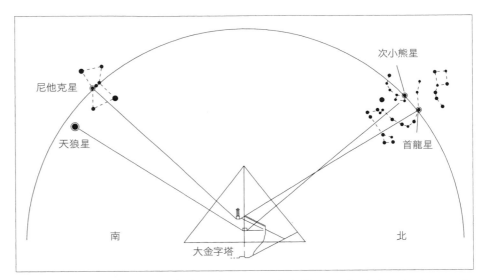

次小熊星

尼他克星

天狼星

首龍星

南　　　　　　　　北

大金字塔

大金字塔內的「王后室」。
左面（即該室的東側）有
作用不明的壁龕。右面（即
該室的南側牆壁）為大金
字塔神祕的南方通氣孔入
口，在當時對準天狼星。
一九九三年，德國的機器
人工程師甘登貝林（Rudolf
Gantenbrink），使用機器人
攝影機探測此通氣孔。在向
上深入六十五公尺陡峭傾
斜的通氣孔後，攝影機鏡頭
前出現有兩個金屬把手的
鐵閘「門」。在通氣孔上方
頂端的小門後面，是否還有
原封未動的密室？或許在
通氣孔下方的盡頭有和王
后室相同的密室？

如，有關大災難的發生，存活的少數人四處遊走，知識因而在
某些地方留存下來⋯⋯我直覺人面獅身像與此有關。我敢打賭
人面獅身像建於最後一次冰河時期結束之前，可能在公元前一
萬年或甚至一萬五千年之前就已經存在。我確信人面獅身像極
為古老[11]。

2.金字塔與人面獅身像的天文學

地質學研究推翻了正統埃及學的理論，卻無法另外提出確切的年代，使
得魏斯特所主張的公元前一萬五千年，一直到修奇所估計的公元前五千年
之間的任何年代都有可能。包瓦爾的天文學研究提供了另一種不可或缺的
技術，可據以鑑定吉沙建物的確切年代。

《獵戶座之謎》的出版帶來第一次的突破，包瓦爾在書中指出，大
金字塔的四個狹窄的「通氣孔」（此建物特有的特徵）應該稱為「觀星
孔」，因為在大約公元前二千五百年，這四個孔道所對準的是被古埃及
人賦予重大象徵意義的四顆星星。這些氣孔皆「對齊經線」，也就是
說，瞄準夜空中那四顆通過南北經線的星體，其中兩個正對北方，另外
兩個正對南方。在公元前二千五百年的年代，北側的兩個氣孔所瞄準的
是小熊星座的次小熊星（Kochab, 即Beta Ursa Minor）和天龍（龍或蛇）
座的首龍星（Thuban, 即Alpha Draconis）。南側氣孔瞄準的是天狼星（大
犬座的亮星，古埃及人視之為女神艾瑟絲）和尼他克星（Al Nitak, 即Zeta
Orionis），後者是獵戶座腰帶三顆星中最亮的一顆，「古埃及人視之為
復活與重生之神歐西里斯，於所謂『第一時』的『初始之時』，為尼羅

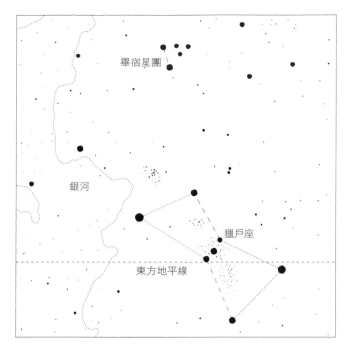

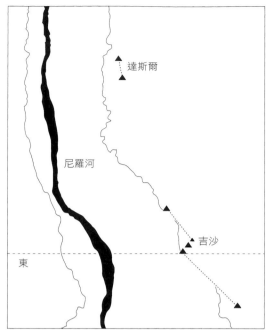

◀獵戶座。
▶吉沙金字塔群的設計,為大約公元前一萬零五百年獵戶座的複本,尼羅河則與銀河的方位一致。請注意達斯爾金字塔群和金牛座的畢宿星團的關聯性。

河谷帶來文明的傳奇開創者[12]。」

包瓦爾對氣孔方位的研究延續埃及建築師拜德威(Alexander Badawy)和美國天文學家特林波(Verginia Trimble)早先的研究發現,而他的發現和金字塔係建於公元前二千五百年的正統看法也無衝突。另外,包瓦爾還注意到三大金字塔在地面上奇特的排列方式。他的「獵戶座對應理論」是研究古埃及的重大突破:

鳥瞰吉沙高地可以發現大金字塔和第二座金字塔連成一條四十五度的斜線,從大金字塔東側向西南延伸。第三座金字塔則稍稍向東偏離這條斜線,三者的排列方式,與獵戶座腰帶三顆星連成一條「不正」的斜線恰好相同。前兩顆星尼他克和尼蘭(Al Nilam)像前兩座金字塔一樣延伸,第三顆星明他卡(Mintaka)則稍稍向東偏離另兩顆星連成的軸線。

這實在是明顯而驚人的對應關係,古埃及人視為天上尼羅河並於古葬儀文獻中稱為「曲折水道」的銀河,更強化了其中的象徵意涵。蒼穹中,獵戶座腰帶三顆星在銀河西側,彷彿俯視其岸;地面上,金字塔則立於尼羅河西岸。

這種完美的對應關係與交織的建築與宗教觀念,使我們不禁要說,建造吉沙金字塔的用意是在地面上重現獵戶座腰帶三顆星[13]。

畢竟在古埃及人眼中,獵戶座是冥界之神歐西里斯的代表,金字塔遵循獵戶座歐西里斯腰帶三顆星的排列方式興建,很明顯就是要讓金字塔

「模擬天空」。某一段「棺材經文」所說的或許就是這個意思：「我是建造者，我擁有知識……我是歐西里斯神的替身……我是歐西里斯神的代表。」

歐西里斯神的這個代表圖像是何時問世的？因為歐西里斯神就是獵戶座，包瓦爾猜想星星或許能提供答案，特別是地球轉軸歲差運動所導致的緩慢星體位移。

「天穹」（Skyglobe）和「光移」（Redshift）等天文電腦程式，能模擬歲差運動對所有星體方位的影響，也讓研究者可以從地球表面上任何一點觀看星星分布的位置。包瓦爾運用這種程式從吉沙觀看獵戶座，發現其腰帶三顆星是循歲差週期沿著經線上下滑動——一萬三千年「往上」（通過經線時的緯度越來越高），一萬三千年「往下」（通過經線時的緯度越來越低）。上一次的最低點大約出現於公元前一萬零五百年，下一次的最高點將出現於公元二千年至二千五百年之間。

包瓦爾也注意到，歲差週期所影響的不只是腰帶三顆星的緯度：三顆星與經線的相對位置也同時在世紀復世紀的漫長歲月裡，幾乎不著痕跡地循順時鐘方向持續變動。他利用「天穹」程式「讓星星倒轉」，將空中星象和地面上三大金字塔的排列方式做比較，發現天和地只在一段時期完美契合，那就是公元前一萬零五百年，其時正值獵戶座當前歲差週期的最低點或起始點——即所謂的「初始之時」。也只有在這段時期，地面上三大金字塔和腰帶三顆星的排列方式才會完全吻合。

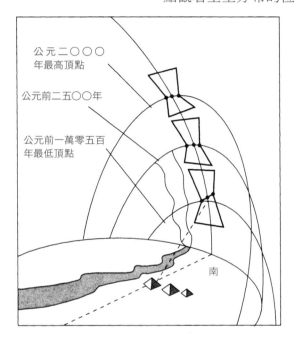

獵戶座對應關係只在公元前一萬零五百年的天文「初始之時」顯現天空，當然可能純屬巧合。但如果真是巧合，那麼歐西里斯／獵戶座在古埃及文獻裡不斷以「初始」之神的名號出現，想必也是巧合囉？

在吉沙還有另一椿驚人的天地對應關係，是否也為巧合（究竟能有多少巧合）？《創世記守衛者》裡記載，此一對應關係涉及正對東方、即正對春分日出點的人面獅身像。電腦模擬顯示，公元前一萬零五百年，獅子座恰好位於春分日出點，也就是說，在那個時代，獅子座會在破曉前一個小時於地平線上太陽升起處的正東方出現天際。這表示，正對東

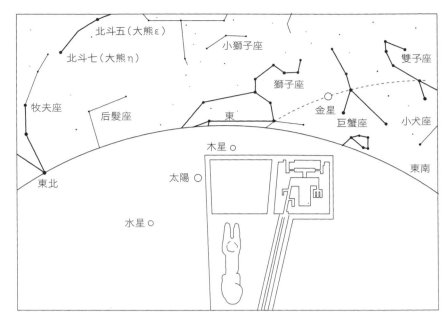

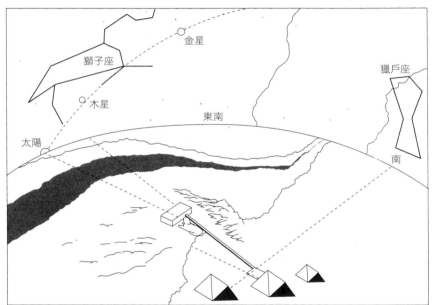

人面獅身像吸引眾人，在黃昏時眼睛平靜地閉著，在破曉時眼睛張開放射出力量。你能掌握何種祕密？擁有何種知識？

———

方的人面獅身像，會在那天早上不偏不倚地望著天邊以獅子為名的星座。

　　一個小時之後，天地對應的感覺會更明顯。當獅子座升高，太陽在正東方從地平線冒出頭來接上人面獅身像的視線。電腦顯示，此時獵戶座腰帶三顆星恰位於正南方經線上，其排列方式和地面上的吉沙金字塔一樣：

簡言之，問題在於：自遠古來到今日的吉沙墓地，其「地平線」之東仍然矗立著春分之巨獅雕像，經線上仍然聳立著三座模仿公元前一萬零五百年獵戶座腰帶三顆星排列方式的雄偉金字塔，這一切是否純屬巧合，或者非

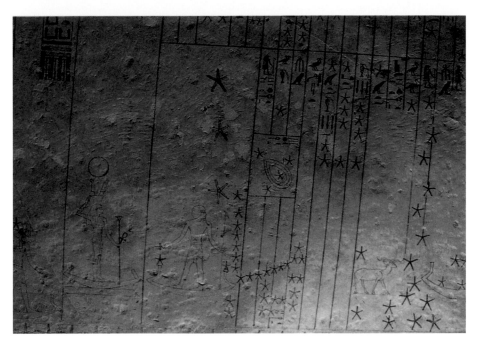

路克索西岸森穆特（Senmut）墳墓的天花板。森穆特為公元前十五世紀的人物，他是女法老哈特謝普蘇特的建築師，以智慧和卓越的天文知識著稱，葬在法老停靈神廟附近。在某碑銘上他聲稱已獲得「洞察所有非凡預言家們的作品」，並且對「有始以來所發生的事情無一不知」。墳墓天花板上以獵戶座為特徵（描繪成歐西里斯的模樣，站在船上，手握權杖，觀看他的肩膀）。此人物顯然與帶狀星辰的「三個一組」結合，暗示這三顆星已被古埃及人當作是整組星辰的「速記」符號。

屬偶然？在此一驚人的天文主題公園裡，各個建物合力，就像時鐘的齒輪，報出相同的時間，這是否也純屬巧合[14]？

　　很顯然的，巧合不足以解釋這一切。在古埃及人心目中，獅子座和獵戶座都具有重大的象徵意義，兩者立於死者靈魂得永生之前皆須一遊的天界冥府入口。宗教導師們教導古埃及人在地面上模仿「隱祕冥界」，打造建築物，因此我們可以想像，這個民族必定也會在「下面」的人面獅身像和金字塔，以及「上面」的獵戶座與獅子座之間建立起聯繫。

　　有一個未解的謎題是，各個建物的天文學研究所顯示的遙遠年代——和人面獅身像地質學研究如此契合的公元前一萬零五百年，這會是巧合嗎？難道公元前一萬零五百年真的是實際的建造年代？或者這些建築物不是同時建造，而是在數千年之間，根據公元前一萬零五百年所記錄的天象逐次建成？或許建造者並不需要此一記錄。或許他們像今天使用電腦的我們一樣，能正確計算歲差運動。或許，如許多古代文獻所提示，他們知曉那些可以「去任何想去的天界」的「咒語」，尋得讓靈魂得以避開「死域」之「路」。

譯注：
1.古埃及第十八王朝法老。二〇一〇年二月，經DNA檢驗，確定其父為阿肯納頓（Akhenaten），母不詳。一九二二年出土於上埃及帝王谷墓室，轟動全世界，以內棺的黃金面罩最為著名，後在開羅埃及博物館展示，為鎮館之寶。
2.「Mastaba」（or Mastabah）為阿拉伯文「固定的長石椅」或「板凳」之意。

第六章

神祕天師

▶烏那斯金字塔經文。

————

沙卡拉第五王朝烏那斯金字塔的墓室。在群星點綴的天花板下，墓室內銘刻金字塔經文的象形文字，為人類現存最古老的經文。

————

熟悉歲差運動的人都知道，將吉沙三大金字塔和獵戶座腰帶三顆星的排列方式兩相對照，便會得到公元前一萬零五百年此一遙遠的年代。

相反的，大金字塔的四個觀星孔則告訴我們不同的情況。我們發現很難去相信設計者會不知道這些有著精確瞄準角度的孔道，因歲差運動的緣故，會在特定時期「鎖定」次小熊星、首龍星、天狼星以及尼他克星，而那年代不是公元前一萬零五百年，而是公元前二千五百年。金字塔模仿遠古天星的排列方式，其通氣孔則對準數千年後相同的星星，設計金字塔的目的彷彿就是要讓人們注意天空中，由歲差運動所引起的長時間緩慢的變化。

古埃及有關葬儀與重生的典籍記載，「心靈裝備得當之士」其基本特質是「去任何想去的天界」，因此我們可以合理認為，建造者將金字塔當成一巨大的實驗室，試圖讓人類靈魂得到適當的裝備，以獲取天星運行的奧祕知識。

「金字塔經文」裡一段像是在描述大金字塔的文字，讓此一假設更為可信——大金字塔頂端原是一方平台，因上方有幾層磚石，而尖頂已消失：

非尖頂的高台啊，天之門……牽大王的手，領大王上天，別讓他在地上與凡人一同死去[1]。

這段敘述應該沒有爭議。埃及學家相信，建造金字塔此一「永生器具」的目的，是要讓埋在裡面的法老靈魂即刻升天。

但他們沒有想到的是，沒埋在裡面的法老也有可能以大金字塔為其永生器具，從上述那段刻在第五王朝烏那斯法老墓室內的文字看來便知。

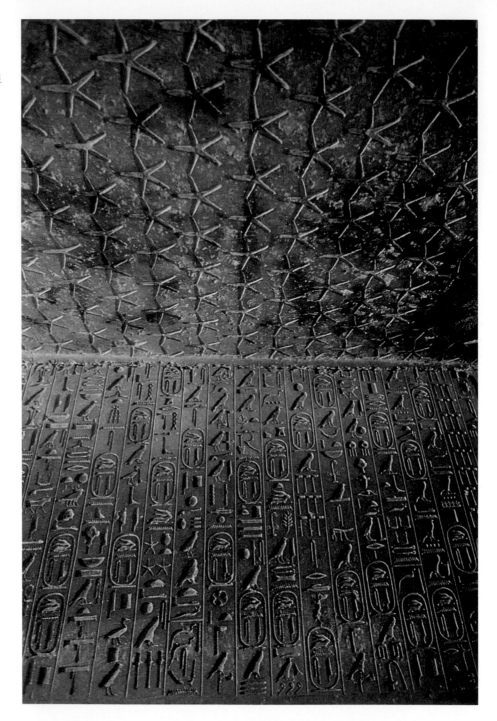

烏那斯據說是在第四王朝庫夫法老陵墓的大金字塔落成後幾乎二百年，方才即位統治埃及。

難解之謎

埃及學家認為，「古王國時期執迷於升天得永生」，那時候的人們相

信金字塔具有此種力量，根本就是一廂情願想要得到永生的幼稚想像。此一觀點正契合廣為流傳的古人愚昧論。根據這種理論的邏輯，總重約一千五百萬噸、天地方位精確無比的吉沙金字塔「只不過是座墳墓」，全都是那些自大的法老們吃飽沒事幹，一心只想把自我投射到永恆的時空之中。

這種詮釋不無可能，卻不適用於吉沙金字塔。阿拉伯探險家於九世紀首次打開所謂的「墓室」時，發現其中空無一物，此後也不曾發現有任何法老殮葬的痕跡。再者，金字塔內部也沒有任何銘文說明其建造緣由與用途。

因此，埃及學家宣稱金字塔是在公元前二五五一年至二四七二年的八十年間，由第四王朝的庫夫王、卡夫拉王、曼卡拉王所興建的墳墓，充其量只是一種理論，而非事實。

好在，如欲一探曾於鄰近金字塔地區舉行的宗教儀典，這種理論並不是唯一的指引。相較之下，在古埃及有關葬儀與重生的典籍裡找到的許多原始記載要可靠得多。我們知道「金字塔經文」是現存典籍中最古老者，因其係在公元前二十四至二十二世紀之間，銘刻於沙卡拉的第五與第六王朝金字塔之內而得名。

這些經文源出何地？起於何時？

學者們都同意，金字塔經文的內容顯示，在第五與第六王朝時，這些經文就已經是充滿古意，顯然是承襲自已失傳的更古老典籍。埃及學家布來斯泰德譯注1（James Henry Breasted）指出其中包含：

許許多多的古字，曾在如今已遺忘的世界裡活躍了好一段時間。這些充滿古意的字彙，像是筋疲力竭的跑者在遙遠的地平線上曇花一現，勉強在古老典籍裡露了臉，然後永遠消失。這些古字隱約揭露了一個已消逝的思想與言語的世界，那是古老未知年歲的尾聲，先史時代的人們從那歷史的門檻，首次向我們緩緩走來[2]。

烏那斯的王室姓氏喀圖契（Cartouche）。

泰提金字塔的經文。

這真是道難解之謎，難道在「先史時代的人首次向我們緩緩走來」的古老年代，埃及已經擁有完備的體制與人力物力，以便1).在孟菲斯墓地上建造包括獅身人面像和吉沙金字塔在內，（姑且不論其功用）具有科學精密度的巨大建物，以及2).發展出像金字塔經文那麼繁複與精進的觀念？

儘管埃及學家宣稱當中並無任何神祕難解之處，卻承認那完備的體制的確存在於曾是前王朝時期宗教中心的神聖太陽城，並指其為「埃及神殿儀典的源頭」3。

此「儀典」所為何來？其中傳達出什麼訊息？這些訊息何以會牽扯上金字塔、星星、日出處、天神，以及追求永生的願望？

沙卡拉接近烏那斯金字塔南邊，第二十六王朝千赫布（Tjanhebu）陵墓內，具有金字塔經文風格的銘刻。金字塔經文傳遞傳統與思想，持續未中斷的古埃及整體歷史的時間。

阿圖神的顯現

如今，古太陽城於開羅東方的瑪塔里亞（Mattariya）郊區已完全湮

傳說由天而降的神祕本本石，呈現階梯金字塔形。

沒，只留下第十二王朝法老塞努塞勒特一世（Senuseret I, 公元前1971～1926）所建造的一尊方尖碑，供人瞻仰其昔日光輝。考古研究可以告訴我們的是，這座城市在塞努塞勒特的時代已經非常古老，其繁華榮景「早在公元前二千多年即可見，比其實際歷史還要古老⁴。」愛德華茲教授指出，太陽城是埃及前王朝時期「最重要的城市」。湯普金斯（Peter Tompkins）說它是「前王朝時期的首都」。英國天文學家拉吉爾估計，太陽城早在「公元前四千年」之前就已經存在。希臘旅遊家狄奧多羅斯（Diodorus Siculus）於公元前一世紀造訪此城，當地居民還告訴他，「太陽城是埃及最古老的城市」。

太陽城的故事介於神話與歷史之間。若要講述這座城市的故事，就不能不提到宇宙之地「南」（Nun）、初土（Primeval Mound）、貝努鳥（Bennu bird）、本本石（Benben stones）。

有關太陽城的故事，金字塔經文裡現存最早的版本是從「第一時」的前夕講起。學者認為所謂「第一時」的黃金年代屬於神話，據說在歷史開始之前、「在憤怒……衝突……騷亂出現之前」就已經存在。

「第一時」因其為現世萬象之源始，大地的化身而得名——那宇宙時鐘的第一聲滴答為吾人的生命做下神聖的宣告。古埃及典籍對此一意義

本本石，或稱小金字塔，於達斯爾第十二王朝法老阿蒙涅姆赫特三世（Amenemhat III, 約公元前1894～1797在位）其已大部毀壞的金字塔內。古埃及神器本本石由高度磨光的黑色花崗石切割而成。在三度出現的象形文字「neferu」（意「完美」）上端，有翼的太陽圖案伸展在荷魯斯的雙眼上。

————

重大的事件顯得特別神祕與隱晦；然而，恰似霧裡看花，我們時而在其中瞥見那些四處潛伏，且滲入吾人世界的其他「現實」正張開暈眩的裂口，每一個現實都是上帝的一份意念，等著具體實際成形。

在「第一時」的第一聲滴答之前，阿圖神──原初之神、完滿者、萬物之父──在無窮、虛無、空茫、黑暗的水裡靜止不動，古埃及人稱之為「南」。這神祇雖然動也不動，卻充滿魔力，富有「自創一格」的活力與野心[5]，宇宙乾坤、起承轉合的氣象悉納其中。祂孑然一身、一絲不掛、懸宕黑海、虛無環伺，卻不曾滅絕。

如經文所言，祂「清醒得很」，完全能操控自己的意志力、智力及其無邊大能。

在那預定的時刻，祂有了動靜。祂衝破「南」的黏滯水域，發出創生咒語，祂的幽幽意念具體成形，虛無不再。

這從無到有的過程乃神聖魔法，古埃及文獻以三個彼此連結的意象來形容。其一為「初土」──自「南」水域露出的第一塊土地，其二為本本聖石，其三為貝努鳥。在埃及人心目中，這三個意象在太陽城合而為一，成為「本本神殿」（Het Benben），亦稱為「鳳凰殿」[6]。

初土與聖石

　　古埃及人稱太陽城為「伊努」（Innu），其意為「柱」[7]，並視之為首先自「南」露出頭的一塊土地。有一段描述創世前的阿圖神的文字說得很清楚：祂回憶道，「那時我仍獨自在水中，一動也不動，我無地可立，無處可坐，太陽城尚未創立，我無處可去。」

　　接著阿圖神化為「初土」，「金字塔經文」第六百段說道：「阿圖神啊！你以高丘之貌聳然現身，你是本本之石，於鳳凰聖殿閃閃發光。」

　　在埃及人心目中，原始「初土」的所在地是位於太陽城正中心一塊稱為「高沙」的高地[8]。不過，阿圖神首先創造的固體物質並不是這塊土地，而是「從天而降」的本本聖石，有些學者說可能是隕石[9]。此石源於掉落原初渾沌深海的一滴阿圖神的精液。法蘭克福（Henri Frankfort）指出，此一神祕物體曾於太陽城展示，供奉於「高沙」上的「鳳凰殿」；《冥府之書》告訴我們，無知的人不得見此聖物：

這些人在本本神殿外……他們親眼看見拉（太陽神），親證其祕密形貌……我保護並隱藏本本神殿裡的祕物[10]。

吉沙的金字塔，彷彿因晨霧升起，成為據說是從天而降的本本石強有力的象徵。

卡納克圖特摩斯一世的方
尖碑。高二十一點三公尺,
估計重達一百四十三噸。有
一段碑銘陳述,頂部飾石原
用一種金銀合金的銀金礦
石覆蓋。

據說載有「冥府奧義」的本本原石早已自太陽城遺失,不知去向。然而,為數眾多的文字、繪畫、浮雕顯示,此石確定為金字塔形狀,學者指其「或成迴旋狀,或成小金字塔模樣,或成階梯狀。」法蘭克福指出,在金字塔經文中,代表本本石的限定符號是「略呈圓錐形的尖頂物,形象化之後成為小金字塔型態的建築元素;覆以金箔,高矗於方尖碑頂端。」

本本石不只提供了一種典範,事實上古埃及人也以其為所有金字塔的頂石和所有方尖碑的尖頂(不含碑身)命名。太陽城之原始方尖碑為伊努巨柱,其埃及城名即由此而來。此柱立於本本神殿的庭院,而本本神殿幾乎可以確定是露天的。法蘭克福認為,這一根頂著本本——「阿圖神的一滴精液」——小金字塔的挺拔石柱,原本可能是「以柱為名的太陽城的陽具象徵」。

語言學研究可以佐證這個說法。古埃及文的「bn」及重複的「bnbn」等字根,「與各種流出物有關,其中包括性的含義……」。有一段古文

　　　　　　　　第二部

提及本本石的生成,我們看到阿圖神「在原初深海中生出〔bnn〕一地〔bw〕,精液〔bnn.t〕流出〔bnbn〕……他如常流出〔bnbn〕,其名『精液』〔bnn.t〕。」

古埃及的鳳凰原型——貝努鳥,以灰鷺的模樣呈現,象徵靈魂的永恆輪迴。

神鳥鳳凰

本本石顯然擁有性與生殖的意涵。同樣源於「bnn」字根的傳奇「貝努鳥」,又是如何呢?

貝努鳥是希臘人所說的鳳凰鳥的原型,是阿圖神的另一次顯現,以灰鷺的模樣出現於天地創生的時刻,棲息在「初土」上一根柱子的頂端。埃及學家克拉克(R.T. Rundle Clark)指出,土地升起與鳳凰出現不是連續的事件,而是「並行的陳述,在創世的時刻同時顯現。」

在古文中,創世的時刻是為光明戰勝黑暗,性靈壓倒死亡,「貝努鳥呼出生命的氣息,阿圖神在原始虛無中現身。」克拉克如此生動描述:請想像棲木自深淵伸出,灰鷺停其上,是為萬物先導。牠引吭鳴叫,以生命和命運之聲劃破初夜的寂靜[11]。

阿圖神的化身、自生自長的不死貝努鳥，跨越了精神與物質的界線，象徵靈魂的永恆轉化，古埃及神殿裡的所有門徒皆仰望牠，並希望成為牠。死者於《亡靈書》中說道，「我是貝努鳥，即將重臨人世。」

這顯然是一份企求轉世重生的渴望（在古埃及典籍中屢見不鮮）。德國哲學家黑格爾（Hegel, 1770～1831）在少有人注意的一篇談及鳳凰鳥的文章裡，如此闡述此一意念：

形骸已滅之靈不只是換個形骸而已，也並不是從舊形骸的殘灰中新生再起；此乃崇高、榮顯、純淨之靈，必自相爭戰，自我滅絕，如此化舊為新，種種經歷，皆能自得，終而漸次高昇，走向新局[12]。

這塊在卡納克神殿南側外牆的近期石刻，展現亞歷山大大帝的同父異母兄弟，同時也是繼承者的阿瑞迪阿斯（Philip Arrhideus）被加冕為埃及法老。在埃及，即位為王的典禮，傳統上是由一群名為「荷魯斯神的追隨者」的神祕組織來主導，他們的出現比「金字塔經文」的時代更古老。

荷魯斯神的追隨者

「當天上傳來訊息，太陽城便聞其詳。」古埃及「雷登抄本」（Leyden Papyrus）如是說。但聞其詳者是何人？

歷史記載顯示，可能有多達一萬兩千名祭司曾在本本神殿服務，殿裡供奉的金字塔狀的神祕物體，據說是「從天而降的石頭」。《亡靈書》

告訴我們，「看哪，星空就在太陽城。」太陽城大祭司的頭銜是「首席天文學家」。顯示具有精確天文知識的金字塔和獅身人面像等建築物，都和太陽城有關。

　　儘管舉證歷歷，但埃及學家仍認為太陽城的祭司是「半個野蠻人」，他們的宗教不過是空洞的儀式和愚昧的迷信，以不明所以的天空崇拜形式存在著13。有些人則持不同的看法，他們認為「太陽城神殿在一般人眼裡雖是宗教信仰中心，實際上卻是科學家為了科學用途所設計建造的天文觀測所14。」

　　吉沙鄰近太陽城，據信曾是太陽城祭司的教區，當地的金字塔和人面獅身像繁複精細的天文學背景，使得觀測所理論更為可信。然而，我們也不必人云亦云，說宗教只是為了進行「祕密的科學研究」所製造的煙幕。我們認為，吉沙／太陽城的科學家們，運用包括天文學在內的嚴謹研究方法所要追尋的是宗教性與精神上的成果，其野心絕不下於鳳凰鳥的「新生」和人類靈魂的轉化。

　　如果我們相信古文，這種對來生的追尋在「第一時」的時候就已經在埃及流傳，而王朝法老時期還要好幾千年後才會開始。此一追尋自始便和一群半神半人的生物脫不了關係，是為「賢蘇荷」（Shemsu Hor），

在這塊於阿比多斯所建神殿的浮雕中，法老塞提一世向其幼子拉美西斯二世展現埃及所有國王的名錄，一直追溯到第一王朝的第一位法老美尼斯。在對面的牆上，名錄繼續上溯至先史時代的「荷魯斯神的追隨者」，再往前為遠古時代統治埃及的諸神。「荷魯斯神的追隨者」在傳說中被稱為「太陽城的創立者」和「神祕天師」。

荷魯斯演繹其父歐西里斯復活，並在天界享有永生的儀式（阿比多斯塞提一世陵墓）。

———————

毗鄰上方場景的柱子上，神祕的吉德（Djed）柱狀物，被認為是「世界樹」的象徵或宇宙軸心。可與帕連克的葉狀十字架碑做比較。

———————

即「荷魯斯神的追隨者」。頭似鷹鳥的荷魯斯神，是這些傳說中所謂的「太陽城的創立者」和「神祕天師」的代表。荷魯斯的父母在世間是艾瑟絲女神和歐西里斯神，在天上則是天狼星和獵戶座。

荷魯斯擁有多重身分，太陽神是其中最重要的一個。祂在太陽城和阿圖神合而為一，成為太陽神拉（Ra），其標誌是一個頂著圓日和眼鏡蛇的鷹頭人。後來，希臘人便因為這份對阿圖與荷魯斯合成的太陽神拉的信仰，將古老的「伊努」稱為「太陽城」。

荷魯斯的故事就是歐西里斯復活記，是穿越死亡試煉、「集骨」重臨生界的故事。歐西里斯神於「第一時」統治埃及，管理一個符合宇宙義理的王國，卻在盛年時遭嫉，被兄弟賽特（Set）謀殺，據說賽特有七十二個共謀者。其妹艾瑟絲施法讓他短暫復活，接著化身風箏飄飛其陽具之上，取得精液，生下荷魯斯。荷魯斯長大成人後制伏賽特，為父親報仇，收復失土，同時也讓父親在天上獲得重生[15]，歐西里斯成為冥王，是死者靈魂永遠的審判官。

這一則神話非常類似中美洲奎扎科特爾神的傳奇，是古埃及法老的統治基礎。法老們活著時號稱「荷魯斯王」，死後則想要升天與歐西里斯為伴，甚至成為「另一個歐西里斯」。也就是說，每一位法老生時皆認

同荷魯斯神，死時皆認同歐西里斯神；隨時隨地則皆認同太陽神拉（不論現代人覺得這有多難理解），如「金字塔經文」所說：「荷魯斯讓你擁抱諸神。」

傳說中，教授此一道理的是一群「荷魯斯神的追隨者」，他們住在本本石所在與貝努鳥停棲的太陽城，此乃古埃及第一聖地，學者們皆同意現存最古老的「金字塔經文」修訂版，就是在這裡編訂的。

除了名字不一樣以外，「荷魯斯神的追隨者」和艾德福神殿文本裡提到的「聖賢」和「興築之神」是完全相同的。據說他們「通曉」埃及「神聖的起源」，以及此地神聖的意義，「它曾是聖地，是天神為了回報其虔誠敬信而唯一屈尊駐足之地。」

再者，最近的發現顯示，「賢蘇荷」一詞的「賢蘇」（Shemsu, 追隨者），並不全然是友伴或門徒的意思。「『荷魯斯神的追隨者』就是『追隨荷魯斯神之路的人』，那是『荷魯斯之道』，又稱『太陽之道』或『太陽神拉之路』。」或許是因為他們知曉此一特殊的天「路」，因為他們是傳授這份知識的導師，使得「金字塔經文」有此一說：「荷魯斯神的追隨者將使你潔淨，他們將為你誦念至高者禱文。」

重生之路

現代天文學家常提到「拉之路」（path of Ra），亦即「太陽之路」，以較專業的術語來說就是「黃道」。其定義為：「天空上的地球繞日旋轉軌道面……從地面上觀測者的角度來看，此圓弧標示出一年中太陽在天空中的運行途徑，及其與天空背景中其他遙遠星子的相對位置。」《企鵝天文學辭典》（*Penguin Dictionary of Astronomy*）補充道：

從地面上的觀測角度來看，地球與太陽的相對運動關係，看起來像是太陽一年繞地球轉一次。太陽在天空中走的路是為黃道面，在星圖上常標示為黃道16。

換句話說，根據科學認定的事實，確實有一條「太陽之路」在星空中

右側的艾瑟斯正在為荷魯斯哺乳（丹德拉神殿）。

阿比多斯塞提一世神廟，法老向歐西里斯呈獻祭品。每一位法老皆自視為荷魯斯國王——字義上為荷魯斯在地上的化身——並希望死後在天界能和歐西里斯結合。

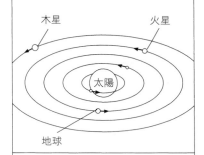

環繞太陽的地球及其他行星的軌道。

木星　火星

太陽

地球

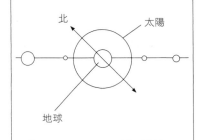

從側面所見的軌道（黃道）平面，地軸與垂直的平面軌道呈23°。

北　太陽

地球

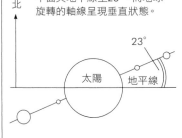

從地球觀看時，軌道（黃道）平面與地平線呈23°，而地球旋轉的軸線呈現垂直狀態。

北

23°

太陽　地平線

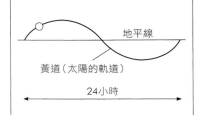

黃道的軌跡超過24小時，由於地球的旋轉而呈現起伏狀態。

地平線

黃道（太陽的軌道）

24小時

黃道圖示

畫圓，以大約三百六十五又四分之一天走完一個週期。因此，自稱為「太陽之路的追隨者」的「賢蘇荷」們，真正感興趣的可能是——對黃道及其周邊天空做長期的天文觀察與追蹤[17]。若能長時間持續做詳細記錄，這些「祭司兼天文學家」必然會注意到歲差運動的現象，特別是緩緩繞行的十二黃道宮和春分日出點在天空中的相對位移。

天體循環，運行不息，是為復活、新生、來生的象徵，那宇宙神祕的力量在眾多古文裡皆一再提及。《眾神的使者文集》如是說：

地上的時間由季節更替、冷熱變化來衡量；天上的時間則根據循環運行的天體又回到先前的位置來估量。宇宙含納時間；時間前進、移動，如此宇宙中的生命才能維持。時間的進程自有其規律，宇宙萬物在時間的規程與更迭中得到新生[18]。

同一段文字又說：「神是自足的、自生自長的……祂行於永恆，無關時間……時間都要回返永恆，時間也都始於永恆。」

最後，我們看到神和永恆包含了一個「感官無法察覺的世界。這眼前的世界〔物質世界〕就是按照另一個世界的形象所造，並因而複製了永恆。」

《眾神的使者文集》指出，地上事物是天上原型的複製品，這顯然與古埃及人認為神殿必須「模擬天空」的觀念有關。就像在墨西哥的金字塔城泰奧提瓦坎創造「複製品」——刻意在地面上模仿宇宙的型態、週期與奧祕——其實是試圖讓凡人成為不朽天神的一種嚴肅與聰慧的作為。

譯注：
1.布來斯泰德（James Henry Breasted, 1865-1935）為美國的考古學家、歷史學家，又為埃及學的建立者，有「埃及學之父」之稱。

CAMBODIA
柬埔寨

第七章
天龍星座

▶秋分前二天，小吳哥日出時的入口堤道及中央寶塔。

————

大界的舞者「阿普薩拉斯」裝飾吳哥眾多寺廟。

————

大廳宛如天空的宇宙神殿，不只出現在古埃及和古墨西哥這兩個富有「天國形象」的地方，同樣的理念也深植在東南亞，在埃及法老文明消失後的數千年，柬埔寨小吳哥（Angkor Wat）及大吳哥王城（Angkor Thom）的印度教和佛教城市，便是最好的例子。

史學家並未發現二者之間有何關聯，他們堅決認定埃及和墨西哥不可能曾經對吳哥眾寺產生過任何直接或擴散性的影響。法國考古學家科德斯（George Coedes）曾寫道，吳哥遺跡只能被視為是「傳至中南半島的印度文明產物……一旦看出背後所隱含的創造靈感，就會知道那是印度教的理念[1]。」

小吳哥及大吳哥王城的遺跡雖是擁有獨特風格的藝術之作，但毫無疑問且顯而易見地，在許多方面是很有印度風格的。吳哥神廟內的銘文，的確是以印度大陸上典型的宗教語言「梵文」（Sanscrit）所刻成，而當地的土語「吉蔑語」（Khmer）只被用於非宗教性質。另外，印度教（特別是毘溼奴〔Vishnu〕和溼婆〔Shiva〕派）和大乘佛教，也在吳哥神聖的建築和象徵物上，留下了明顯且不會被誤認的銘刻。

儘管如此，還是有一個大問題存在。那就是如同學者們所承認的，「我們對中南半島的先史及圖史一無所知[2]。」我們對吳哥眾寺的「先史和圖史」也是如此，或許我們不該自以為完全了解形成這些神廟的影響力。

東經七十二度：不朽的荷魯斯城

雖然「吳哥」（Angkor）是梵文「nagara」（意為小鎮[3]）的誤寫，但在古埃及文中卻真的有一確切含義，即「不朽的荷魯斯神」[4]。「Angkor」還可以被譯成「Ankh-Hor」或「Ankhhor」，即「願荷魯斯神不死」、

一位佛教僧侶在小吳哥的中央祠堂焚香祝禱。今天此處仍然是一個宗教聖地。

————

「不朽的荷魯斯」和「永生的荷魯斯」[5]。

在埃及傳說中，太陽城（Heliopolis）的傳奇創建者「荷魯斯神的追隨者」，被描述成是一群具有高深天文靈知的人，但學者們皆以神話視之。事實上，與太陽城相關的遺跡與象形文字，如偉大的吉沙金字塔、人面獅身像及「金字塔經文」，都富含天文特質。尤其是這些主要遺跡和雕刻精確地融入對歲差（春分或秋分）的科學觀察，即每七十二年移動一度。整個大地測量系統或許都是以這個數字為主軸，並呈現在金字塔與地球的大小比例——1：43,200（600×72）——如同我們在本書第二部中的說明。

沒有任何史學家能正確地解釋，這種將球體和圓圈劃分為三百六十度的數學與大地測量學慣例，是自何處來或自何時開始。不過，現今的地理學家和製圖者都遵循此一慣例，將地球經度劃分為三百六十度（南極至北極的垂直分割線），每個經度在赤道附近的寬度約為一百一十二公里。自古以來，天文學家也運用類似的劃分慣例應用於「天球」，諸如太陽、月亮和其他星體上。劃分成三百六十度的一個明顯好處，就是可以很方便地做多種對稱分割組合，例如將地球分割為各一百八十度的兩個半球，或各為九十度的四個象限等。另外，地球也可以均分成各七十二度的五等分。

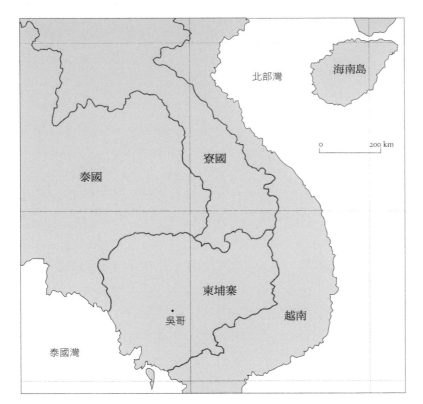

通過格林尼治的本初子午線,吉沙在東經31.15°。

格林尼治
吉沙

東經31.15

經度0°

假如我們將本初子午線移至吉沙,則格林尼治位於西經31.5°,吉沙位於0°。

格林尼治
吉沙

假如0°在格林尼治,則吳哥在東經103.5°。

吳哥

但假如0°在吉沙,則吳哥在東經72°。

吉沙

經度0°　　　東經72°

吳哥

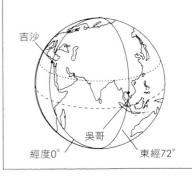

將本初子午線從格林尼治移至吉沙,顯現出可能是遠古世界座標的蹤跡。

　　今天學校教室中的地球儀,上面都刻有地理學家劃分的垂直經度線和水平緯度線。透過測量北半球任一平面與其上方北極星的夾角,都可以精確算出緯度(另外還有其他簡單技巧)。可是人類文明是直至十八世紀發明可靠的航海經線儀後,才能正確測量經度。

　　目前已發現的大量古老地圖(有的甚至是以更古老的地圖為藍本)都在十八世紀前便完成,而且上面所顯示的經度線幾乎一致。正如我們在其他地方介紹過的一樣,這些地圖可能是先史時代的航海家留下的遺產,那是一個已經失落一萬二千年以上,卻懂得以測地線座標來測量大地的先進文明。

　　今天我們所使用的經度線是政治協商下的產物。第一條經度線,也就是零度經度線的確立,大約於十九世紀才在會議中獲得一致認同。這條所謂的「本初子午線」(prime meridian)位於倫敦的皇家格林尼治天文台。吉沙金字塔位於格林尼治東經三十一點一五度,太陽城位於東經三十一點二度,吳哥眾寺則位於東經一百零三點五度。若我們以整數來看,會發現吉沙至太陽城這片聖域(由追隨荷魯斯神天文「路徑」的賢者所統治)與吳哥聖域(即「Ankhhor」,意為「不朽的荷魯斯神」),兩者所差的經度正是測地學上的一

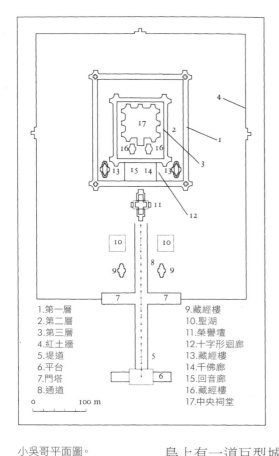

小吳哥平面圖。

1.第一層
2.第二層
3.第三層
4.紅土牆
5.堤道
6.平台
7.門塔
8.通道
9.藏經樓
10.聖湖
11.榮譽壇
12.十字形迴廊
13.藏經樓
14.千佛廊
15.回音廊
16.藏經樓
17.中央祠堂

0   100 m

個重要數字──七十二度（一百零三度減去三十一度等於七十二度）。

小吳哥的金字塔

在過去數十年當中，吳哥像是處在黑暗的中心，因為它位於飽受戰亂的叢林地帶。

我們自南面開車前往吳哥神廟，途中經過紅色高棉時期的萬人塚，頭骨像小山般堆積著。之後我們轉向北面，在筆直坑疤的路面上走了三英里，有時會看見樹叢中彷彿閃過幢幢鬼影。一九九六年十一月中旬清晨時分，位在我們左方天空的獵戶座，即古埃及人口中的冥府「杜埃」（Duat），已經下沉至地平線的西方。在我們的正北方，看似龍形或蛇形[6]的「天龍座」（Draco）正在上升。而在右邊東方的太陽則緩緩自地平線上升，使天空漸漸泛亮。

接著道路急速左轉，我們在一條護城河的西邊看到一個壯觀的長方形陸島。隔著發光的水面，可以看見島上有一道巨型城牆，遠遠就可看到城牆中有一座被五座寶塔所圍繞的雄偉金字塔。

我們來到的這個地方就是小吳哥，是有史以來最大的石造建築之一。在湄公河所灌溉的三百平方公里平原上，分布著許多壯觀的石墓、寺廟和幾何狀的「城市」，小吳哥不過是其中的一部分[7]。

吳哥的阿普薩拉斯像，與攝於達松廟的柬埔寨少女做比較。

從地面上很難清楚看出吳哥這許多建築和彼此之間有何關聯。但如果你能抬高心眼，並置身高空向下俯瞰——幾下來的幾章也如此建議——你會發現這份宏偉的建築規劃直逼你眼前。

小吳哥是由五個層層包容的矩形所構成。面積較小的矩形呈精確的南北向，在現代化的勘查下幾乎無誤差[8]。面積較大的矩形也同樣精確，但刻意偏離主軸東南零點七五度。

自五層矩形中最大的一個向外看去便是護城河。河的南北寬一千三百公尺，東西長一千五百公尺，河寬一百九十公尺。周邊有契合緊密的紅砂石所築成的圍牆，其接合之精確，使得在這總長五點六公里的圍牆中，累計誤差幾乎不到一公分[9]。

小吳哥的主要入口位於西邊一處由巨石砌成的堤道，長三百四十七公尺，寬九點四公尺。堤道跨越護城河向東延伸，在穿越一道巨石門後，便進入五層矩形的第二層——其長寬各為一千零二十五公尺與八百公尺。堤道繼續向東，穿過草地、一些次要建築以及一座大型清澈的水池後，在一處十字形的平台前停住，由此進入神廟正殿的最低一層。從此處便可以看見五層矩形的第三層，經勘查之後，再一次證明吳哥建築工程上的精準，例如，南北兩面圍牆都是二百零二點一四公尺。

小吳哥有五座高聳的「金字塔」寶塔。

從西側入口大門眺望小吳哥用巨石砌成的堤道。

大吳哥王城的那迦護欄。

向上攀登到第四層矩形，便是小吳哥巨大的中央金字塔，這裡同樣有精確的建築技術——南北兩面圍牆各為一百一十四點二四公尺與一百一十四點二二公尺。到了第五層，也就是離堤道六十五公尺高的金字塔最上層，南北兩面圍牆各為四十七點七五公尺與四十七點七九公尺。根據《科學》（Science）雜誌曾出版的一項研究報告指出，這些細微到「不及百分之零點零一」的差距，展現出「令人驚訝的準確度」。

曼陀羅心像

你可以想像一下我們正在飛行，在精雕細琢的小吳哥中央寶塔上方盤旋。眼下所及盡是奇特的金字塔形山峰，四周點綴著哥德式小尖塔，一同矗立在這片聖地上。

學術界權威人士稱此種建築型態為「曼陀羅」（Mandala）。但它並不是畫在紙上、衣物上，或是以彩色沙子排列出的曼陀羅實像，而是建構自水與石塊，一種結合美學與科學，用以「代表神聖建築的象徵圖案與冥想的工具」。常為佛教僧侶所使用的曼陀羅其意是：

一種宇宙的代表，結合宇宙諸力量於一區的聖域。人類可以藉由「進入」曼陀羅並朝中心「前進」，經歷宇宙的瓦解與整合過程[10]。

姑且不論是畫於紙上或以石頭建成，透過能夠代表、複製及象

小吳哥

曼陀羅

小吳哥猶如曼陀羅的結構。

▲小吳哥特殊的曼陀羅造型。

▼大吳哥王城的護城河上，橫跨南端入口處的橋樑，每一邊有五十四尊石像，拉著「巨蟒那迦」翻攪乳海。

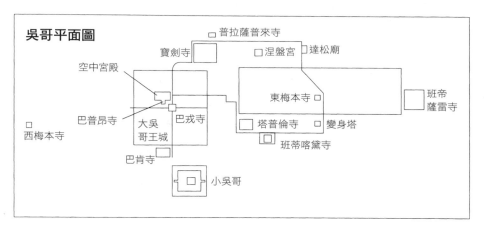

吳哥平面圖

普拉薩普來寺
寶劍寺　　涅盤宮　達松廟
空中宮殿　　　　東梅本寺　　　班帝薩雷寺
巴普昂寺　大吳哥王城　巴戎寺
西梅本寺　　　　　塔普倫寺　變身塔
巴肯寺　　　班蒂喀黛寺
小吳哥

徵宇宙本質的曼陀羅，一直以來都被形容是「提升人類心中真實曼陀羅心像的捷徑」[11]。在佛教徒的修行上，曼陀羅是用來制約某些心靈過程的入門工具，它能對剛入門的教徒在追求靈知的道路上提供協助，好讓他們因「啟發」、「領悟」或「覺醒」而獲得「真理」。

讓我們再運用想像，繼續小吳哥的鳥瞰飛行。這回往西邊飛去，過了護城河後再看向正北方。

在我們前方不到兩公里處是另一條護城河的南端，將近五公里的長度幾乎涵蓋了整個視野。護城河中有一座正方形小島，其上矗立著一座十二公尺高的正方形圍牆，牆的每邊長度皆為四公里，總長度為十六公里。牆內有五條堤道分別通往五扇門。堤道兩側排列著雄偉的石像，用力拉著神話中的巨蟒「那迦」（Naga）蛇身。

這個占地比小吳哥還大，被水與石塊分隔的方形區域，也是一種為提升「曼陀羅心像」的曼陀羅嗎？

此地即為大吳哥王城，意為「偉大的吳哥」（小吳哥意為「吳哥寺廟」），當中包含三座聖廟——「空中宮殿」（Phimeanakas）、「巴普昂寺」（Baphuon）和「巴戎寺」（Bayon），我們將於後面章節中做更詳盡的介紹。此三座聖廟都具有金字塔結構。空中宮殿位於大吳哥王城西北方，巴普昂寺（意為「青銅塔」）位在正南方二百公尺處，而巴戎寺（意為「揚戟譯注1（Yantra）之父」）則精準地位於大吳哥聖域的幾何中心點。

集古怪、驚人、巨大和超現實於一身的巴戎寺，周圍被一群寶塔包圍，幾乎掩蓋了它本身的階梯式金字塔。不過，「巴戎」這個名字似乎說明了一切，因為「揚戟」本身就是一種「能使冥想焦點更集中」的特殊曼陀羅形態。不論第一眼看起來，巴戎寺和其周遭景物有多麼怪異和難懂，但大家都同意，至少有一項功能是用來作為宇宙的象徵圖案。剛

▶位於大吳哥王城中心的巴戎寺，建築師將其當作宇宙的象徵。有五十四座寶塔，每一座有四個巨大的雕刻面像，共有二百一十六個面像。

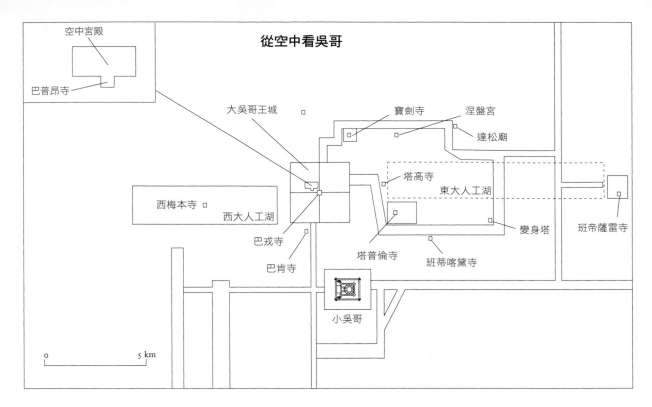

從空中看吳哥

空中宮殿

巴普昂寺

大吳哥王城

寶劍寺

涅盤宮

達松廟

塔高寺

東大人工湖

西梅本寺

西大人工湖

變身塔

班帝薩雷寺

巴戎寺

塔普倫寺

班蒂喀黛寺

巴肯寺

小吳哥

5 km

入門的教徒可以在這當中，以某種祕傳型態的宇宙知識修煉心性。

天龍座與吳哥的關聯

現在讓我們想像飛得更高一些，直到可以將整個小吳哥近三百平方公里的面積盡收眼底。此時位於我們下方西邊的，是矩形的小吳哥與面積大其四倍的大吳哥王城。若從現在的位置向東延伸二十五公里，再向北延伸十五公里，可以看見被叢林包圍的眾多寺廟遺跡，它們都是由古代高棉國王所興建。不論大小，這些寺廟都承襲典型的曼陀羅或揚戟的幾何外觀設計。

它們之間有某種程度的關聯嗎？還是說這一整群寺廟有可能早就被視為一個曼陀羅？而這個巨大的曼陀羅就是某個超大宇宙的複本？

公元第十二世紀建立大吳哥王城和巴戎寺的高棉國王闍耶跋摩七世（Jayavarman VII），在他所留下的歌功頌德碑文中，有一段神祕的碑銘。這塊自皇宮挖掘出來的石碑[12]，沒有任何序言、上下文或解釋，只是聲稱「高棉國（柬埔寨）宛如天空」。

對熟知古埃及天地二元論的人來說，這句莫名其妙又強而有力的話，不禁讓我們想問：神王是否指在地面上建造與天空中特殊星體或星座相同的「比例模型」或「複本」？

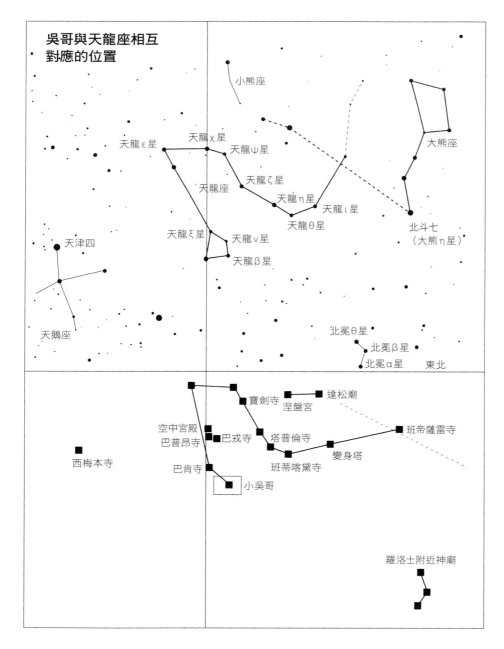

吳哥與天龍座相互
對應的位置

一九九六年，二十五歲的博士班學生葛瑞斯比（John Grigsby），在幫我們整理吳哥實證的資料庫時，有了一個驚人的原創發現。如同埃及偉大的吉沙金字塔是模仿南方獵戶座的帶狀星體，吳哥主要的寺廟建築則是模仿北邊天龍座的蜷曲狀星體。

這當中一定有關聯。將天龍座的主要星體連成一線，再將吳哥至少十五個主要金字塔狀寺廟相連（參見上圖），你會發現兩者的線條走向實在是很接近，甚至還可以將線延伸至附近的其他星座。因此，這裡唯一的疑問是：像這樣複雜又細微的相似型態，到底是無心的巧合，還是刻意建造出來的？不過，如同葛瑞斯比所指出：

若說這是僥倖，那真是個驚人的僥倖。當天龍座和吳哥眾寺皆朝向北方時，天龍座不但就在吳哥的正上方，就連星體間的距離也幾乎和地面對應點間的距離吻合。想到當時使用的是人工繪製的地圖，而非詳細的星座照片，就更覺得位置相當精確。將星座繪製成圖一定會有人為的誤差，在數百平方公里的地面上以有誤差的圖進行困難的建築工程，又會造成更大的誤差，更別提缺乏從空中向下檢視地點的方法。

在將這些因素納入以後，吳哥是天龍座複本的可能性更為提高。其實，不單只有天龍座成為翻版標的，鄰近大熊座的北斗七（Alkaid, 大熊 η 星）和小熊座的次小熊星（Kochab, 即 Beta Ursa Minor），可與天龍座的首龍星（Thuban, 即 Alpha Draconis）連成一線，巧合的是，也在地面上出現對應的建築體。天鵝座（Cygnus）的天津四（Deneb）也對應到吳哥寺廟中的西梅本寺（Western Mebon）。這些寺廟的歷史都已經超過二百五十年，某些地點也曾有被再利用的證據，像是巴戎寺、巴普昂寺和空中宮殿。因此這些寺廟的所在位置有可能是帝國初建時便標記出來的[13]。

可是這個帝國是什麼時候出現的？

在我們尋找答案的過程中，或許會陷入一個更不尋常的神祕謎團。

公元一一五〇年

我們從葛瑞斯比的「天龍座與吳哥的關聯性」論點作切入，也使用相同的電腦軟體「天穹3.6版」（Skyglobe3.6），它可以顯示出三座偉大的埃及金字塔和吉沙人面獅身像的天文「樣版」。這套軟體的優點在於它能計算星體位置的歲差效應，並且製作出精確的模擬圖形。透過這套軟體，你可以身處地球上的任何地方，在任何時期，甚至是特殊的某月、某日、某時、某分，都能看到完整的星體。

葛瑞斯比並未考慮到他所謂的「關聯性」是在何時發生，他只單純注意到這種關聯性在任何時期都是必然且顯而易見的。但在我們看來，若這種關聯性真的那麼重要，那應該可以找出更精確的時間點。我們的理由是，若地面眾寺的分布型態確實是刻意模仿天龍座，那麼利用歲差計算，應該可以找出這些寺廟模仿的星體。換句話說，找出確切發生時期的星空。

根據考古和碑文的證據，吳哥眾寺是由一些頗負盛名的高棉國王所興

建，他們的統治期幾乎集中於公元八○二年至公元一二二○年間的四個世紀中。因此我們可以合理推論，若寺廟與天體間的關聯是人為而非偶然，那麼這些寺廟就有可能是模仿這四個世紀中的天空。但因為歲差運動的變化，在「短」期內幾乎無法被察覺，因此這四百年來的天空，自始至終未曾改變。

我們選擇公元一一五○年的某一天起頭，尋找天地間完全符合的型態，也就是地面的吳哥眾寺與天空的天龍座星體排列型態。這個「某一天」正是蘇耶跋摩二世（Suryavarman II）的忌日。蘇耶跋摩二世（意為「受太陽庇護」）是建造小吳哥以作為埋葬之處的高棉神王。不可否認的，小吳哥在整個吳哥聖域中，是最大且最精緻的建築，可謂真正的「眾寺之王」，所以我們決定對它實實在在的東西坐向進行觀察。此一坐向使小吳哥具有「春分時令」（equinoctial）的特性（埃及的人面獅身像亦是如此，在春分時能校對、指向日出日落的方位）。小吳哥刻意呈現的零點七五度偏東南向，結合寺廟的整體規劃，能對春分的來臨給予觀察者「為期三日的提醒」。《科學》雜誌中對此一現象曾作過以下的描述：

春分那一天，站在第一段堤道（剛好位於西側入口大門前）南端的觀察

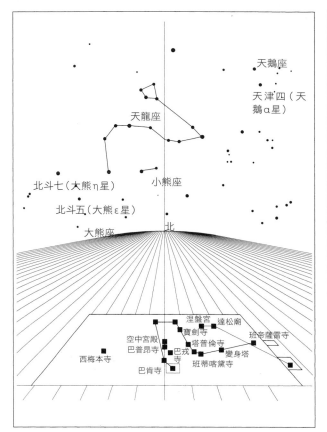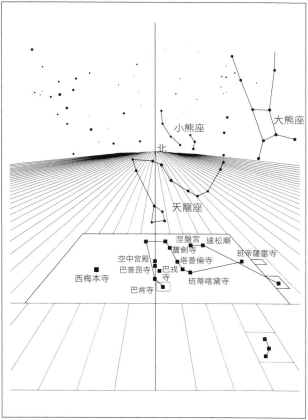

◀公元一一五〇年春分,從吳哥向北看的日出時刻,天龍座位於「上中天」,清晰可見,不過方向正好完全倒轉。

▶公元一一五〇年春分,從吳哥向北看,天龍座位於「下中天」,其排列方式與地面正好符合,但由於低於地平線,所以無法見到。

者,可以看見太陽筆直升至小吳哥中央寶塔之上。三天之後,同一現象可於第一段堤道的中點處看見,也正好在西側入口大門前……此一能夠在春分時精確觀察到的太陽現象十分重要[14]。

因為察覺到這項分析,我們推論觀察吳哥天象的最佳時間,應是公元一一五〇年春分當天的清晨。我們認為,這是一個證明「天龍座—吳哥」間關聯性的好方法。如果在這個重要時刻,天空的確出現地面建築的「樣版」,那麼便可印證葛瑞斯比的觀點——「吳哥的眾多特性與天龍座符合的情況絕非巧合」。另一方面,若公元一一五〇年春分時的天空,並未出現二者的關聯性,那麼吳哥便不太可能是模仿當時的天體。

天龍座是位於北方的星座,位於高緯度的空中。因此它在夜間的位置不至於大幅度的偏東或偏西,反倒像是在北極空中緩慢轉動。所以欲觀察天龍座的人必須面向北方觀看。另外,若小吳哥眾寺確實是天龍座的「地上複本」,那麼寺廟的坐向也應該面朝北方。二者相關聯的理想結果應是:當觀察者於清晨站在吳哥正南方朝正北方看去時,會「看見」(此處為想像)地面上巨大的幾何圍牆和寺廟,同時也能立即在北方的天空中,看見天龍座如蛇形般的外觀橫跨子午線。當然,經驗豐富的天

文學家會加深這種強烈的「心靈映像」，不論星體是否肉眼可見，不論正午或半夜、黃昏或清晨，他們所具備的知識讓他們可以掌握所有星體的確切位置。換句話說，儘管日出前的半小時內，所有星體都會被強勁的陽光所「吞沒」。但我們相信，當時規劃小吳哥眾寺地點的天文學家們，其所擁有的技術水準，絕不亞於利用電腦找出天龍座在日出時刻確切位置的現代天文學家。

「天穹」軟體帶領我們回到公元一一五〇年的春分清晨六點二十三分，太陽正於東方地平線上露出半張臉。經過一夜旅行的天龍座，此刻位於子午線上部，也就是天文學家所說的「上中天[15]」（upper culmination）。不過情況與我們所希望的完全不同。因為若和地面上吳哥眾寺的排列型態相比，整個天龍座正好「完全倒轉」（參見附圖一五〇頁），也就是說，二者相差一百八十度。

於是我們利用「天穹」的功能，希望在二十四小時內，找出天龍座與小吳哥排列完全吻合的時間。結果發現，那個時間正好是在十二個小時以後（下午六點二十三分），當時的天龍座正好位於「下中天[16]」（lower culmination）。

令人沮喪的是，這仍然沒有任何關聯性存在。雖然現在天龍座的型態是我們所要的，但在下午六點二十三分的傍晚，天龍座已在地平線以下，不可能會被看見。

我們不想放棄，於是再次對公元一一五〇年進行整年度搜索，接著又搜索第九至第十三世紀，看看是否能在這當中的某個時刻，看見位於地平線之上「下中天」的天龍座。

結果讓我們很訝異，完全找不到有這樣的時刻存在。原因很簡單：在十二世紀時，天龍座的高度太低，所以它的「下中天」一直位於地平線之下。

公元前一萬零五百年

換句話說，在已知的吳哥眾寺興建時期，天龍座的「下中天」絕不可能（更別說是春分當天）位於北方的地平線之上。

我們第一個直覺反應是，這證明所謂的關聯性或許純屬巧合。但無論巧合與否，有幾項事實卻無法忽略：那就是吳哥眾寺的排列型態，的確與位於「下中天」的天龍座主體連線外觀相似。另一項事實是，公元

一一五〇年春分的日出時刻，所有相似星體都位於吳哥眾寺正上方，跨越子午線兩側。但問題是，當時的天龍座卻是呈現「倒轉」型態。

這個問題的嚴重性有多大？難道真的是在告訴我們所謂的關聯性不過是巧合？天地間的對應的確存在，但天空的星座卻與地面的寺廟排列呈一百八十度倒轉，這真是太不尋常了。

歲差運動是天空運轉的發動機，以每二萬五千九百二十年的緩慢速度循環一次。星體也以同樣緩慢的速度改變穿越子午線時的高度。有沒有可能利用電腦搜尋出天龍座在何時出現於子午線的較高處？因為只有如此，才能在北方地平線上空看到與寺廟排列型態吻合的天龍座。

這讓我們想起吉沙金字塔。在公元前二千五百年的天地對應關係也不甚完美，那理應是金字塔和人面獅身像的建造日期。但電腦模擬卻指出，公元前一萬零五百年的春分日出時刻，可以見到更精確的對應排列。另外，金字塔和人面獅身像看起來也像是經過刻意安排，鼓勵人們如同曼陀羅心像一樣，思考長期的歲差運動中的無窮變化。讀者如果還記得，歲差運動每七十二年移動一度，而吳哥正好位於金字塔和人面獅身像東方七十二經度。

雖然並無考古證據顯示，吳哥眾寺有任何一處是建於公元前一萬零五百年，或甚至已有人居住在該地，不過我們覺得還是有必要去探查一下那個遙遠年代的天空。既然公元前一萬零五百年的春分日出時刻，正是吉沙金字塔與當時位於子午線上的獵戶座相呼應的年代，我們也利用電腦模擬出公元前一萬零五百年春分日出時刻，位於吳哥上方的天空型態。

如我們所知的，位於子午線正南方的獵戶座與吉沙金字塔的排

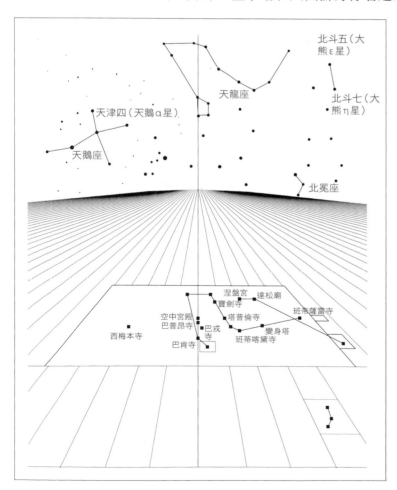

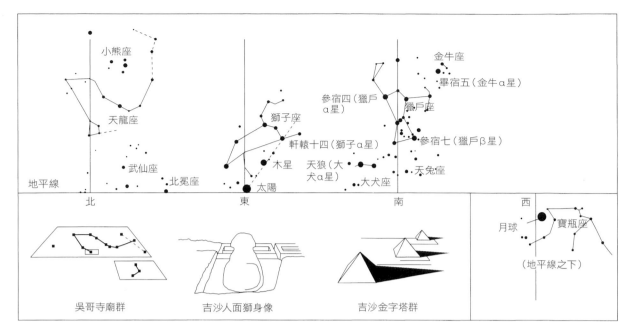

小熊座

天龍座

武仙座

地平線

北冕座

北　　　　　　　東

獅子座

軒轅十四（獅子α星）

木星

太陽

天狼（大犬α星）

大犬座

金牛座

畢宿五（金牛α星）

參宿四（獵戶α星）

獵戶座

參宿七（獵戶β星）

天兔座

南

西

月球　寶瓶座

（地平線之下）

吳哥寺廟群　　　　　吉沙人面獅身像　　　　　吉沙金字塔群

列吻合（唯一不同處為吳哥的觀看緯度較低，為北緯十三度二十六分，吉沙為北緯三十度三分）。

　　又如我們所知，獅子座位於初升太陽頭頂的正東方，與吉沙人面獅身像的型態也互相吻合。同樣地，會因為觀察緯度的不同而有些許誤差。

　　接著透過電腦向北方看去。由於之前從未注意過埃及金字塔與北方天空的關聯性，因此我們不期待會有什麼新發現。但我們卻驚訝地發現到，公元前一萬零五百年春分日出時刻，天龍座就位於天空的正北方，橫跨地平線上方的子午線，其外觀與地面的吳哥眾寺排列型態吻合。

　　這證明了吳哥確實如同吉沙金字塔，不但在歲差循環週期中的某個時刻存在著天地對應關係，同時也發生在相當久遠的年代以前。更值得注意的是，兩地與天體間的契合竟發生在相同的時刻。另外，吳哥眾寺並非隨意模仿任一星座，也不像吉沙金字塔那樣同時模仿兩個星座（吉沙金字塔模仿的是公元前一萬零五百年春分清晨的南方獵戶座與東方獅子座）。相反地，吳哥模仿的對象是僅在同一時刻出現於北方的蜷曲蛇形天龍座。

　　在吉沙，我們見到了排列形狀如同公元前一萬零五百年的「獵戶座眾寺」，以及以人面獅身像為首的「獅子座眾寺」。若說吉沙與吳哥之間有任何關聯，會不會是同樣的公元前一萬零五百年，以「圖像」隱身在數百平方公里的吳哥，又名「古代巨蟒」的天龍座？

譯注：
1.梵文「工具」、「機器」之意。東方神祕主義、怛特羅密教（Tantric Buddhism）的冥想工具，可平衡心靈，集中思索宇宙真理。印度教及占星學皆運用此圖案沉思。

第八章
翻攪乳海

在東方太陽尚未升起時，小吳哥的西面入口是一片黑暗。但即使在微光下，仍能清楚看見盤據在地面，昂首而起的「那迦巨蟒」石像，在堤道兩側形成護欄。同樣以蛇為主題的建築理念，在此處以不同的形式重複出現，讓人直覺小吳哥就是為了敬拜蛇神而興建的，在這裡的每個屋簷角落都會以七頭蛇做裝飾[1]。我們會在後面的介紹看到，在大吳哥王城的護欄以及散至北方與東方的眾寺中，也有此種因「對那迦的著迷」而產生的表現方式[2]。

佛教經典曾提及：寓言中的那迦巨蟒王「多迦薩迦」（Takasaka），像龍一樣「靠鼻孔噴出的火燄摧毀萬物」。在古代文獻中，不只將巨蟒與龍的特徵混淆，也連帶影響到對天體，特別是對天龍座的描述。天龍座在希臘文的意思為「龍」（Dragon）。但自古以來，在歷史上及幾乎所有文明都將其解釋成某種宇宙蛇形，在某些古代天文圖表中稱為「皮松」（Python）或「賽派特」（Serpent），更常見的說法是「古老巨蟒」（the Old Serpent），一條被米奈娃（Minerva, 古羅馬的智慧、技術、工藝女神）自巨人手中奪過來，然後擲入空中的大蛇。波斯人則稱它為「食人巨蟒」[3]（man-eating serpent）。

另一個不能忽略的是，天龍座的外觀確實很像頸部擴張的昂首眼鏡蛇。

根據以上的描述，我們可以很容易地判斷，吳哥眾寺中所看到的頸部擴張的那迦，代表的就是天龍座。另外，我們多少感覺到此說是正確的，那就是以那迦作為裝飾的吳哥眾寺，或許也在地面連成一道彎曲的蛇形。

古代巨蟒

在印度神話中，那迦為超自然生物。這些統領大地的蛇王也位於諸神之列。通常被描繪成美麗的五頭或七頭巨蟒（頭數或有不同），可以任意化為人身或奇特的變種生物，例如人身蛇尾[4]。

對那迦的最早記載，出現在現存最古老的印度聖書《梨俱吠陀》譯注1（*Rig Veda*）。另外在《羅摩衍那》譯注2（*Ramayana*）、《摩訶婆羅多》譯注3（*Mahabharata*），和《往世書》譯注4（*Puranas*）等經典中也一再被提及，在佛教文學中也作為主題被廣泛使用。

由於這些著作的古典價值尚未被確定，而且爭議頗多，因此對於西方學術界指稱《梨俱吠陀》應為公元前一千五百年之後作品的說法，我們不

吳哥塔普倫寺牆上的浮雕，印度教的神祕鳥人迦樓羅踩踏在兩條那迦蛇身上。根據神話，迦樓羅是所有蛇類不共戴天的敵人。祂有人頭人身、雙翼、鷹爪和鷹嘴，其象徵意義可與埃及鷹頭人身的荷魯斯做比較。迦樓羅也與鳳凰和寶瓶座有關（參見三四四頁）。

見得要接受。一些有名的印度學者，如提拉克（Lokmanya Bal Gangadhar Tilak）、宗教史學家佛耶斯坦（Georg Feuerstein）、梵文學者卡克（Subhash Kak）及吠陀梵語（Vedic）教師佛勞利（David Frawley）等人，都與正統派看法持相反立場。他們主張《梨俱吠陀》的著作日期應比公元前一千五百年更為久遠[5]：

吠陀……顯然是現存古代心靈教學的最佳史料。當中包含超越時空的智慧，透過經文代代相傳，流傳世代之久遠超乎想像。使用吠陀梵語的民族可能遠在公元前六千年或者更久以前便住在印度……《梨俱吠陀》本身的

內容回顧久遠前的歷史，呈現出宇宙循環中一段長時間的知識6。

同樣地，儘管西方正統派學者相信《羅摩衍那》創作時間約在公元前三百年，但《羅摩衍那》在印度傳說裡被稱為「阿提跋耶」（Adikvaya，意為「太古詩集」），描寫的時空是在八十七萬年以前，而那才是最原始的作品，之後的所有版本都是抄本。

神奇的那迦巨蟒就是出現在這段模糊不清的歷史之中。祂們的性格兼具善惡，就像大自然力量一般模稜兩可且深不可測。祂們能超越不同次元、天地、時空及各個世界。雖然也能化身成人，但毫無疑問的，神聖和宇宙力量才是祂們的真實身分。

七頭蛇王賽夏

在那迦諸蛇王中排名第一，同時也是最偉大的便是七頭蛇王「賽夏」（Sesha，意為「持久」或「存活者」），或稱為「阿難多」（Ananta，意為「無盡」）7。在現今宇宙形成前，賽夏彎曲的蛇身深埋在無邊際的虛無中。印度的古代宗教文獻告訴我們，完全之神（神聖的自我存在）毘溼奴曾夢見即將到來的創造。這個「休眠」狀態被描述為：

天神的生命力慢慢地在另一個宇宙中成熟。雖然安眠期與活動期各會持續數十億個世紀，但印度人相信此種交替就如同天神呼吸般，規律且確定8。

就像埃及神話中的阿圖神自宇宙初地「南」水衝出，像變魔術般憑空變出初土、本本石和鳳凰。印度神話中的完全之神也利用自身的神力建立宇宙，「以無可抗拒的創造力驅走黑暗。」就像阿圖神一樣，完全之神也把自己的精子散布於宇宙水域中。在埃及傳說中，這些精子固化成「本本石」（一種能反光的金字塔石塊或鐵石，甚或是含鐵隕石9，被認為自天上掉落）。對完全之神的類似描述也出現在印度聖典中：

天神欲自身體中創造眾多的生命體，祂先想到創造海洋，並在當中撒下神種。神種化為金蛋，光亮有如太陽；祂再以世界萬物的始祖身分破蛋而出10。

古埃及文稱殞落的鐵為「比加」（bja），意為「神聖金屬」，字面意

思为「天降之鐵」。此字幾乎與梵文中代表精子的「比耶」（bija, 意為「種子」）拼法相同，這或許只是巧合罷了。「比加」鐵塊在古埃及儀式中，是藉「自靈魂逃脫以達星體」，使入門教徒得到「百萬年生命」的工具。所謂「將生者靈魂自可怕且永不休止的生死循環中解放」，也是所有古印度的宗教儀式、冥想及聖典所欲達成的終極目標。

除了「完全之神」，「自我存在」的毘溼奴，印度還有另一位起源更複雜的天神。根據《巴達摩往世書》（*Padama Purana*）的記載：

偉大的毘溼奴現身並創造宇宙之初，出現了三位神靈——創造之神、維護之神和毀滅之神。為了創造世界，最高神祇先將右半身化為「梵天」（Brahma）神，然後為了維護世界，又將左半身化為「毘溼奴」（Vishnu）神；接著為了毀滅世界，將身體的中央部位化為不朽的「溼婆」（Shiva）神。有些人崇拜梵天神，其他則崇拜毘溼奴神或溼婆神。但毘溼奴神本身集創造、維護、毀滅於一身，使得對三者的虔誠崇敬沒有多大差別[11]。

印度三神論中之一的溼婆神，其象徵圖案為「林伽」（lingam）。此圖案有時呈現出明顯易辨的「陽具」外觀，有時像圓錐體，有時又像直立的柱子。如果把「溼婆林伽」圖像與毘溼奴自「天降神種」生成的閃亮「金蛋」結合，實在很難不去與另一圖像作比較——太陽城的「伊努」（Innu），即巨大石柱，以及位於石柱頂端代表「種子」、「生育」及「更生」意味的神祕金字塔形「本本石」[12]。

根據「金字塔經文」記載，太陽城所發生的事，是萬物創造的新循環、新時代及新的一頁。這也是繼毘溼奴、梵天、溼婆三神自黑暗中出現之後才發生的，創造現有宇宙的完全之神便是在那時甦醒。

印度聖典中說道：「宇宙以黑暗的型態存在，無法被察覺，缺乏明顯標記，無從推衍且無從得知，完全隱於黑暗之中……在懸浮於時空水域的黑暗當中，最高神祇便俯睡在巨蟒身上。」

為何這條「賽夏」巨蟒意為「存活者」呢？根據法國的東方學者丹尼耶盧（Alain Danielou）的解釋：

當創造的行為收回時，其實並未完全中止，萬物起源的種子將以細微的型態存活下來，成為毀滅世界的倖存者。祂化身為漂浮於無盡汪洋中的巨蟒，其身軀成為毘溼奴沉睡之處[13]。

照丹尼耶盧的說法，賽夏代表著時間循環。我們的確可以在《毘溼奴往世書》（Vishnu Purana）中讀到，當賽夏打呵欠時，「大地的海洋及叢林為之撼動……在每個宇宙時期結束時，祂會吐出毀滅的熾熱火燄吞噬萬物。」

因此，在吳哥到處可見的那迦巨蟒，都與世界曾有過的存滅有關，而且將會永無休止地繼續下去。

五頭蛇王婆蘇吉

小吳哥的主迴廊環繞於神廟第一層的四周，寬二點五公尺，細緻的樑柱支撐著屋頂，稍稍擋住了自外部射入的光線。南北面牆各長二百零二點一四公尺[14]，東西面牆則各長一百八十七公尺。

大吳哥王城那迦雕刻細部。

在這些牆上共有八片壁板，上面皆以高二公尺的浮雕裝飾，其中四片壁板長四十九公尺，另外四片長度將近一百公尺。全部的雕刻面積共達一千二百平方公尺。

東面迴廊南側牆上的四十九公尺長浮雕，描繪出一段印度神話中的著名場景——「翻攪乳海」（Churning of the Milky Ocean），主角為那迦巨蟒，即五頭的那迦蛇王婆蘇吉（Vasuki）。

自南面走進迴廊，一種與世隔絕的寂靜引起我們的注意。沿著迴廊向北看去，冷冽、暗影與溫暖的陽光彷彿無止盡地延伸交替，空氣中還可見懸浮的塵埃微粒。牆上所繪的場景大到無法讓人一眼看盡，所以觀賞

者必須步行逐段欣賞。

故事自迴廊南面展開——那迦蛇王婆蘇吉的五個蛇頭昂首揚起，被地位崇高的阿修羅（Asura）或魔神以強有力的手臂緊緊抓住。體格碩大的阿修羅，雙腳牢牢固定在地面，全身重量向後仰，用力拉住婆蘇吉的蛇頭。另外還有兩名魁梧的阿修羅和八十九名地位較低的魔神在一旁協助。祂們沿著婆蘇吉的身軀排成一列，有如拔河比賽的隊伍。

在這片壁雕中央，婆蘇吉的身軀纏繞在一個寬厚的隆起物上，這座隆起物是印度聖地中的主要地標——「曼陀羅山」（Mount Mandera）。按照這幅壁雕只能意會不能言傳的理念，宇宙間包含：

僧侶沿著小吳哥西側南面迴廊漫步，研究「翻攪乳海」浮雕。吳哥的浮雕、雕刻、建築和方位，似乎是設計成要去刺激反思和探究，並從不同途徑來傳遞奧祕的知識，建築師相信可引導人們在心靈上脫胎換骨。

七座島形大陸被七大洋所包圍。「南贍部洲」（Jambudvipa，意為「世界」）是位於最中間的一個。黃金聖山「彌樓山」（Meru）自大陸中央隆起約八萬四千由旬（一由旬約十三公里，即一百一十萬公里）……彌樓山為另外四座山所撐起，每座各高約一萬由旬。其中一座便是曼陀羅山[15]。

浮在曼陀羅山上方的圖像便是毘溼奴神。祂伸出四隻手中的二隻抓住婆蘇吉的身體，看似在控制或引導拉扯的方向。在毘溼奴的下方，曼陀羅山矗立於一隻名叫「俱利摩」（Kurma）的巨龜背上。此巨龜是毘溼奴的化身（印度名「化身」〔Avatar〕）。山頂上則穩穩站著一個半人神（印度名

「提婆」〔Deva〕），祂也同樣被視為是毘溼奴的化身之一。

在曼陀羅山的北邊為這場拔河比賽的另一支隊伍，由三位英雄般的天神領軍，輔以八十五名地位較低的提婆，跟另一邊的位置相對襯。在壁雕最北邊可看到第三位天神（猴頭）抓著蛇尾。婆蘇吉的尾巴在此處如鞭子般蜷曲伸入空中。

在壁雕中央是雙方人馬相互拉扯婆蘇吉的身體，上下方則各為不同場景。上方場景代表天國，布滿了手舞足蹈的「阿普薩拉斯」（Apsaras）。在吳哥眾寺到處可見到這些具有飛行天賦或向上飛升，樣式多變的小仙女。下方場景則是一片汪洋，看似浮在像是婆蘇吉的那迦巨蟒身上，當中有魚類、鱷魚和其他深海動物。以激進現實主義的觀點來看，代表無情的海流正將生物們拉向曼陀羅山底，而曼陀羅山也因為提婆與阿修羅之間的拉扯產生旋轉。靠近曼陀羅山的海洋生物被拋起，再被這股強大的拉力撕裂。拉力軸心正是立於巨龜背上的毘溼奴。

永生之泉

公元十一、十二世紀來到吳哥尋求智慧的朝聖者，應該對壁雕中的神話背景十分熟悉。在《羅摩衍那》、《摩訶婆羅多》和《往世書》等古書中，都可以找到這則故事，它告訴人們，「在某個世代結束時，神魔

毘濕奴懸浮在曼陀羅山旁，抓住婆蘇吉的身體。這座山由巨龜俱利摩的殼所支撐，巨龜即毘濕奴的化身。毘濕奴以及緊握多頭蛇的描述，與古埃及在《冥府之書》中所言相似。亦請注意馬雅人視烏龜和陸龜，與獵戶座的天域及再生象徵意義的關聯。

兩方合力翻攪宇宙之海，以取得深藏海底的『永生之泉』（amrita）。」靠著拔除曼陀羅山的方法（在某些文獻中提到靠的是賽夏的協助）[16]：

天神們將曼陀羅山搬運至海上，放在俱利摩龜王的背上，再將巨蟒纏繞於山上……阿修羅抓住巨蟒的頭，眾神抓住巨蟒的尾。拉扯造成的摩擦使巨蟒吐出大量蒸氣，成為帶有閃電的雲，並下起大雨滋潤所有疲憊的眾神魔。整座山也為大火所圍繞[17]……

　　文中說婆蘇吉因痛苦的拉扯，最後吐出了大量毒液，「如大河般直瀉地表，使諸神、邪魔、人類與動物面臨毀滅。悲痛之餘，祂們召喚濕婆神，毘濕奴也來乞求。濕婆神聽見了祂們的要求，喝下毒液，使世界免於遭受毀滅。」

猴神哈努曼抓著婆蘇吉的尾巴。

　　不過拉扯行動仍持續著。直到被稱為「乳狀之海」的泡沫巨塊，製造出「含樹膠和果汁香氣的奶油……月亮終於自海中升起；接著是成為天堂精靈的『阿普薩拉斯』。」再接著是毘濕奴的妻子「吉祥天女」（Lakshmi）、天神的白馬和穿戴於毘濕奴胸前的發光寶石。

接著，眾神的治療師「達旺塔里」（Dhanwantari）出現，手中捧著溢滿「永生之泉」的金杯……眾魔立刻奪下金杯。但就在祂們喝下並取得永生之前，毘濕奴現身阻止。祂化身成美麗的女神「魔喜妮」

（Mohini），以誘惑之姿來到眾魔身邊。眾魔魅於祂的外表，心甘情願地交出金杯。祂立即將這杯神液奪走交給諸神，諸神喝下後便取得永生[18]。

宇宙哲學的線索

吳哥的建造者在決定要以壁雕呈現這段不尋常的神話時，他們想要表達的究竟是什麼？

在十九世紀的大部分時間裡，學者們幾乎沒注意到這些問題，僅把它當作是迷信的創作。如同法國權威考古學家科德斯（George Coedes）所言：「我們很容易看出來，這段以山為中心，翻攪海洋的場景，代表一項神化作為，用以確保這個國家的勝利與興盛。」或許情況真是如此。不過，科德斯也是第一位承認，有關曼陀羅山和彌樓山唯一的可能解釋，在於宇宙哲學的本質：

小吳哥內的牆壁與護城河、中央祠堂、入口、金字塔形廟宇、橋上的那迦護欄，以及像是涅盤宮或巴戎寺等其他複雜遺跡，其實都是以石塊象徵偉大神祕的印度宇宙哲學。這個體系的目的是要在地面上複製出全部或部分的天堂世界，確保人類賴以繁盛的兩處世界能夠和諧共存[19]。

阿普薩拉斯——天界的舞者、天堂的精靈，據悉是藉翻攪乳海賜予世界恩澤。

科德斯也說明高棉的神王，是如何使他們興建的金字塔與眾寺寶塔看起來特別像是彌樓山：「神聖遺址（中央廟宇）的建築型態……是一座金字塔形山……有時金字塔頂上還有五座小塔，以模仿彌樓山的五座山峰。」

科德斯甚至注意到，十一世紀的一位高棉國王優陀耶提跋摩二世（Udayadityavarman II），曾在他下令興建的主要金字塔——巴普昂寺旁，留下一刻有文字的石碑，當中記載此寺的相關緣由：「因為他認為宇宙中心是以彌樓山為標記，所以他要在首府中央建一座相稱的彌樓山。」

令人驚訝的是，縱使科德斯、其他考古學家，或研究吳哥的東方學者，看出「群山」所代表的宇宙哲學特徵，但他們從未進一步考慮到，或許劇烈搖動曼陀羅山，不應該被解釋為某種型態的宇宙運行。

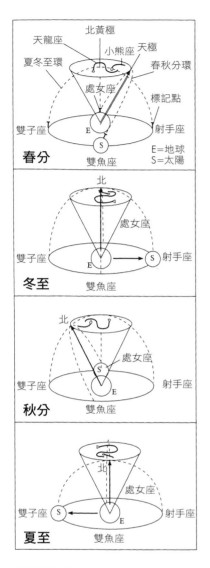

北天極的位置表示一年四個「標記點」的配置──在星座的陪襯下，太陽升起於一年的四個基本方位。在現代，北極接近小熊座，標記點為雙魚座（春分）、射手座（冬至）、處女座（秋分）、雙子座（夏至）。

天際的機器

　　這項宇宙變化過程有一個合理的解釋，即「歲差運動」──地球主軸週期性的緩慢搖晃，造成天空所見星體的位置持續產生變化，使得春分清晨出現的「當值」星座移動位置。根據桑提拉納和戴衡德在其重要研究著作《哈姆雷特的磨坊》當中所言，歲差運動正是遠古流傳下來所有神話當中的主題。他們認為「翻攪乳海」正是這些神話之一。

　　《哈姆雷特的磨坊》對學者們的重大貢獻，在於當中所提出的令人信服且強有力的證據──即遠在一般認知的，在蘇美、埃及、中國、印度和美洲等出現人類文明以前，歲差運動已經被具有高度文明者以精準的技術語言傳遞及理解。這些身分尚未被證實的古代天文學家，其所使用的原始意象為：「將宇宙穹蒼轉化成一具巨大的精密機械。它如同水車、攪拌器、漩渦，也像圓石磨一樣，永無止盡地運轉。」

　　不論這機器是磨坊、轉軸，甚或是攪伴器，主軸都不會是「筆直柱體」。這條象徵性的主軸為兩條於北天極交會的環或分至線所環繞。其中一條分至線連接地球軌道的春分與秋分點（即太陽於三月二十一日和九月二十一日升起時的天空星體背景）。另一條分至線則連接地球夏至與冬至點（即太陽於六月二十一日和十二月二十一日升起時的天空星體背景）。由於歲差運動導致地球極軸移動，從而造成這兩條分至線的移動。原因就在於「整個架構與極軸是一體的」。因此，這樣的意象便解釋了春秋分點的歲差運動，是沿著黃道緩慢旋轉的永恆循環的一部分。極軸沿著太陽路徑（亦名黃道）方向旋轉，使得四大分至時點出現的天空星體也跟著轉換。因此極軸與兩條分至線（亦被稱為「天空支柱」）構成的體系代表：

一種天體及世代架構的對等系統，事實上，是由架構定義出世代。極軸和分至線並不具有實體，但只要一方挪動，另一方就會失衡，除非以新的北極星和合適的分至線取代淘汰的部分[20]。

　　桑提拉納和戴衡德的主張是，小吳哥所象徵的正是這種天際齒輪的移動──二個占星世代間的移轉。這正是壁雕中的阿修羅與提婆，以曼陀

羅山為主軸，共同拉扯婆蘇吉與「翻攪乳海」所欲表達的意念。因此，壁雕或廟宇的含意，不見得要被當成是確保國家興盛的神化行為。它們可能是另一種型態的曼陀羅或揚戟，專門使入門者能全神貫注於宇宙奧祕的「思考工具」，此處的奧祕正是歲差運動。

但為什麼全神貫注會被視為要求之一？

如果桑提拉納和戴衡德是對的，即「翻攪乳海」是歲差運動的暗喻，這個寓言有沒有可能在某種程度上牽連到對永生的追求？畢竟，所謂的翻攪，就是為了取得最後的長生不老泉。

這讓我們想起古埃及「抓住」天空或「登上」天空的概念，新入門的修行者藉由看透天空的奧祕與透過歲差運動的知識，可望擁有永生的靈魂。或許在過去數個世紀裡，來到吳哥的成千上萬朝聖者當中，有一些人也追尋著相同的目標，遵循知識與神祕的「路徑」？

古埃及和小吳哥間的對照

吳哥壁雕中的阿修羅與提婆，可以在埃及找到對應人物——荷魯斯和賽特，祂們在歐西里斯被殺後對抗了八十年，直到下一個新世代建立。雖然荷魯斯和賽特被描繪成對手，就像阿修羅與提婆。但在古埃及的壁畫中，卻也出現二者合作的景象，也像阿修羅與提婆，拉著一條纏繞於巨鑽長繩的兩端，使巨鑽旋轉。

這幅景象所傳達的意圖及訊息，和「翻攪乳海」完全相同，呈現出兩個對立勢力的合作。此一訊息也可能代表宇宙存在兩極的必要性，萬物都必須有平等對立的兩方，透過對立的創造性互動，新的現實才得以誕生。

其他壁畫呈現出荷魯斯和賽特結合成一個雙頭個體[21]。更重要的是，出現在《冥府之書》第五界一段耐人尋味的場景，當中有許多具象徵意味的元素與「翻攪乳海」不謀而合[22]。

《冥府之書》共有十二界，每一界都有朝聖者靈魂在往

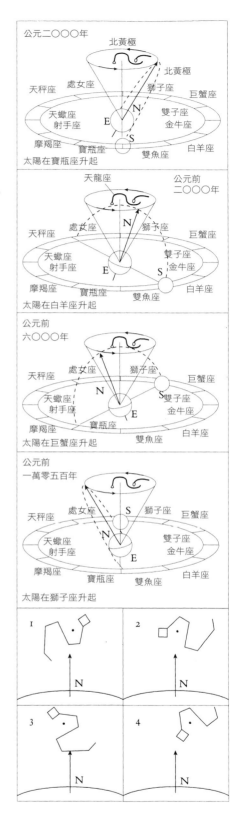

北天極位置的變更，北黃極因歲差的移動，在星座的陪襯下，太陽看來在春分升起。最底下的圖表顯示，每一時期的極點與天龍座的位置。

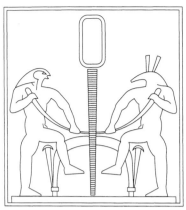

荷魯斯和賽特轉動鑽子。

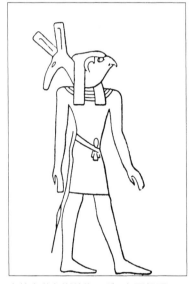

賽特和荷魯斯結為一體，有兩個頭。

索卡王國。

生道路上會受到的新試煉。這些試煉多以來勢洶洶的昂首巨蟒或噴火巨蟒為象徵，通常和那迦一樣有多個蛇頭，有時身上還帶有羽翼。

在第四界和第五界中，朝聖者被形容為「前往藏有神祕事物之神聖國度的旅行者」，目的就是要去發掘那些神祕的隱藏事物：「神祕路途中的隱藏事物」、「通往密室的神祕通道」，以及「無法被看見或察覺之隱藏形象」。

所有第四和第五界中的景象（統稱為索卡國度〔Kingdom of Sokar〕），如同「翻攪乳海」的壁雕一樣，被分為三個平行排列的畫面，彼此之間偶爾會有交集點出現。和吳哥壁雕一樣，當中也有一條在埃及無孔不入的巨蟒。同時，第五界的下方也出現洪水景象（停滯的水），與吳哥壁雕中的乳狀之海極為類似。最奇特的是，在場景的中央，我們發現了一些重點：

1.有一座可以對照曼陀羅山的金字塔形土丘或山峰，自某個神的頭上隆起。
2.一條繩子纏繞於土丘之上，有如纏繞於曼陀羅山上的婆蘇吉蛇身。
3.兩排人馬在山的兩端相互拉扯繩索，有如吳哥壁雕中的提婆和阿修羅。
4.在土丘上方有一圓柱狀物體，上方出現一排象形文字，其意為「黑暗」，也或許是「天空」或「黑暗天空」之意。圓柱兩旁各棲息一隻黑鳥。這些在古埃及語中都含有特殊意義，兩隻面對面的鳥代表「標準的經緯線排列」。除此之外，美國科學史學者史特契尼（Livio Catullo Stecchini）也提出過有力的主張，他認為圓柱體代表「翁法洛斯」（omphalos）──古代世界的大地中心象徵。例如希臘的神諭之寺「德爾菲」（Delphi）神殿，到目前仍保有一塊（參見附圖二七四頁）。德爾菲的翁法洛斯石為圓頂狀，像極了埃及的翁法洛斯石，只是雕刻家將它的外觀刻成網狀作為裝飾。
5.在土丘之下：a.有一橢圓形框，可將之比擬為毘溼奴的巨龜化身。橢圓形上方的土丘，兩旁各有一人面獅身像。b.下方

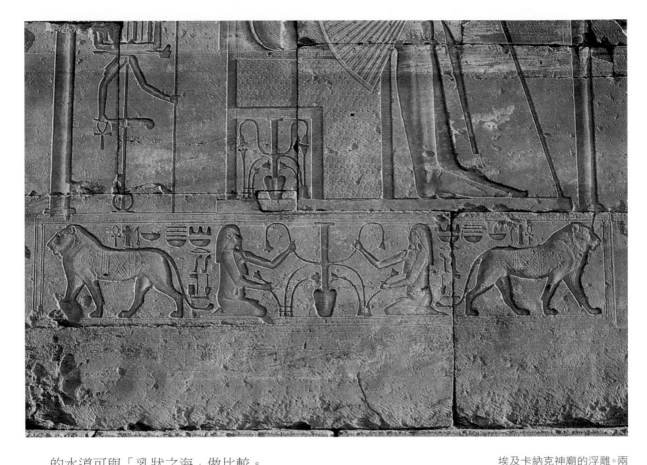

的水道可與「乳狀之海」做比較。

6.在橢圓形框中，有一條名為「大神」的三頭羽翼巨蟒，可對照同為「神明」的那迦蛇王。

7.鷹頭形的「索卡」（意為「方位之神」）跨坐於巨蟒身上，祂的「工作是保護自身的形態」。如同毘溼奴神操控婆蘇吉，其雙手各握住巨蟒的羽翼之一。

在杜埃第五界中最令人感到震撼的特點，是其所描述的內容，包含眾多可連結至三座埃及金字塔與人面獅身像的線索和暗示。受人尊崇的埃及史學家哈珊（Selim Hassan）更進一步地表示，「第五界的地理複本就是吉沙墓穴」。同樣的，芝加哥大學東方研究所埃及學副教授的雷納（Mark Lehner）也承認，守護在神祕橢圓狀「索卡」兩旁的人面獅身像：

會讓人聯想到吉沙的人面獅身像……第五界中翁法洛斯石的出現，更加暗示是吉沙。因為大金字塔正是精確坐落於北緯三十度和埃及的本初子午線上，而且同樣面向正北方[23]。

圖特摩斯三世陵墓中，在《冥府之書》中第五界的「索卡之蛋」。

小吳哥的審判浮雕中，印度教的死神閻摩。

吳哥眾寺也表現出對「方位的執著」，例如精準地對準東南西北四個方位，這只有具備先進天文和測地技術的建築師與勘查員才做得到。我們知道吉沙金字塔和人面獅身像就是由具備這些技術的建築師與勘查員所建造，也知道吉沙和吳哥兩地相隔地理意義重大的七十二經度。因此我們可以合理的懷疑：《冥府之書》的第五界和「翻攪乳海」的壁雕之間存在的奇特相似處，是否就是埃及和吳哥之間不為人知關係的線索和片段。雖然二者的關聯因巨大的時空阻隔而減弱，又各自具有不同的文化成分，但在本質上卻來自相同的源頭。

追尋不朽的永生

在《冥府之書》中，朝聖者必須先精通第五界的謎題和領會當中的隱喻，方可進入第六界——死神歐西里斯的所在——存放歐西里斯形象的隱密之屋。

在眾多探討來世的書籍當中，如同本書第二部提到的，第六界是審判場景的所在。所有靈魂的永恆命運都要在掌管死亡、復活和重生之神的歐西里斯面前接受審判。在小吳哥，挨著「翻攪乳海」壁雕旁，便有一幅是對應到歐西里斯的印度死神「閻摩」，祂也是負責審判靈魂。

對比埃及和高棉諸神在其被描述的場景中，各有其相似之處，若說這些相似處是巧合，那也未免太過牽強。閻摩是一名死靈，這點和歐西里斯一樣（歐西里斯是被謀殺而死），祂發現通往另一個世界的道路，指引其他往生的死者。其他跟歐西里斯一樣的還有：祂通常被描繪成綠色。死者必須在祂面前審度良心、道德與知識。在審判過程中，閻摩也曾得到旁人的協助，特別是「達摩」（Dharma）——掌管正義、責任和宇宙法律之神，祂坐在閻摩右邊負責宣告審判。另一個是「奇楚古普塔」（Chitragupta）——靈魂記錄之神，祂知道每個人做過的行為，以及誰該接受審判。若判決有罪，則「罪靈會被閻摩的僕人抓住，頭朝下丟入地獄。」

任何熟悉古埃及經文的人都能立刻意會到達摩／瑪特女神及奇楚古普塔／索斯之間的關聯。另外還有類似閻摩僕人的「阿米特」——死靈吞噬者，凡「言語評量」被判有罪的死靈，都會被丟入它的地獄之口[24]。

在言語評量中被證明為清白（埃及法老和高棉神王對此非常執著），

與「永恆回歸」的偉大宇宙循環有關，甚至入門者也被要求具備數學及天文循環的知識。所有訊息皆不斷透露，只有循此一知識路徑，入門者才能免於死後遭受審判。

閻摩的地獄世界中移交的靈魂，其良心、行為和知識必須接受審判。這塊浮雕可與古埃及《冥府之書》中的審判場景做精細的比較。

我們有充分的理由相信，吳哥眾寺和偉大的吉沙金字塔其最終的設計目的，便是戰勝死亡。事實上，下令建造大吳哥王城和巴戎寺的高棉王闍耶跋摩七世，在他所立的眾多石碑之一，曾告訴我們創建這些巨型「佳作」的確實理由。他聲稱其目的是要「贈予人類贏得永生的珍饈，拯救所有為生命掙扎的人類。」在另一個石碑中，他祈求諸神應該基於他所創建的偉大作品，賜予他能自由「穿梭生死」的獎賞。

聽起來他像是名言出必行的君王，視他所創建的廟宇為傳授永生科學的工具。

譯注：

1.為《吠陀經》中最早出現的一卷，公元前十六～十一世紀成書。描繪雅利安人遷徙至印度河流域的游牧生活，認為宇宙分為天界、空界與地界，各有十一個神。

2.公元前四～二世紀成書，分為青年書、阿逾陀書、森林書、猴王國書、哈努曼書、戰爭書、結局書七篇。敘述阿逾陀國王子羅摩與農耕女神悉達的故事。

3.公元前四～公元四世紀成書，世界第三長的史詩，僅次於藏族的《格薩爾王傳》和吉爾吉斯族的《瑪納斯》，乃古印度歷史文化百科全書。

4.即梵文「古代的」、「古老的」之意，為古印度文獻的總稱，乃問答式詩歌，有神譜、宇宙的創造、毀滅與再創造、帝王世系及宗教活動。

第九章
遊戲主人

▶ 朝西眺望小吳哥筆直堤道的軸線，從空中可見伸展更遠的護城河，直至遙遠的地平線，顯示其建築師超凡開闊的眼界。在護城河內，神廟的所有尺寸均精確無比地表現出宏偉的宇宙論以及命理學的設計，均與春（秋）分的歲差有關。可與墨西哥的泰奧提瓦坎做比較。

離開小吳哥的壁雕及與世隔絕的黑暗空間，我們再度返回堤道，穿越寬闊的綠色花園和大型清澈水池，可以看到司機正在西面入口等著我們。

一九七六年七月，《科學》雜誌出版一份對小吳哥的詳盡調查報告。當中指出，就連小吳哥的堤道也融合了宇宙的象徵意義及時間循環的密碼。研究者利用吳哥所使用的測量單位「哈特」（hat, 一哈特相當於零點四三五四五公尺）作為基本測量單位，進一步證明了堤道主軸的長度明顯經過刻意安排，用以象徵或代表印度宇宙論中的偉大「世代」。

這些時期始於「克里達紀」（Krita Yuga)或是人類的「黃金時代」，持續經過「特雷達紀」（Treta Yuga）、「達夫帕拉紀」（Davpara Yuga），直至「卡里紀」（Kali Yuga）——人類最墮落的時代。每個「地紀」（Yuga）各持續一百七十二萬八千年、一百二十九萬六千年、八十六萬四千年和四十三萬二千年[1]。

因此當我們發現堤道的四個主要長度（參見附圖一七二頁），竟與此四個地紀時間如此接近時——一千七百二十八哈特、一千二百九十六哈特、八百六十四哈特和四百三十二哈特（各將時間長度縮小一千倍）——便無法再用巧合加以解釋。我們的「建議」，包含研究者的結論是：四大地紀是透過東西向堤道的長度呈現出來[2]。

世代的循環

印度教相信，今日活在地球上的人類，正歷經不安和紛亂的卡里紀，即現今萬物循環（Kalpa）譯注1中，最後也是最墮落的人類世代。根據印度天文學和曆法的計算，卡里紀始於公元前三千一百年[3]，幾乎與古代馬

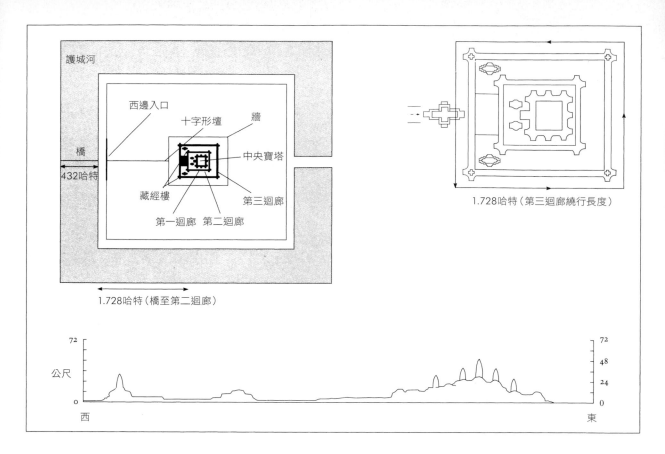

小吳哥的歲差「哈特」測量。

雅人計算「第五太陽紀」的起源時間吻合。讀者們或許還記得，第五太陽紀便是我們現存的世代，也正是卡里紀世代。馬雅曆法不只計算「第五太陽紀」的起源，也計算出全球大動亂的終結之日──二〇一二年十二月二十三日。

古印度計算出的四個世代數字──432,000（432）、864,000（864）、1,296,000（1296）和1,728,000（1728）──全都有一個共同點，它們都是七十二的倍數。七十二不僅是馬雅曆法重要的時間單位[4]，也與春秋分的歲差運動有關（太陽於春分線上的位置相對於「固定星體」，每七十二年移動一度）。若將堤道長度四百三十二哈特除以七十二所得為六，將八百六十四哈特除以七十二得十二，將一千二百九十六哈特除以七十二得十八，將最長的一千七百二十八哈特除以七十二得二十四。

由此可看出，吳哥在建築規模上是將地紀長度縮為千分之一，然後再將數字七十二的二十四、十八、十二、六的倍數，表現在堤道的長度上。

這種完美的數學關係會是巧合嗎？整套的「地紀」架構，有沒有可能是基於歲差運動的考量而設計的？從眾多證據看來，確有此種可能。

地紀系統中主宰時間架構之一的是「曼凡塔拉」（Manvantara, 又名

Manu時期[5]）——每一個曼凡塔拉包含大約七十一套的「四連環地紀系統」。在印度的宇宙論原則中，很少有「大約」這樣的字眼。但也許就是靠這種少有的例外才能證明這套原則。現代天文學家已經計算出在歲差運動中移動一度實際所花的時間為七十一點六年，略少於古代的神祕數字七十二。既然神話為故事性質，那麼使用整數是可以理解的。例如，古埃及的賽特不太可能和七十一點六名共犯殺害歐西里斯，應該是七十二名。同樣在印度，七十一點六也有可能被簡化為「大約七十一」。

歲差運動也讓人聯想到地紀的循環特性——世代循環不已，永遠都會回到「美好的年代」。世間萬物隨著時間，終究會再回到原點重新開始。古埃及人所稱的「初始之時」，就是一種新的開始。墨西哥馬雅文化的第五太陽紀如此，印度傳說中「毘濕奴／梵天／溼婆在巨蟒賽夏身上沉睡數千年後甦醒，創造現今的世界」亦是如此。不論哪一種文化都認同前一個遭滅絕世代的存在，也認同現有的世代將滅絕，未來世代的萬物亦會被毀滅。

按照《摩訶婆羅多》記載，宇宙及萬物持續進行著世代交替——梵天創造第一世代，接著由毘濕奴（延續者）接棒維持，最後會毀於溼婆手

小吳哥的毘濕奴雕像，為宇宙的主宰。

中。然而「在宇宙解體後，萬物會再重生，第四地紀克里達紀又會重新展開……」

瘦馬上的蒼白騎士

作為我們現今世代起源的克里達紀被描述為：

毘濕奴化身為英雄羅摩，騎在猴神哈努曼的肩上。

———

擁有永恆的正義。在這個出色的世代中，萬事萬物皆已齊備。沒有因為年齡帶來的疾病或感官衰退，沒有敵意、仇恨、殘酷、恐懼、不幸、嫉妒，或羨慕……6

這讓我們不禁想起古埃及宇宙論中的「第一時」（Zep Tepi）理念。「金字塔經文」中說道：「在憤怒、喧囂、爭吵與騷動來臨前誕生的世代。」

司法與責任之神達摩（Dharma）──可對照埃及的瑪特女神──在印度傳說中，祂在克里達紀以四足行走，到了「所有美德皆消失」的特雷達紀，達摩從四足減為三足。到了達夫帕拉紀又成為二足，而且只會說謊抱怨。那時候的人類心智退化，真理道德淪喪，慾望、疾病和災難叢生。雖然罪惡的橫行造就墮落的世代，但還是有許多人堅守正道。進入現今的卡里紀後，達摩神只能無助地依賴單足，此時只剩下少數人能力守正道：

只剩下四分之一的美德。世界在受苦，萬物墮落，人類變得狡猾……人類之所以不幸是因為他們不配享有幸運。價值觀降低，飲食狼吞虎嚥且不加選擇，居住的城市盜賊橫行……人類受統治者的迫害，也受大自然、饑荒和戰爭的踐踏7。

根據傳說：「卡里紀會走上崩潰之路，直到全人類滅絕。」
對於這一切，天啟之神「迦爾奇」（Kalki, 意為「實現者」）已看見預兆。《薄伽梵往世書》（Bhagavata Purana）曾記載：「卡里紀將滅絕時，君王已形同盜匪，迦爾奇將會以宇宙之神面貌出現。」祂將「騎著白馬，手持光亮如彗星般的寶劍。」祂會處罰惡者，撫慰善者。「接著祂將毀滅世界，之後，新世代的人類將自大地的廢墟中重生。」

救贖的化身

騎著瘦馬的迦爾奇，以天神毘溼奴的化身出現，支持其所創造的宇宙秩序。在印度傳說中，祂被描繪成人類最後的救星和指引，在黑暗時代中拯救美德與良心。

毘溼奴的數個化身一向都現身於地殼劇烈變動（pralayas, 宇宙消融）之後，尤其是毀滅世界的大洪水。我們從古文獻中得知，不管毘溼奴化身

於何種情況，總會有相同的目標，即拯救上古文明所累積的智慧，以作為遺產留存後世。

例如，據說毘溼奴為拯救現今人類的創造者「馬努‧撒亞拉塔」（Manu Satyavrata），化身一隻巨大的魚。在大洪水來臨前，祂警告馬努必須建造一艘巨船，並命令他「將所有生物雌雄各一及所有植物種子裝入船上，然後與牠們一同上船。」洪水發生時，毘溼奴幫忙搖了數天數夜的槳，直至抵達一處山坡。

某日，當大地再度自洪水中浮出，毘溼奴化身為一頭野豬，「潛入海中殺死曾使地球沉沒的惡魔。祂拯救了大地，並使之再度漂浮於海上。」又如本書前文所見，毘溼奴在世代之末也曾化身為巨龜，參與

古印度的智者和聖賢，獻身於探索「現實世界」的奧祕。他們不自我標榜，而是在寂靜的狀態下體驗生存；不穿華麗的服飾，吸收知識以使心靈啟蒙。我們在印度西部的聖城杜瓦爾卡郊外邂逅這位朝聖者，被其卓越的見識和智慧感動。杜瓦爾卡是敬拜毘溼奴的分身——黑天。

「翻攪乳海」。

傳說中毘溼奴也曾化身為「人頭獅身」，扯裂肆虐大地的妖魔內臟。祂也化身為「跨過宇宙並在三處留下足印」的侏儒、在古時引領世界走進正義幸福黃金時代的英雄羅摩（Rama），以及曾經「在衝突年代（卡里紀）之初，前來教導人類信奉愛」的黑天神（Krishna）。

法國東方學者丹尼耶盧作下總結：「在世界歷史的所有關鍵時刻，毘溼奴總是化身成某種特殊人物，引領萬物創造物種及生命型態的進化和命運。」
每當人類滿足靈魂命運所需的知識失落，人類生命不再有目標時，毘溼奴必定會使這些知識再度具有價值。因此在每一個世代循環中，都會有因應新世界情況的新化身[8]。

杜瓦爾卡供奉黑天的神廟杜瓦爾卡提斯，有五層樓高，建在七十二根柱子上。根據該地民間傳說，最早的杜瓦爾卡是被「卡里紀」時的大洪水所吞噬。請注意有天文符號的旗幟。

在印度，所謂「彌賽亞」（Messiah, 救世主）化身指的便是羅摩、黑天以及最後出現的「實現者」迦爾奇。同樣的角色在墨西哥有「奎扎科特爾」（今生永世之王），在英國則有「亞瑟王」（King Arthur）。埃及的救世主就是出現於王朝歷史前，永遠能自死亡再生的遠行者、宇宙之王的半人神歐西里斯。

埃及學家克拉克（R.T. Rundle Clark）的評論為：「歐西里斯能在你處境險惡時拯救你。埃及人稱祂為『宇宙之主』（neb tem）。祂是一個神祕的人，雖承受著苦難但仍威風凜凜。」在傳說和聖典中，祂代表一種「神祕的聲音」，每當世界秩序受到威脅時，祂會帶著威權出面撥亂反正。

克拉克所提到的「救贖之神」歐西里斯，就像是印度毘溼奴的化身。在埃及與印度傳說中，祂們的行動目標一致：「為保護大地、僧侶、神明、賢人、聖典、正義與興盛，救世主將以實體現身。」

古墨西哥的「奎扎科特爾」也扮演相同的角色，祂統領著黃金世代，供獻永生的花朵。

印度智者的預言

人類生命是否具有任何目的或意義？生命是否崇高？或者只是個荒謬的玩笑？

根據古印度智者（印度名Rishis, 或說聖賢、仙人）的說法，人類生命確有其意義，也具有特殊目的。他們將此目的稱為「領悟」（realization）或「啟蒙」（enlightenment）──指的是靈魂在身體中短暫具體化的能力，能夠了解其存在的真實本質。

　　印度智者將我們所認知的現實生活形容為「型式的世界」（the world of form），他們聲稱發現世間萬物並非完全真實，而是一種邪惡的虛擬實境遊戲，我們都是當中的遊戲者，就連最徹底的實證檢驗都無法證明此一複雜狡詐的幻象，這種幻覺具備非比尋常的深度和力量，能使靈魂在追求永生的筆直狹窄道路上迷失方向。研究過中美洲神祕傳說的人，對印度亦有此說法可能會感到奇怪。在中美洲稱這種幻覺為「假象」（Maya），還教導人們如何克服驅除。這些可統稱為「實現科學」的技術，包括對心靈知識一心一意的追求、冥想、打坐、透過研究曼陀羅和揚戟集中心智，以及正確履行儀式的方式。

　　讀者應該還記得古墨西哥也出現類似說法──生命並不真實，只是一場靈魂自死亡中甦醒的夢境。同樣地，編撰於埃及亞歷山卓城公元二世紀左右的《煉金術經文》（*Hermetic Texts*）中亦記載：「地上萬物皆不真實……幻象是現實加工下的產物。」

　　《煉金術經文》教導初入門修行者，必須努力對抗意識無法超越死亡的物質幻象，同時必須「在現世中磨練靈魂，當他進入另一個世界時，才不會迷失晉見上帝的正確道路。」因為這種訓練對靈魂具有極度的重要性，因此《煉金術經文》也哀嘆時間循環將會導致埃及衰退毀滅：「曾是神聖且敬愛神明的埃及，而神明也為獎勵埃及的奉獻，選擇埃及為其在地面的居所，在此塊土地教育人類。」
埃及啊，埃及，你的宗教將只留下後世子孫不會相信的空洞傳說，只有石碑上的刻文能看出你的虔誠。當那天來臨時，人類將會厭煩生命，不再認為宇宙值得虔誠地崇拜……黑暗將比光明更受歡迎，死亡會比生存更有利，沒有人會再仰望上蒼……所有對靈魂不朽的信念，或是對永生的希望，都將受到嘲笑，甚至被視為虛妄[9]。

　　《煉金術經文》中也特別解釋所謂的「所有」與時間循環密不可分。最後會出現如印度聖賢所言的宇宙消融──邪惡橫行，天堂會因宇宙磨坊受到翻攪而撼動：
神明將會棄人類而去，真是悲慘！留下的只有混跡於人群中的邪惡天使，

驅使窮苦之人魯莽犯下罪行，戰爭、強奪、欺騙等與靈魂本質背道而馳之事。大地開始動搖……天體不再支撐眾星軌道，眾星也不再依軌道運行……一切又再回到古老世代。不再有宗教，萬物失序，美德不復見。

當這一切發生過後……神明會旁觀那些倖存者及依舊為惡而反抗祂意志的人。祂會以洪水沖刷大地，以最猛烈的火燄燃燒，或以戰爭和瘟疫驅趕邪惡，恢復世界先前的原貌，讓宇宙再度成為值得崇敬的對象。

宇宙獲得重生，所有美德、自然界中值得敬畏的東西將再度恢復，按神明的永恆意念展開時間演變[10]。

如同《煉金術經文》，印度智者也相信，世界曾有一段長時間的毀滅和黑暗，而且還會再次發生，就像我們現存的卡里紀。人類將完全臣服於假象的巫術，沉溺在數千年之久的愚蠢、鬥爭和貪婪之中。此時毘溼奴神不僅會化身帶來天啟，也會透過「部分化身」──預言家和聖哲，發揮祂的影響力，「對這些天啟加以維護、貫徹及闡釋。」

還有一個能隨時利用以獲得救贖的方法，便是參考印度最古老的宗教著作《吠陀》（Vedas）。

梵文中的「吠陀」一字，意為知識或智慧，古印度認為是用來傳授原始古代的內容，出現時間較眾多現存修訂本的記載日期還要古老。真正的《吠陀》遠在今日所謂的《吠陀》編撰成書的數千年前，便已利用口傳方式「流傳於印度的婆羅門特殊家族之中」。這些口傳內容的原始面貌在歷經一些大災難後已不復見。傳說《吠陀》是由大動亂後存活下來的七位聖賢所創作，他們希望能「在新世代展開之初，保存維護他們所信奉的前人知識。」

埃及也有類似的傳說，記載於「艾德福建築文本」。它也是集「七位聖賢」[11]知識之大成，並說明如何在「初始之時」帶進尼羅河谷，再造天神曾創建的世界：

曾經建立卻又遭受毀滅的古代世界，成為重新創建的基礎。首要工作便是要再造及復興過去曾經存在的一切[12]。

根據「艾德福建築文本」所述，七位聖賢採用的重建方式是興建神聖的「土塚」──替埃及後世的神殿進行規劃和設計。這些大廳「宛若天空」的神殿，被視為能不斷重複生死循環的生命體，所有神殿都可追溯至一個共同的祖先──一個在埃及王國出現前曾真實存在的神殿。讀

小吳哥的寶塔在破曉時分
與太陽嬉戲。

者們在前文中已見過這些神殿在某些方面的確是天空的「複本」。這是
一種帶有知識的精神，以期能在「天地間裝備得當，歷久不衰、永存不
朽。」

不為人知的關聯？

現代挖掘工作已證明，艾德福的荷魯斯神殿及所有埃及著名的神殿和
金字塔，都建築在某種神聖的地點之上。各方也都同意，當中許多地點
曾於過去數千年中一再被利用或持續重新開發。

吳哥地區所有主要寺廟也顯示，在該地點曾出現更為古老的建築。若
非巧合，那麼吳哥的那迦神廟與公元前一萬零五百年春分清晨時刻的天
龍座之間的關聯，就不能完全忽略，而且可能就是沿襲當時在柬埔寨的
原始「土塚」上曾出現過的建築型態。

這個假設並不違背公認的歷史證據——今日吳哥眾寺乃是由公元第九至
第十三世紀的高棉國王下令興建的。只是我們必須接受的事實是，早在
現今的吳哥眾寺建立前，同一地點便已被視為聖地。也許這個摹擬的古

老聖地並不只具有數百年歷史，而是已存在數千年之久。

由於無法證實，在此我們不妨調整一下假設，先忽略在公元前一萬零五百年前曾於吳哥出現的地點規劃。當時的建築師可能沒有任何原始建築可以模仿，只能靠著公元前一萬零五百年春分清晨時刻的天龍座圖樣應該便已足夠。若真有一份天空圖樣被保存並流傳下來，姑且不論是以儀式、傳說，或真實的紙上繪圖方式，理論上應可以提供給將近一萬二千年後的吳哥建築師作為參考。

若我們再進一步修正假設，即並無自公元前一萬二千年遺留下來的實體建築或規劃藍圖，那麼建築師們所依靠的必定是一套精準的天文科學，這一點已被我們證實無誤。埃及建築師能使吉沙金字塔精確地面向正北方，並將天文觀察結果融入每個重要的建築層次，極有可能就是掌握了歲差運動現象及天文效應。

若他們真有此種知識，曾計算過歲差運動，「配備」如此能力的話，想必他們也可以將古老的天空星體位置在心中畫出來。如同古埃及人所言，「能去任何想去的天界」。此種「曼陀羅心像」以一種偉大、持久的建築在地面呈現，在建築師死後仍能存在，並支配所潛藏的力量，喚醒死後數千年人類的心靈。

由此看來，吳哥真正的問題不在於它的建築日期或構造，而在於：

1.為什麼建築上的焦點特別集中在公元前一萬零五百年春分清晨時刻的天龍座？
2.該如何解釋埃及三大金字塔和人面獅身像與吳哥眾寺，竟是模仿同一日期的天空？
3.吳哥（模仿北方天空的天龍座）、人面獅身像（模仿東方天空的獅子座）和埃及金字塔（模仿南方天空的獵戶座），三者正好各模仿公元前一萬零五百年春分清晨時刻的三個天空方位，未免太令人驚訝。
4.三者之間有不為人知的關聯嗎？

遊戲的達人

在埃及金字塔內部有四座狹窄的大角度通氣孔，兩座朝向正北，兩座朝向正南。如前所述，這些通氣孔都是模仿公元前二千五百年天空的星體所建——朝南的兩座坑道各代表天狼星和尼他克星（獵戶座腰帶三顆星

中最低的），朝北的兩座通氣孔各代表次小熊星和首龍星。

首龍星是天龍座的末端星體，吳哥眾寺中的班帝薩雷寺（Bentei Samre）便是與它相對應。次小熊星雖然屬於天龍座旁邊的小熊座，但也對應到吳哥眾寺中的達松廟（Ta Sohm）。

埃及金字塔中，兩座朝北通氣孔所模仿的兩顆星，也可以在吳哥眾寺中找到對應點，或許這又是另一個巧合。可是在勘查過程中，我們總有種詭異的感覺存在於此種奇特又曖昧的古老遊戲中，一種建立在屹立數千年的建築上，宛如一款四大層次的遊戲：

次小熊星
首龍星
大金字塔觀星軸
獅子座
人面獅身像
東
太陽
北
吳哥
月球
西
獵戶座
南
寶瓶座
金字塔群

公元前一萬零五百年春分日出時，位於正方位的星座及其地面的翻版。

第一層：天——天空的星體。

第二層：地——地上神殿如同地面的巨大拼圖，透過玄妙的天文線索彼此相關。

第三層：時間——以緩慢的歲差循環運動衡量，由天文遺跡所指引的主要意義則隱而不見。

第四層：靈魂——萬宗歸一，探索永生。

這個「遊戲」具有自我參照能力的體系，當中互相關連的特性，顯示它是一項智慧型且高度組織化的設計——吉沙的三座金字塔不僅按照獵戶座腰帶的三顆星排列，當中的「大金字塔」也建有指向獵戶座另外兩顆星的朝南通氣孔，以及指向次小熊星和首龍星兩顆星的兩座朝北通氣孔。以天龍座為主體的兩座小吳哥寺廟也出現相同的對應。

整個天地對應型態在加入時間因素之後更為顯著：一邊是吳哥——天龍座，另一邊則是金字塔——獵戶座，二者皆出現完美的對應，並在公元前一萬零五百年的春分日出時刻，隔著子午線遙遙相對。

在這一刻，觀察者也可以發現高掛在正東方的獅形獅子座與人面獅身像，恰位於同一方位。與時間循環有關的獵戶座——歐西里斯的傳說，與古埃及的男女獅神神話，更為這個場景憑添深度。吳哥的那迦巨蟒傳說，同樣牽涉到時間循環與世代的創造和毀滅。

尤其神祕的是，所有傳說更進一步地暗示，靈魂在這些遊戲中扮演更高層級的角色——在偉大的世代中，只有靠具備歲差運動知識和解開深不可測的靈魂不朽問題方可理解。印度文獻中對此提出嚴肅的解釋：「天

神也無法得知死後之事，這是無法靠學習就能了解的。」

還有什麼人能比傳說中在「初始之時」來到埃及的荷魯斯神追隨者「賢蘇荷」、施行魔法的人、計算星星的人，更有資格被稱為這個以追求永生為目標的遊戲達人呢？「吳哥—荷」（Ankh-Hor）在埃及文中代表「不朽的荷魯斯神」。因此任何對小吳哥天龍座和吉沙金字塔關聯性的探索，勢必會牽連到荷魯斯神的傳說。這也是為何艾倫（Richard Hinkley Allen）會在他的權威著作《星體名錄》（Catalogue of Star Names）中提到，賢蘇荷傳說為天龍座「勿庸置疑的參考對象」[13]。

在這個偉大的遊戲中，隱藏於歲差變化身後的星體與寺廟對照關聯性，只有那些「能去任何想去的天界」的人才能解讀，他們必定知道歲差運動每七十二年移動一度的現象，也只有這些人才有辦法將天龍座的外觀，在吉沙金字塔（仿獵戶座和獅子座）東邊七十二經度的吳哥中呈現出來。

然而時間的問題仍舊被罩上一層神祕面紗：公元前一萬零五百年是金字塔和人面獅身像的規劃時間；金字塔中的通氣孔排列則是出現於公元前二千五百年（考古證據已證實）；公元前一萬零五百年也是吳哥那迦眾寺的規劃之時，可是吳哥眾寺直到公元一千一百五十年才完成，而考古證據證實整個吳哥完成於公元八百零二年至一千二百二十年的四個多世紀間。

是什麼樣強大的高階知識來源和共有的靈魂理念，又是透過何種不為人知的管道，才能夠跨越國界，既古老且持續甚久，進而對公元前二千五百年的埃及文化和相距三千五百年後的高棉文化產生如此重大的影響？

還有，為什麼在埃及和柬埔寨兩地的遺跡，全都指向相同的天文年代——公元前一萬零五百年？

譯注：
1.「Kalpa」為印度教的時間單位「劫」，長達四十三億二千萬年。

第十章
無雙奧義

▶吳哥的地面和天空。神廟的建築設計似乎有意吸引人們朝上凝視，並沉思天界諸事。

我們從小吳哥西側入口朝正北方駕車約一公里半後，左側出現一座高六十七公尺，建在天然石丘上，名為巴肯山（Phnom Bakheng）的金字塔形小丘[1]。埃及金字塔同樣也是建築在天然石床上，只不過規模較大。

我們自東側爬上巴肯山，原本的金字塔形輪廓及聖塚，在經過數世紀的風雨侵蝕和人類的行走後已不復在。溼滑的紅土和小石子，讓攀登的路途陡峭難行。山頂上有一座形似寶塔式或階梯形金字塔建築，高十三公尺，底部為邊長七十六公尺的正方形，離正殿共有五階。

巴肯寺的金字塔山，其東側有兩隻石獅像。

我們從東側登上階梯，跟南西北側一樣，此處也呈現約七十度傾角。不論是否真如我們所臆測的為七十二度，但巴肯山的正殿的確正好被一百零八座小塔所環繞。數字「一〇八」在印度教和佛教的宇宙論中，被視為由七十二加三十六得來（即七十二加上自身的一半）。在會造成星體位置改變，為期二萬五千九百二十年，每七十二年移動一度的地球歲差運動中，一〇八也是一系列重要數字之一。這項特殊關係可以從一份模糊的碑文中看出端倪，但迄今未受到考古學者重視。撰文者是當時建造巴肯寺的國王亞索跋摩一世（Yasovarman I, 889～900年），他在碑文中說建立此寺的目的是，「以石塊象徵星體的演變」。

站在巴肯山頂上可將附近一帶一覽無遺——遠處東北方可見荔枝山（Phnom Kulen）神廟，同一方位近一點之處有更大的博山（Phnom Bok）及其頂上神廟，在我們南邊偏西則有豬山（Phnom Krom）及其神廟。

小吳哥在聖湖中的映照。

隱匿於北方叢林中的便是形式複雜的大吳哥王城。東方樹林的另一邊則是神話中的宮殿小吳哥,我們依稀可看出環繞在中央金字塔及祠堂周圍的四座寶塔,就像印度教宇宙論中的彌樓山為另外四座天山(當中一座為曼陀羅山)所環繞。

小吳哥的主要特色在於它既長又大的東西坐向,完全對準春秋分的日出日落方位。除此之外,小吳哥顯而易見的天地對應,也標示出一年之中重要的天文時刻。如《科學》雜誌曾寫道:

有趣的是,小吳哥的西側入口大門按照夏(冬)至點排列,加上原有的春(秋)分點現象,一年當中的四大時點都可以由這個入口處呈現。站在此處看去,夏至日出時可見到太陽由博山(東北方十七點四公里處)頂上升起……冬至時則可見太陽由賓格羅寺(Prasat Kuk Bangro,東南方五點五公里處)頂上升起[2]。

埃及吉沙金字塔和人面獅身像也有類似的天地對應關係。在人面獅身像於春秋分日出面朝東方之時,第一與第二座金字塔的北向堤道(分別面對東北方十四度與東南方十四度),正對齊夏至前後一個月太陽映於地平線上的位置。南向堤道則正對齊冬至前後一個月的太陽位置[3]。

神祕的起源

吉沙金字塔的起源至今仍是個謎，但毫無疑問的，它的發展大約始於公元前二五〇〇年，由古埃及的神王，當時第四王朝的三位法老——庫夫王、卡夫拉王和曼卡拉王在位期間完成。

　　吳哥的情況也是如此。雖然它的起源仍是未解之謎，但主要是在公元第九至第十三世紀間的四位高棉神王手中完成——闍耶跋摩一世（Jayavarman I）、亞索跋摩一世、蘇耶跋摩二世（Suryavarman II）和闍耶跋摩七世。

　　事實上，史學家們能夠精確說出吳哥眾寺開始建立的時間。藉由大量的考古和經文證據，我們可以得知吳哥是在公元八〇二年由闍耶跋摩二世所下令興建。傳聞中他曾舉行一次至今仍無法解釋的儀式，他冊封自己為「宇宙之神」。史學家們也承認對闍耶跋摩之前的高棉歷史幾乎一無所知，只知道在第九世紀之前，幾乎沒有建造石寺，也沒有高度精準的技術。因此沒有確切證據指出吳哥眾寺是承襲古代建築上的演變。

　　關於闍耶跋摩的出身也相當模糊，史學家懷疑他與前朝家族並無直屬的血緣關係（好比曾是母系家族的遠房外甥）。但在後代一份詠讚他的經文中卻稱他「擁有純正皇室血統」。古埃及文獻中也經常將荷魯斯神的追隨者形容為「優秀的法老先祖」。另外我們也聽過，闍耶跋摩是為了拯救人民而成為國王。這正是歐西里斯重生教義中的標準說法。

　　當然這並不能看出埃及對小吳哥曾造成任何直接影響。因為對歐西里斯的崇拜早在吳哥出現的數個世紀前便消聲匿跡。公元三九五年在羅馬帝國統治結束時的古埃及殘餘文化，到了公元六五〇年埃及被伊斯蘭教接收後便不復存在。可是闍耶跋摩二世卻在其後的一百五十年，才在遙遠的柬埔寨稱王。

　　儘管沒有直接的影響力，但這並不會讓我們停止猜測，即吳哥的天體眾寺和金字塔與吉沙的天體眾寺和金字塔之間，是否可能有所謂間接的「地下管道」存在。同樣的，我們也會懷疑相同的關聯性是否也影響了古墨西哥。有這種臆測的不只是我們。一九五五年，偉大的馬雅文化學者寇依（Michael D. Coe）曾發表評論，表示古高棉國和馬雅帝國有著許多「難以解釋的相似性」[4]。

　　這些相似性會讓我們得到何種結論呢？巧合或許仍舊為解釋之一。但這麼多的糾結和複雜性擺在眼前，以統計學來看不太可能是巧合，正如同不太可能有直接影響力的存在。另一個解釋則如我們在前章末所暗示過的，可能有未經證實，既神祕且古老的「第三者」影響力存在。這種

羅洛士的巴孔寺，與聖牛寺和普來蒙里寺構成北冕座中三顆星的型態，顯現公元前一萬零五百年春分開始的位置。巴孔寺建築於比其本身更古老的「人造山」的地基上。

年代久遠而且可能來自古埃及「荷魯斯神的追隨者」團體的影響力，其存在的可能性極低。可是正如神探福爾摩斯在〈四個簽名〉（The Sign of Four）中提醒華生時所言：「當你排除一切不可能的因素後，不論剩下來的可能性有多低，都必定為真[5]。」

北冕座的三顆星

闍耶跋摩二世是如何成為高棉國王？為什麼他會自稱為「神王」？

從經文中可以得知，他是乘船渡海來到高棉，之前的數年都住在一個名為「王者之山」的遙遠國度。他為何住在該地不得而知，有人猜測那個地方便是爪哇島（Java），但無法證實。他在公元八〇〇年來到柬埔寨，看到此處既無法紀又充滿危險，全國上下籠罩在黑暗與暴力的陰影之下。根據法國考古學家科德斯所言：「這位年輕王子在登基稱王前，必須先重新征服國家。」

照經文中看來，闍耶跋摩第一個定都的城市名為「因陀羅城」（Indrapura），確實地點不明，但似乎是個偉大的宗教學習和權威之地。他自願受教於一位名為西瓦加瓦拉亞（Sivakaivalaya）的靈學大師，在碑文中描述此人是「偉大的婆羅門學者」，一個可以「追隨他所有行為」的人。照科德斯的說法，此人是首位「神王教派」的傳教士。

闍耶跋摩從一開始便像是身負重任般，決心要在特定時期內完成特定目標。離吉沙金字塔東方七十二經度的吳哥，正是他一開始便定下的目

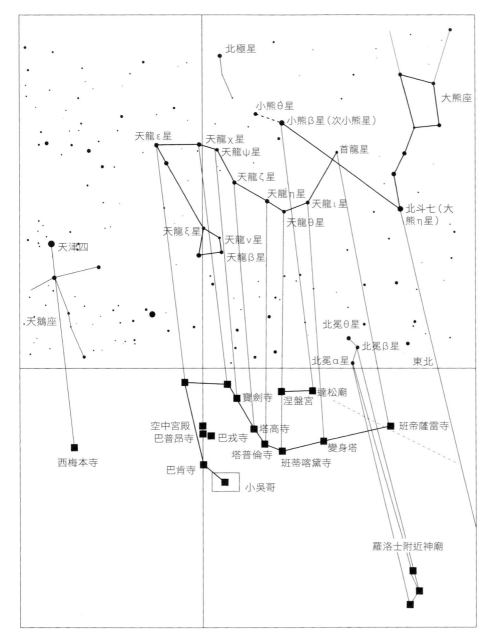

吳哥反映出公元前一萬零五百年春分日出之際，天龍座及其鄰近星座的位置。

標。

閣耶跋摩在因陀羅城停留僅數月後，便和西瓦加瓦拉亞帶著軍隊向北，來到現今吳哥所在地的平原。他們在此地建立一座名稱優雅的城市「訶里訶羅洛耶」（Hariharalaya），也就是現今地圖上所見的「羅洛士」（Roluos）這個地方。

羅洛士上的三座寺廟——兩座可見，一座已模糊難見——其排列方式竟

吳哥的塔高寺，由四位高棉君主在公元九六八年至一〇五〇年間所建，乃天龍座中天龍乙星的翻版。每一位高棉君主似乎竭盡所能去完成天龍座與吳哥之間的天地對應計畫，部分君主只增建神廟或部分的神廟，其他值得注意的是蘇耶跋摩二世和闍耶跋摩七世——在短期之內陸續完成宏偉的建築。

與北冕座（Corona Borealis, 參見附圖一八九頁）的三顆星相同，莫非這又是巧合？位於天龍座旁邊的北冕座，在羅洛士寺廟於公元第十至第十一世紀興建時，是不可能從吳哥地面上看見。由於歲差運動的影響，它和天龍座一樣只出現在公元前一萬零五百年春分清晨的地平線上[6]。這應該不是巧合，原因在於所有吳哥的其他建築都是在公元第九和第十三世紀之間逐漸建立起來，對象也都是公元前一萬零五百年春分清晨的天龍座。除了天龍座之外，周邊其他星座也成為仿照對象，像是小熊座的小熊 θ 星（Zeta Ursa Minor）和次小熊星、大熊座的北斗七，以及天鵝座的天津四。吳哥整體建築給人一種透過有條不紊的計畫，按部就班規劃過的感覺，並且儘可能利用天然地形，結合精確的天文排列型態，並以巨蟒石像和其傳說，凸顯出天龍座的象徵意義。

開創與聖山

　　闍耶跋摩離開訶里訶羅洛耶後，又在一處名為「阿曼蘭卓城」（Amarendrapura）的地方建立新首都，考古學家認為此處位於現今大吳哥王城的西方。之後他又向東遷移四十公里，來到可以俯瞰吳哥平原的荔枝高地，在林木茂盛的山丘上建立了「瑪亨卓帕拉瓦塔城」（Mahendraparavata）。

　　接下來奇怪的事情發生了。根據皇室經文：陛下和西瓦加瓦拉亞來到

瑪亨卓帕拉瓦塔城展開統治。之後他們又請了一位比西瓦加瓦拉亞更博學的婆羅門學者。這位精通更多魔法的學者創立了一項儀式，好讓全高棉只有一位統治者。他將儀式內容傳授給西瓦加瓦拉亞，告訴他如何執行這項神王儀式。

高棉的婆羅門學者都是聰明之士，法國考古學家葛羅斯耶（Bernard Groslier）稱他們為「自印度移居來此或曾在印度修行的聖賢」。他們保存著只有他們能解讀的聖書，撰述銘文並確保天文計算無誤。事實上，有時政治影響力還會自軟弱或年輕的君主交付給某位僧侶。直到吳哥王國消失之前，婆羅門僧侶一直是中心人物[7]。

我們很難不去將這些人與埃及太陽城的天文祭司做比較，他們在幕後扮演國王的塑造者，號稱承襲古人的知識和古埃及文化的精髓。他們也介入新進教徒的受洗，不時發揮影響力，撰寫經文及觀察星象。

太陽城的統治標記為男性生殖器外觀的「伊努」（Innu）石柱和金字塔形的「本本石」，這和高棉神王登基大典儀式所用的標誌完全相同。科德斯在他對小吳哥的權威研究著作中說道：

「皇族的精髓」或某經文所稱「精髓本身」，存在於創造之神溼婆生殖器「林伽」（linga）之中，此物放置在世界之軸上的皇城中央。具有魔力的「林伽」是國家的守護神，被視為藉由婆羅門僧侶之助向溼婆神取得，再上呈給當朝國王。神王與神明的溝通是在聖山上舉行，無論其為自然之山或人造之山……傳聞闍耶跋摩二世必須從山頂上自婆羅門僧侶手中接過此聖物，統治權力方可展開。這也是為何他要遷都至荔枝山的原因[8]。

由來已久的計畫

闍耶跋摩二世並未在荔枝山久留，照經文所說，在他登基之後：「他帶著聖物『林伽』回去統治訶里訶羅洛耶，並將『林伽』放在新建的金字塔之中。」

這塊被放在金字塔中，像本本石的東西被冠以「宇宙之主」（Kamrateng Jagat）的稱謂，神王也常以此自稱。它在吳哥的長期建築過程中屢次被搬遷，甚至曾被放在我們現在的所在處——為一百零八座塔環繞，可俯瞰整個吳哥平原的巴肯山。

研究闍耶跋摩二世在公元八〇〇年來到高棉開始，直到他在公元八五

○年死亡為止的這半個世紀，可以為我們帶來一些啟示，這當中存在著某種模式。如科德斯所觀察，他第一次來到因陀羅城時：「如同翱翔天空找尋獵物的大鳥般，闍耶跋摩二世從訶里訶羅洛耶搬遷至阿曼蘭卓城，再遷至荔枝山，完全是繞著日後吳哥的建築位置。」最後他又回到訶里訶羅洛耶並死在當地，如此正好繞了一圈。

主流學派認為闍耶跋摩是高棉王朝第一位做此種繞行遷都的君主：

他似乎是在找尋未來的國都所在。既要能夠有充足魚類供應的大湖，又要遠離每年的洪水威脅。不論是到荔枝山的沙岩堡壘，或柯拉特（Korat, 今泰北地區）高原及湄南河流域，都要相當方便[9]。

我們並不認為闍耶跋摩此舉純粹出於無聊的動機，或者只是因為擔心魚貨的供給。相反地，他有可能是接受婆羅門僧侶──一個隱匿的天文僧侶組織──的建議，在吳哥周邊尋找天地間的對應點。或許他是想找出遠古時期曾出現過的聖塚[10]，或許他是藉由緩慢的環繞之旅建立及記錄方位，確定各主要地點間的相對經緯度關係（就像吉沙？），甚至可能是為了更新古代流傳下來的殘破文件中所測定的排列與方位。

不只是闍耶跋摩二世，在他之後，還有很多偉大的高棉神王──如同一些也有如此水準及風格的埃及法老──很明顯的都是按照計劃在吳哥興建寺廟，執行一種很久以前便設立好的規劃。

可是這規劃是由誰設立？多少年前設立？目的又是什麼？

我們離開巴肯山山頂遺跡，走下金字塔丘回到平地上。在我們的正北方，可以見到一條被叢林覆蓋的長路，直接通往大吳哥王城的南門。一整片圍場及形式複雜的葬儀寺廟及金字塔，矗立在整個吳哥地區的心臟地帶，當中暗藏著無窮的祕密，神祕如同埃及的吉沙墳場。

複雜的相似性

這種懷疑古埃及和吳哥之間必有某種關聯存在早已非新聞。相反地，凡是曾於十九世紀造訪柬埔寨的人，都深深地感受到吳哥有著非常強烈

的「埃及風格」，某些建築與人面獅身像或是阿布辛貝的巨石像十分相像，當然還有到處可見的金字塔，整體風貌都讓人聯想到埃及的吉沙金字塔。

雖然二者的類似點不勝枚舉，但一般讀者所讀到的內容都不具有科學價值。這些資訊之所以從未被認真對待，是因為多數學者認為高棉文化和古埃及文化不可能有任何「關聯」。所有的相似處皆純屬巧合，因此不具研究價值。

其實這麼說也有道理，特別是顧慮到埃及和柬埔寨之間地理上的遙遠距離，以及古埃及文化早在高棉文化出現前便已消失的歷史事實。不過在我們看來，「巧合」一說已不再是一種安全無誤的解釋。

雖然環境差異極大，但吳哥某些巨大的雕刻，顯然與人面獅身像或阿布辛貝神殿巨像的面孔有著奇妙的相似處。

例如，柬埔寨的一項古傳說認為，吳哥的寺廟和金字塔是由天神的建築師「維斯瓦卡瑪」（Visvarkama）所建，傳說是他教導人類建築的技巧。而在古埃及傳說中，印何闐[譯注1]（Imhotep）是第一位創造金字塔形建築的建築師，也是第一位在建築物之上覆蓋石塊的人，並於後來成為神明。

同樣地，我們也見到埃及和吳哥是如何崇拜巨蟒。兩地都以昂首蛇身

埃及沙卡拉第三王朝法老宙賽所建的階梯金字塔，推測是位非凡的建築師印何闐的設計，前方有一排昂首張冠的眼鏡蛇，為古埃及王族頭飾上的標誌。

作為建築裝飾，都將其視為半人蛇[11]或完全的蛇形，也都以昂首擴頸的蛇頭作為表現方式（埃及法老頭戴皇冠上的聖蛇裝飾可為代表）。

在埃及和柬埔寨，巨蟒能來自天上或地下。通常是屬於陸地（或甚至水中）動物，但也經常遨遊於空中。這種模稜兩可的解釋能在《冥府之書》中看到，古印度經文《夜柔吠陀》（Yajurveda）中也曾提到，「不論是在大地、天空、天堂，都能看到那些蛇。」

另外，在埃及和古柬埔寨，巨蟒也經常被視為永生和宇宙循環的象徵。十五世紀埃及亞歷山卓城作家赫拉波洛（Horapollo）曾寫道：「當埃及人要表現宇宙概念時，便會使用各類尺寸的巨蟒。這些吞噬自己尾巴的巨蟒完全仿照宇宙中的各星體。」在圖坦卡門的小金殿中，便利用一條蜷曲的巨蟒「啣尾蛇」（Ouroboros）代表重生與更新的力量：

人們認為太陽神每晚都在「啣尾蛇」的體內獲得新生。除了以無限大軀體涵蓋全宇宙的「啣尾蛇」之外，另一條名為「麥特威」（Metwi, 雙繩）的蛇則代表永恆的時間[12]。

這讓我們想到那迦巨蟒賽夏（存活者），或稱「阿難多」（無盡），同樣是以其身軀環繞宇宙。另外印度和高棉的「溼婆林伽」

埃及沙卡拉第五王朝烏那斯王金字塔堤道中，眾星辰中的蛇形雕飾。古埃及人想像很多與宇宙功能有關的蛇，和吳哥那迦的故事類似。

（Shivalinga），和古埃及本本石一樣，上面也經常刻有巨蟒的圖案。

沙卡拉宙賽王階梯金字塔北側，小禮拜堂中國王的雕像。古埃及人視雕像為死者生命力的容器。

靈魂的居所

古埃及人相信並且衷心期望，死去的法老靈魂將會升天，「王啊，你是偉大的星，與獵戶座並行跨越天際，與歐西里斯遨遊杜埃冥府。」

古柬埔寨人也同樣相信，當神王死後靈魂會升天。傳說中也聲稱維斯瓦卡瑪建立吳哥寺廟後，「天上的神明都前來這片祂們從空中俯瞰的樂土。」此外，吳哥也和位於上埃及的艾德福荷魯斯神殿一樣，是模仿更早期的寺廟所興建，而這個更早期寺廟的模仿對象則是天體，「這份規劃是由『兜率天』（Tushita, 欲界第四層天）中的神明繪成。」

根據古埃及教義，只有「裝備得當」的靈魂才能成功度過杜埃冥府的危險。這些靈魂利用生前學到的天體循環的神祕知識，培養出自我約束力和洞察力。埃及「金字塔經文」稱這些靈魂能「掌控天地」，在經過無數次重生後便能獲得不朽的永生。

高棉神王也是透過宇宙循環的知識追求永生。這就是為什麼在眾多吳哥的重要石碑上，都有重大歲差運動年份的時、分、月、日記錄，目的在使這些巨大建築能夠融入靠不懈追尋方可探知的祕密。

史學家在評斷古埃及和古柬埔寨時常犯一個錯誤，就是他們假設建造這些龐大又充滿霸氣建築物的君王都是「誇大狂」。有趣的是，這種誇大狂的稱謂，一直以來都被用來形容埃及法老和高棉君王，因為這是兩種文化間唯一明顯的相似之處。但是主流理論卻從未對相隔如此久遠的年代下，各自在兩地進行驚人的建築規劃一事提出過合理解釋。尤其是他們並未考慮到，埃及的金字塔和人面獅身像與高棉的小吳哥和大吳哥王城，其興建目的可能並非完全源自君王的自大和自我誇張的欲求，而是來自於某種利他主義——希望帶領人類與他們一同進入靈知啟蒙的探求。

這樣的可能性值得我們認真考慮。畢竟在埃及金字塔中從未出現過與下令興建的法老相關的刻文，更別說哪裡可看出他們有誇

大金字塔的建造者庫夫王名號的銘刻。庫夫王名號通常只出現在採石場的塗鴉記號中，此一圖記非常罕見。

▲涅盤宮的中央祠堂，被
兩條盤繞的那迦蛇包圍。
當神聖的小水池注滿水
時，代表人類靈魂的飛馬
（Balha）將緊緊攀住每一
邊，並游向神殿。

▼在旱季所拍攝的飛馬。
乃「世自在王」菩薩的顯
現，飛馬的任務在將靈魂從
「生命海洋」中解放出來。

大狂的跡象。同樣地，吳哥中亦看不出任何可支持君王有「自我誇耀」理論存在的刻文。

如讀者先前所看到的，公元一一八一年至一二一九年統治高棉的闍耶跋摩二世曾在石碑上清楚地表示，他建造吳哥的目的是，「對世界充滿了深切的同情……賜給人類永生的珍饈……利用這些建築，我可以拯救為生存而掙扎的人類。」

另一位相對較為謙遜的高棉王羅貞陀羅跋摩（Rajendravarman），則表示他興建寺廟的目的是出自「對達摩的熱情」（達摩：意為法律、平衡、正義、正當秩序等），此一概念非常類似古埃及的「瑪特」（意為宇宙正義）。他並意有所指的說明，這份「祈求」，也就是他的建築方案，「凡是為了追求永生都應該盡量去實現」。

至於由闍耶跋摩二世所興建的寺廟涅盤宮（Neak Pean），外型精緻美觀，當中還有池子與小島，其目的是希望「成為人類在跨越生命海洋時的渡船」。

在吳哥另一座金字塔寺廟的碑文上記載，闍耶跋摩二世最終以這艘船解救自己：

靠著它我可以擁有不朽的永生。不論是誰替我將其保存，那些親屬、朋友或陌生人，我都希望他們能被帶至天神的住所，在每一次獲得新生之時皆能面帶微笑……13。

在埃及，離吉沙南方僅十公里處的沙卡拉（Saqqara）的第五和第六王朝金字塔，也出現極為類似的經文，可追溯至公元前二十三世紀，同時也與太陽城的智慧養成中心有關。當中記載萬能的太陽神阿圖（古埃及傳說中相當於印度的毘溼奴／梵天／溼婆）「以其手臂環繞國王、太陽城及金字塔……使國王的精神得以長存……保護太陽城不受眾神和死者介入，防止任何邪惡發生。」

在同一篇經文後段我們讀到，死去的法老會以某種神祕形式與金字塔及歐西里斯神做結合，有如人與石頭合為一靈體。法老、歐西里斯神和金字塔三者形同一體。

人神合一的概念，在將近五千年前的古埃及文明發展之初，顯然就已發展成熟，這一點的確令人感到好奇。但更令人好奇的是，相同的概念竟也在將近四千年後的柬埔寨文明中出現。根據法國學者馬斯（Paul Mus）和科德斯的說法，小吳哥的金字塔陵墓「與其說是死者棲息之處，

▲▶在吳哥，人們相信雕像為靈魂的棲息所。雕像的儀式在今日的吳哥仍可得見。

倒不如說是一種替換人類肉身，讓靈魂得以續存的新建築個體。」

存活的形象

「人面獅身像」一詞，源自古埃及文「sheshep ankh」，意即「存活的形象」。

以金字塔作為死去的古埃及和柬埔寨國王新身體的概念，同樣也表現在儀式和雕像當中。

在吳哥的葬禮儀式中，會以死去國王的雕像代表他的「尊榮肉體」，並相信帶有靈魂的雕像能投射出死去君王的未來命運。古埃及同樣以雕像作為靈魂的棲息所，這當然也是一種物化的象徵。二地文化都視雕像為「存活的形象」（sheshep ankh）[14]。

再往更複雜的層次上看，還有一個類似的地方——古埃及和柬埔寨人都相信必須要舉行某種儀式，才能賦予這些雕像生命力。

在吳哥，這種儀式稱為「開光」（opening of the eyes），當中會利用許多工具為雕像淨化、燻香和塗油。儀式的高潮是以鐵釘象徵性地為雕像開光。只有在完成這道步驟之後，雕像才能視為被灌注了活力及死去君主的神性，成為人間和永生的橋樑。

古埃及也有類似的開光儀式，當地稱為「開光與開口」。它牽涉到淨

化，對雕像焚香和塗油，並使用隕石鐵及石頭等工具。儀式的高潮則是以名為「皮塞斯卡夫」（peseshkaf）的工具觸摸雕像的嘴。

通常雕像的兩隻眼睛也會以特殊工具加以觸摸[15]，之後該雕像便可以靈魂不朽的「構造」起作用，內部被視為存在著不朽的靈魂。

古埃及和高棉兩地為雕像注入生命的儀式何以如此相似？甚至連名稱都如此雷同？難道二地之間真存在著某種關聯？我們同意直接關聯性並不存在的看法，但若非巧合，又該怎麼解釋？

靈魂的輪廓

古埃及對靈魂的概念和其他概念一樣，早在歷史開展前便已發展出一套成熟的系統。此概念體系至少有四項主要特徵，它們分別是：

1. 「卡」（Ka, 意為「成雙」）：代表死者的守護天使，獨立於人體之外，並可隨時進入任何靈魂雕像。根據埃及學專家布來斯泰德（James Henry Breasted）的說法，「卡」是在人死後指引其命運的精靈。埃及人相信死後都會見到「卡」正在某處等他。

2. 「巴」（Ba, 意為「心靈」）：也是「卡」的一種，以人的形態出現，擁有讓死者續存的能力。其特色為可以無拘無束的行動。埃及學家奎爾克（Stephen Quirke）曾注意到，「巴」在古埃及藝術中常被描繪成飛翔的燕子，或是人頭燕身，代表無可剝奪的自由。

3. 「阿巴」（Ab, 意為「心」）：與靈魂緊密相連。根據埃及學專家布奇爵士（Sir E. A. Wallis Budge）的說法：「人心的保存最重要，在接受審判時，心和肉體的審判是分開的。心是精神和思考的中心。」

4. 「沙烏」（Sahu）：最後審判時將進行辯解，為靈魂進化的最高層次，或為靈體，「akh」住在其中或成為變形的靈魂，像飄渺之物，不會死亡，渴望「不朽的生命」。在古埃及文中「akh」（阿卡, 亦寫作akhet，即「地平線」之意）代表「光」、「輝煌」、「光輝」、「光亮」的概念。

吳哥的神王帶有類似「沙烏」和「阿卡」的概念，希望能於死後棲息於聖身之中，以散發出精神的光芒。

古埃及修道者的目標便是想讓自己成為具有永生能力的「阿卡」。他

們知道要成為聖靈前必須先超越死亡，忍受冥府的煎熬，才能在歐西里斯審判廳裡進行「言語評量」。如同本書第二部中提到的，要達到這個目的，單靠道德和行為舉止良好是不足以使修道者獲得精神的轉化，只有靠具備宇宙間的知識，才能獲得心靈上的啟蒙。

這一點不知是否與闍耶跋摩七世所言「至高無上的啟蒙道路」相同——全心全意的奉獻，幫助了解現實的獨一無二奧義，永生者在三界中皆詠讚的律法。

古埃及對靈知探索的經文也能在柬埔寨的刻文上看到。例如，闍耶跋摩的妻子闍耶拉闍提薇（Jayarajadevi）便致力於追求聖賢之學，而她姊姊的智慧較許多哲學家有過之而無不及。由此可看出，「在國王的支持下，對知識的追求亦延伸至女性，知識本身便是一種珍饈。」

吳哥對知識的崇敬，使君王相信可以藉由偉大寺廟的規模及象徵，拯救人類於苦海之中。只有靠不懈的追尋方可取得的這些知識，可以驅除現實世界的可怕假象（Maya）。古埃及和高棉的國王都相信，作為一個具有知覺的生物，其神聖職責便是去探索人類生存的奧秘。在追尋的過程中，或許他們發現的只是一些基本真理：當心中的慾念消除，心結打開，人類便可獲得永生[16]。

在古埃及的觀念中亦是如此。靈魂精神之所以得見，乃經由高棉君王所進行的靈知啟蒙——在剝離幻象的外衣之後，凸顯出宇宙運行之道，也只有具備完整知識才能成為箇中高手。

彩虹之橋

現在我們抵達橫跨護城河，通往大吳哥王城南面入口的長橋。在我們前方的是分立於兩旁的一百零八座巨型石像，每邊各五十四座。以那迦巨蟒的蛇身為繩，進行拔河似的動作。

在古代，這座橋被視為是分隔神人之界的彩虹。傳說通過此處的人便會進入天界，同時在橋的另一端也隱藏著一個天大的祕密。

譯注：
1. 約為公元前二九八〇年代的人物。為古埃及第三王朝第二位法老賽的御醫，曾任宰相、大法官、大祭司、農業大臣、建築總監，有「建築、工藝與醫藥之父」之稱。

第十一章
天空極點

▶大吳哥王城南方入口的巨大「世自在王」菩薩臉孔。一般認為其造型是以大吳哥王城的建造者，高棉的神王闍跋摩七世為樣本。

蜷曲的天龍座就像希臘神話中被龍守護的金羊毛，為天空眾星所包圍。它的位置永遠固定在天空深處，可能幾個世代都難得見到。現代天文學家稱它為「北黃極」（ecliptic north pole），與「北天極」（celestial north pole）呈現二十三點五度角。北天極是延伸至天際的地軸線，就像每個學童都知道的，其與垂直線呈二十三點五度角。

你可以想像一枝極長的鉛筆穿過地球中央，從南極進入，再從北極穿出，再繼續向前延伸，北天極就是這枝鉛筆在北方天頂留下的「記號」。在現代，北天極非常靠近我們俗稱的「北極星」。不過由於地軸歲差擺動的關係，並不會永遠正好與北極星碰觸。相反地，每隔二萬五千九百二十年，北天極會在天空中繞上一大圈再回到原點，與其他星體時遠時近。

北黃極為位於這個大圓圈中心的一個固定點，北天極以其為圓心旋轉。由於它位於地球軌道平面正上方的中心，因此也被視為「上帝的極點」。這可能就是在某些重生經文中，古埃及人心中所認為的「偉大栓柱」[1]。北黃極的位置永遠都在天龍座的中心，介於天龍座「天龍ξ星」（Grumium）和「天龍χ星」（Chi Draconis）之間。

此時我們不禁要問：天空中如此重要的一個「點」，是否也能在地面的吳哥眾寺中找到對應？

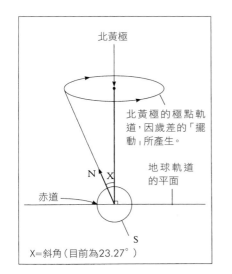

圓圈中央的北黃極位置，是由北天極的軌道所形成。

圖中文字：
北黃極
北黃極的極點軌道，因歲差的「擺動」所產生。
地球軌道的平面
N
X
赤道
S
X＝斜角（目前為23.27°）

歲差運動的模型

我們緩慢走過通往大吳哥王城的南面入口，橫越在滿是青苔的護城河上的這座長橋。橋上的左右兩側各有五十四座平行排列的巨大石像，一邊為提婆，一邊為阿修羅。這些雕像全都向後傾，拉住巨蟒婆蘇吉的身

進入吳哥的橋上，有那迦護欄及平行排列的提婆與阿修羅石像，象徵「翻攪乳海」。這張照片是面向南方入口大門，從南向北拍攝。

體，全身肌肉暴脹，儼然是一幅「翻攪乳海」的象徵畫面。

這幅景象的創作理念與小吳哥東南面牆上的壁畫內容完全相同，表達的也是同一個傳說。但此處的立體景觀顯得更為有力，更能引發觀賞者的想像。熟悉「翻攪乳海」的人應會好奇地想到，故事中的曼陀羅山（被神、魔當作翻攪的「工具」）是否也能在此處找到。對具備「去任何天界」能力的高階修行者來說，石像的數目可能還會讓他們聯想到歲差運動是每七十二年移動一度，七十二加上其半數三十六等於一百零八，一百零八除以二等於五十四。

若朝聖者繞行大吳哥王城長十六公里的周長一圈，將會發現南面入口跟其他五座入口一模一樣。入口處為一窄長形的拱頂樑托，其上有四塊神聖巨大的面像（法國探險家穆赫〔Henri Mouhot〕曾於一八六一年將其形容為「埃及風格的四巨頭」[2]）。這四座面像各自精確地面向東南西北四個方位。同樣的入口在東面有兩座，北西南面各有一座。每道入口都以橋相通，每座橋上（好比我們現在跨越的橋）皆有兩側各五十四座、共一百零八座雕像，總計五百四十座——又一次與歲差運動的七十二數字有關。如桑提拉納和戴衡德在所合著的《哈姆雷特的磨坊》中所說：「整座吳哥是歲差循環的巨大模型。」

受到啟蒙的人

和專門祭祀印度教毘濕奴神的小吳哥不同的是，大吳哥王城是一座佛教聖地。入口處的巨大面像並非印度教的神明，而是在柬埔寨被稱為「世自在王」（Lokesvara）的佛教神，別處的佛教徒稱其為「觀世音菩薩」（Avalokitesvara）——能眼觀八方之神。寧境沉思的面貌，兼具男性的力量和女性的柔和，被視為是闍耶跋摩七世（統治期間公元1181～1219），即大吳哥王城建造者的面容。學者們同意闍耶跋摩七世自認為世自在王：「他是一名熱情、活躍的佛教徒。大乘佛教及其體制、菩薩中寬恕之神和主宰世界之神的觀世音菩薩，都是他當政時最廣為崇拜的神明。」

　　菩薩（Bodhisattva）概念是「大乘佛教」（Mahayana, 意為「偉大媒介」）學派的中心思想。該學派認為靈魂可經過無數次的演化及重生，直到擺脫可悲的物質束縛：

國王問道：「那迦舍那尊者，有人死後無法轉生嗎？」

長者回答：「有些人可以，有些卻不行。」

「他們各是哪些人呢？」

「陛下，心中仍腐敗者會轉生，反之則不會。」

「那麼尊者你呢？」

「陛下，若我心中有牽掛，我將再次轉生。若我心中無牽無掛，則不會再轉生。」[3]

　　心中的牽掛必須在虛幻之城「桑撒拉」（Samsara, 輪迴之意）中破除[4]。靈魂必須在此一物質型態的世界中歷經不斷的自我修煉和淨化，以期達到「三摩地」（samadhi）境界，即完全的泰然自若，是人在具備肉身時能夠達成精神集中的最高境界……是想自生死循環中解放的先決條件。

　　可是，就算完成這個階段，也並非所有靈魂皆會選擇「涅槃」（Nirvana, 從痛苦中解脫）。根據大乘佛教的說法，有一些菩薩基於無私和對人類的熱愛，會延後自己成仙的時間，一再轉世到人間，並以教師和嚮導的身分教導人類脫離苦海。

　　所謂的菩薩就是即將成佛者，據說悉達多（Siddhartha, 釋迦牟尼本名），即佛祖，約在公元前六世紀悟道成佛，而佛（Buddha）指的是大徹大悟之人。不願成佛的菩薩也可以轉化為肉身幫助人類，尤其是在特殊需要出現時：

空中宮殿。此一天文儀式的
場景，是否牽涉天龍座並
記憶在高棉的神話之中？

佛家相信每隔幾千年才會有一名成佛者出現，如此人類才不會失去援助。
為了保存純正教義，菩薩們會再現身於人世……5

　　印度教和佛教的菩薩雖各有不同，但亦有相似之處。如富有寬恕之心
的觀世音菩薩，就與印度教的毘溼奴神化身概念相同。兩者都有自我再
生的能力，擁有不朽之身和博學知識，也都選擇下凡幫助人類度過精神
和肉體的危險，由此可看出兩者並無多大的不同6。除此之外，印度教中
的「迦爾奇」（Kalki）和佛教中的「彌勒」（Maitreya）也很類似，祂們
都會來到人間清除邪魔，並且重新提倡純正的古代教義。

星體的交媾

　　大吳哥王城本身是一處包含眾多寺廟的神聖巨大建築，當中最為突出
的有三處：空中宮殿、巴普昂寺和巴戎寺。
　　空中宮殿——天堂之廟——是由蘇耶跋摩一世（公元1002～1050年）所

改建。這是一座底部為長方形的階梯式金字塔，長寬各為三十五公尺和二十八公尺。外觀極似馬雅的階梯式金字塔。

我們沿著陡峭但仍完好的西面階梯爬到頂端的神殿中。在這露天的祠堂裡，傳說曾是神王和那迦巨蟒交媾的地方。

這段傳說是一位中國派至高棉的使者周達觀在十三世紀末所記載。他聲稱祠堂之中「聞內中多有奇處，防禁甚嚴，不可得而見也[7]。」他對祠堂的形容是：

其內中金塔，國主夜則臥其上。土人皆謂塔之中有九頭蛇精，乃一國之土地主也，係女身，每夜則見。國主則先與之同寢交媾，雖其妻亦不敢入。二鼓乃出，方可與妻妾同睡[8]。

一般認為這篇奇怪的故事只是一種原始的迷信及鬼怪之說。但是若聯想到空中宮殿所呈現的精準坐北朝南方向，如同許多現代觀測所一樣，另一個可能性便浮現出來——「國王與蛇精的交媾」有沒有可能是在暗喻對天龍座進行天文觀測？

畢竟，從周達觀的遊記當中，我們得知古代吳哥有得是「精通天文而且會計算日月盈虧之士」。我們也從他處得知，在吳哥，天文學被稱作「神聖科學」，凡是毀損天文手稿和記錄的人皆會被視為罪犯，並處以永世的責罰。因此我們不難理解，為何天龍座在吳哥被稱為「一國之土地主」，特別是天龍座像極了地面上吳哥眾寺的事實。還有，面向經線呈南北坐向的空中宮殿等寺廟，可能一直都是高棉神王用來觀看天龍座等星體的觀測所（甚至今天許多天文觀測所也在這樣的方位上）。

傳說中也提到柬埔寨文明的創始者——居住在神祕先史時代的半人神乾提耶（Kaundinya）和柬埔（Kambu）。據說他們是自海上乘船先後來到柬埔寨。當乾提耶第一次上岸時，便遭到美麗的那迦公主襲擊，乾提耶戰勝公主，最後二人結為連理[9]。柬埔也同樣於其後娶了那迦王的女兒。傳聞柬埔在結婚之後，便在一處河谷地帶建立王國。當地人被稱為「柬埔闍」（Kambujas），或是柬埔之子。之後當地又被改名為柬埔吉（Cambodge），最後演變為今日的柬埔寨（Cambodia）。

從這段傳說中可以看出，以神廟和神王作為代表的吳哥，從一開始便充滿了與天龍座「結合」的寓言故事。

聚焦在不同星座的概念體系，在古埃及至少遠溯至古王國時期，而且幾乎一樣興盛，這會是個巧合嗎？

在「金字塔經文」第三六六段中，我們看到此一體系的片段。法老急欲確認本身就是獵戶座，即最高神祇歐西里斯的天體複本，然後與索西斯（Sothis, 天狼星）「結合」，即星體形式的不朽妹妹艾瑟絲女神：「你的妹妹艾瑟絲來到跟前，與你相愛。你將她放在生殖器上，你的精液流向她，她準備成為索西斯[10]。」

在《獵戶座之謎》一書中，作者包瓦爾提出有力的說明，證明舊王國時期的法老可能也參與在埃及大金字塔中，此一象徵性場景的重演。他展現出「王后室」的南方通氣孔指向公元前二千五百年天狼星在子午線上的變化，很可能就是特別設計成扮演「星體交媾」的角色。

我們懷疑這與大吳哥王城的空中宮殿頂端所發生的事，可能並無太大的差異，即神王與天體象徵性的「結合」。只是在吳哥並非與天狼星——艾瑟絲之星，而是與天龍座——那迦星座。

某種形式奇特或不太可能發生的肉體與星體的交媾——這類象徵性意義不見得會輕信於遠古時代。但這類象徵也可能是對所有入門者（不是為了一般大眾）提供一種存在於天地之間理念的暗示。神王透過持續的角色扮演，以期將智慧提升至較高的境界，到最後可以宣稱自己：「我在天空中占有一席之地，成為支柱及星體……我是一條蛇，盤繞無數圈；我是神書的撰寫者，所言甚是或帶來反面言論[11]。」

忽上而下

離開空中宮殿後，我們向南走到巴普昂寺。它是由「優陀耶提跋摩二世」（Udayadityavarman II, 公元1050～1066年統治高棉）所建的金字塔形山丘。它矗立在長寬各為一百二十和九十公尺的長方形地基上，高度逾五十公尺。中國使者周達觀特別被它的外觀所吸引，形容它為「……有銅塔一座。比金塔更高，望之鬱然，其下亦有石屋十數間。」

金字塔中心為一人造土丘，頂端的巨大寺廟據說曾是溼婆林伽的祠堂。再一次且顯而易見的，我們又看到了與埃及太陽城「高沙」類似的特徵——阿圖神的高丘被有著神聖本本石的神殿所包圍。

巴普昂寺之所以殘破不堪，是因為：
建立地基的時間不夠，巨大的石塊又太快入定位。經過數年安然無恙後，明顯的裂痕開始出現，終於再也無法承受這座龐大建築[12]。

雖然有過這些災難，但中心仿彌樓山型態的金字塔外觀依然可見。法國東方學者科德斯解釋說，據信巴普昂寺「有一個隱藏的部分，能上天下地無窮延伸。」

　　我們可以拿這段話和公元二世紀造訪埃及的羅馬旅行家亞利斯提德斯（Aelius Aristides）的話對照：

我們懷著崇敬之心站在金字塔的頂端。但我們不知道它到底有多高和有多深。傳教士是這麼告訴我的[13]。

　　看起來吳哥和吉沙都對「金字塔」抱持獨特的看法，也就是金字塔的上下段具有相等長度，也可說以地表為界，在地底下還有一座等高的金字塔。

　　像這種富有原創性的獨特想法，在相距如此久遠的兩個文化中「獨立且自發性地發展」[14]，這是合理的嗎？

　　桑提拉納和戴衡德在他們的神話研究中結論道，兩個應該無關的傳說中所同時產生的不尋常現象，這點引起我們的好奇。他們說：「雖然我們聽到這麼棒的傳說和寓言，但是型態上的相同特徵卻並不只是故事敘述而已。」

神祕的數字：七十二

　　研究過吳哥的許多旅行家和學者都注意到，石碑上表現出某種數字特徵，而且有些數字還一再出現。可是一直到桑提拉納和戴衡德破解歲差數碼以前，沒有人看出這些數字的奧祕。眾人都以為：

這些數字只不過是玩弄數字魔術和以藝術型態彰顯出遠古傳說罷了。高棉人一定是認為，既然建造一座毘溼奴雕像是好事，那麼造成五十倍大不是比造五十座雕像更好[15]？

　　當然建造的雕像不是五十座，而是五十四（七十二、一百零八和二百一十六等數字）。要不是研究者對宇宙循環中歲差運動的數字有概念，這些小細節也不會被注意。

　　可是很不幸地，學界直到今天還是對《哈姆雷特的石磨》一書中的驚人發現一知半解。結果造成吳哥遺跡中許多明顯的歲差運動相關特徵，就這麼被忽略掉[16]。

塔普倫寺的入口（上）和內景（下）。為天龍座的天龍η星與吳哥天地規劃的地面複本。塔普倫寺為闍耶跋摩七世所建。

所以我們也不能為此責怪《國家地理雜誌》編輯賈瑞特（Wilbur E. Garret），他在一九八二年五月號的一篇文章上，完全沒注意到對吳哥統計數字中的重要之處。在文章中，他只平淡說出「吳哥有七十二座石造寺廟」。

事實上，這七十二座建築中，又各自利用到五十四和一百零八等與歲差運動有關的數字（別忘了吳哥位在埃及金字塔東方七十二經度處）。這在我們看來，暗示這就是吳哥的整體規劃。此外，要是真有此種規劃存在，一定是發生於最初至吳哥寺廟建築最晚與歷史相隔絕的年代當中——也就是闍耶跋摩二世統治算起的公元八○二年，到闍耶跋摩七世死亡為止的公元一二一九年之間。

建築規劃藍圖

波蘭學者克拉撒（Miroslav Krasa）在一九六三年出版的書中寫道，「吳哥之謎在被發現後的一百年便已完全解開。」這個說法至今仍被許多學者們所贊同，而且的確也發現大量有關寺廟及其建造者的訊息。儘管如此，我們還是認為有一些極為重要且明顯未解之謎仍有待解釋。包括：

1. 為何吳哥這片聖地會在公元第九世紀初突然出現？
2. 為何吳哥的建築如此有系統性，而且在約四百二十年間持續不斷地擴大規模？
3. 為什麼在如此偏遠落後的柬埔寨，會出現如此驚人、史無前例，比印度寺廟更加壯觀的建築？
4. 為什麼在闍耶跋摩七世於十三世紀死後，吳哥寺廟建築便停止，而且此後不再有新建築出現？但當地至少一直到十六世紀都還有人居住。

吳哥的統治者為了某種非在特定時期內完成不可的原因，而進行這樣的建築規劃，此種意圖為這些謎團提供了一個解釋。公元前二千五百年的吉沙也有類似的建築規劃，同樣能解釋為何突然出現的埃及金字塔及沙卡拉中有著金字塔經文的小型建築之謎。埃及第四、第五和第六王朝的偉大文化成就，可說是史無前例而且後無來者。而埃及金字塔內的雕畫和經文，也和吳哥一樣歷經約四百二十年的時間才完成（公元前

巴戎寺的浮雕，顯示闍耶跋摩七世騎馬的英姿。

二五七五年至公元前二一五二年）。

闍耶跋摩二世可能在公元八〇〇年渡海來到柬埔寨時，便攜帶著這樣一套建築規劃藍圖。或者他也可能是在公元八〇二年，從教導神王儀式的婆羅門僧侶處得來。但這些都只是我們的猜測。不過在他繞行吳哥一周的四十年間，這一整套的建築規劃可是始終如一。事實上，每一位當時的高棉統治者都竭盡所能地興建寺廟，特別是蘇耶跋摩二世和闍耶跋摩七世兩人，兩位君王都在極短時間內增加寺廟數目。而這些君王並非都處在太平盛世，大多數是一邊對抗入侵的蠻族，一邊整治造成氾濫的湄公河。可是他們最終還是完成了七十二座偉大的天地對應建築。

裨益人類的建築

闍耶跋摩七世的一生和功績也是值得研究的對象。在他統治的三十八年期間，不但毫不停歇地完成規模宏大的大吳哥王城，也完成了塔普倫寺、班蒂喀黛寺、涅盤宮、達松廟、皇家浴池（Srah Srang）、鬥象台和癲王台（Elephant Terrace and Leper King's Terrace, 都在大吳哥王城）、牛場寺（Krol Ko）、聖琶麗寺（Preah Palilay）、十二生肖塔（Prasat Suor

▲◀塔普倫寺。
▼漁夫在巴戎寺護城河中
捕魚,為一「無限神祕的廟
宇」。在天龍座與吳哥的天
地規劃之中,其位置標記為
北黃極。

───────

Prat)、寶劍寺以及巴戎寺。

可想而知,學者們會將闍耶跋摩七世視為一名誇大之徒,認為他全是
為了一己之私才拚命建造這些寺廟,一個評論家還說他是「具有無情意
志的狂躁者」。可是如果仔細去看,便會發現他所建的這些寺廟,有許
多都正好與天龍座的主要星體相對應,另外有的則是仿照天龍座旁的小
熊座──位置都在公元前一萬零五百年春分清晨的天空中。

說得更清楚一些,闍耶跋摩七世刻意在地面上仿照星體位置的建築,
當中包括大吳哥王城、塔普倫寺(建於一一八六年)、班蒂喀黛寺(應

是當中最早建立者）、涅盤宮、達松廟、皇家浴池、寶劍寺（建於一一九一年），以及一二一九年最後才興建的形狀奇特的巴戎寺。

也許這些都是巧合，也許現代史學家稱他為誇大之徒是一點也沒錯，因為他竟在這麼短的時間內，以近乎瘋狂的速度，毫無規律且無節制地興建這麼多建築。但根據我們所讀到的刻文，闍耶跋摩七世一點也不瘋狂或自大。相反地，他在刻文中清楚陳述這些寺廟是偉大計劃的一部分，是「為了替在生存中掙扎的人們尋求永生」。我們也知道，他將吳哥寺廟視為可達成此一目的的工具，因為它們具有特殊的「曼陀羅心像」特質。

因此也有一種可能是，他為了人類福祉，於是承襲前代國王的使命，並在他的執政期間內完成此一神聖的天龍座「曼陀羅」。這些歷代君王所採用的，全都是闍耶跋摩二世所遺留下來的建築規劃。

有關這份建築規劃的來源是有脈絡可尋的。讀者們應還記得，闍耶跋摩二世曾提到一群智者（婆羅門、聖賢、天文僧侶、天師）──他們知道如何修煉，也知道神王應如何行事。若吳哥的使命是為了完成這份來自隱身幕後、強大組織的建築規劃，而且闍耶跋摩七世也真是為人類福祉設想，那麼便可以解釋為何整個建築活動會在闍耶跋摩七世死後便終止。簡單的說，在整個天地對應規劃完成之後，已經沒有再去興建其他寺廟的必要。

永遠成謎的廟塔

當公元前一萬零五百年的星圖複製在地面上時，大吳哥王城的所在位置，正好是天龍座的心臟地帶。而在這一大片地帶內的幾何中心點，矗立著令人屏息的巴戎寺，也是闍耶跋摩七世最精緻的建築成就。

對應於天龍座心臟點的巴戎寺，幾乎就是「北黃極」的所在，難道這也是個巧合？讀者們若還記得，地球軸線因為歲差運動的關係，便是繞著北黃極進行圓周運動，每三十六年移動半度、每五十四年移動四分

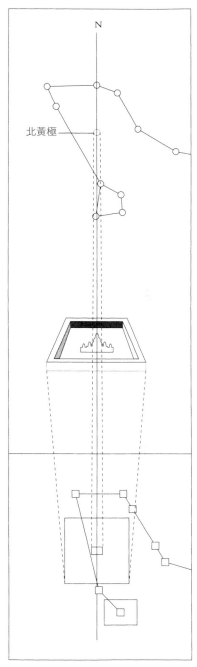

大吳哥王城內的巴戎寺，乃北黃極的地面複本。

巴戎寺五十四座石塔之一，
每一座有四尊世自在王面
孔。
————

之三度、每七十二年移動一度，以及每二一六〇年移動三十度。巴戎寺
是一座蹲踞在年代更古老，且未經挖掘構造上的一座階梯式金字塔，其
最值得注意的特色是它被五十四座巨塔所圍繞，和大吳哥王城入口處一
樣，每一座塔都有四個具埃及風格的世自在王面像，方位正對東南西
北，總計二百一十六個面像。根據前金邊國家博物館館長波賽勒（Jean
Boissellier）所言，這些擁有典型佛教徒的面像是具有靈性的，在經文中
被稱為「四梵住」（Brahmavihara），是一種可以取悅梵天的修行心態，
分別代表慈、悲、喜、捨四大崇高境界。

　　法國旅行家洛提（Pierre Loti）在一九〇一年造訪吳哥時曾如此形容巴
戎寺：
我們得用拐杖克服層層荊棘和爬藤植物才能到達巴戎寺。四處密布的叢
林，箍住、破壞了整座寺廟，無花果樹的根到處盤根錯節，甚至爬上了高
塔，仿佛也成了柱腳的一部分……
坐在二輪車上的柬埔寨嚮導告訴我們，因為手上沒有燈籠，得在老虎出沒
前掉頭回去。我只得同意。但總有一天我將再度回到這座充滿永世之謎的
廟宇。

在我離開之前，我抬頭仰望上方的高塔，此時大雨傾盆，剎那間一股莫名的恐懼襲來。一張巨大的笑臉就在我的上方，然後又一張，後面牆上又一張，三張、五張，最後成了十張笑臉。此刻我才明白這四張巨臉一直在看著我們。雖然之前有人警告過我，但我卻忘了。這些面像之大，不是一下子便可以參透。它們張著嘴笑，眼睛半開，充滿一種難以形容的氛圍⋯⋯17。

一九一二年，法國外交官兼作家克勞德（Paul Claud）來到吳哥。他所形容的巴戎寺是「我所知道最邪惡，最受咒詛的地方。回去後我立刻生病18。」但直到他在一九五五年去世以前，都是一位虔誠的天主教徒，他總是無條件地認為信耶穌是得到救贖的唯一道路，因此也許真正使他生病的原因，不是這座黑暗古怪的廟宇，而是他見到了一個自己無法理解的偉大神靈之作，與他的認知發生了牴觸。

巴戎寺一直都處於改變狀態，它的原名是「Pa yantra」，意為「揚戟之父」或「揚戟之主」。梵文的字面意思為「工具」，即某種形式的曼陀羅：「它是一種冥想的輔佐工具。揚戟的每個部分都代表信仰者獲得啟蒙的一個階段。」

我們的假設是，真正了解吳哥的那些人並非信仰者，而是一種「行家」，精通失落的宇宙智慧。他們前來巴戎寺找尋最後之謎，透過不斷的探索及具備「去任何天界」的能力，也就是靠歲差運動的計算，設想出古老年代以前的重要星體位置。

他們應該很久之前就知道吳哥建築的排列，其實是對應北天極周邊的星空——如同前幾章看到的，像是天鵝座、小熊座、大熊座、北冕 θ 星、天龍座，特別是天龍座。他們一定和我們一樣，必須努力推算回公元前一萬零五百年春分的天空（當然他們也可能使用不同的日期系統），才會發現觀測者在日出時向北看去，吳哥和天體之間竟有如此完美的對應關係。

這種回溯星體位置，直到出現對應關係的結果，我們今日可以輕鬆藉由電腦搜尋得出：即北天極緩慢地繞著天龍座的「心臟」旋轉，北黃極就是這顆「心臟」，在地面的對應點就是有著三座神壇圍繞，地基為邊長八十公尺的正方形，離地面高約四十五公尺的巴戎寺。

科德斯稱巴戎寺為「神祕的高棉王國中心」，而葛羅斯耶（Bernard Groslier）則稱它為「吳哥石造宇宙的中心點」。奧瑞克（John Audric）也

注意到，一直到今天為止，還有謠言傳說當中有一些年代久遠的寶藏[19]。

　　這些寶藏不見得是黃金或珠寶。也許這些寶藏是知識或靈知，一種為獲得永生，在任何土地、任何年代都該去尋找的知識。

天空的計時器

　　古埃及人並未把天龍座描繪成蛇形或龍形，而是另一種爬蟲類——鱷魚，而且還同時擁有河馬與獅子的特徵。結果產生一個在「金字塔經文」中名為「塔沃里特」（Taweret）神的綜合天體，祂在《亡靈書》中經常出現，也是上埃及丹德拉神廟值得注意的「黃道宮圖」的中心人物。

　　除了在第三章所看到的，關於丹德拉神殿黃道宮圖所具有的特點之外，它還正確點出天龍座與其他北方星座的關聯，像是小熊座（古埃及人所認知的「胡狼」）及大熊座（大腿骨）。同時根據法國數學家魯比茲（R.A. Schwaller de Lubicz）的說法，它也顯示出位於河馬（或天龍座）中心的北黃極。魯比茲指出，代表黃道周邊星體的丹德拉神廟，當中的神祕雕像並非排列成單一圓圈，而是「兩個相互交疊的圓」——一個代表環繞北天極，一個則代表環繞北黃極。魯比茲認為，黃道宮圖明顯表達出北天極依照歲差前進環繞北黃極的一種知識。

　　有不少學者都曾經觀察到「塔沃里特」的鱷魚—河馬—獅子三合一特徵，與「可怕的食屍獸」阿米特（出現在歐西里斯的審判場景上）[20]完全一樣。大英博物館古埃及部主任奎爾克博士（Dr. Stephen Quirke）相信，塔沃里特在古埃及的正統藝術中，皆被描繪成三種動物的複合體——鱷魚頭、前半獅子身、後半河馬身。

　　不論是為了何種目的，這隻在審判場景中出現的怪獸代表的就是天龍座，象徵靈魂的毀滅，好比歐西里斯象徵重生一樣。另外還有一個奇怪的曖昧現象，很像我們在印度經文中看到有關那迦巨蟒的描述——善惡兼具。因此，雖然古埃及以凶惡的阿米特代表天龍座，但是它的另一個象徵塔沃里特，則代表善良和靈魂與新生兒的保護者。事實上，古埃及常在墓碑刻上塔沃里特，以護送死者進入冥府。

　　獵戶座—歐西里斯和天龍座—塔沃里特—阿米特之間的微妙關聯，在埃及傳說中有更清楚的說明。傳說歐西里斯在尼羅河淹死後，一隻鱷魚將他的屍體背上陸地。有的傳說將歐西里斯寫成躺在沙地上的巨龍；有些則將他轉化為類似在吳哥中見到的巨蟒。在古埃及《亡靈書》中也可以看到，冥府之神歐西里斯住在牆上滿是活蛇的宮殿之中。

　　這些神話概念在公元前一萬零五百年春分清晨的天空中可以得到印

證：

- 如果日出時向正西方看去，電腦顯示，**寶瓶座**已自地平線下沉，隨之升起的是雙魚座。
- 獅子座於此時自正東方升起，仿彿將其下方的太陽拉起。
- 橫跨於正南方子午線上的是獵戶座——歐西里斯，古印度稱為「Kal-Purush」（時間之人）——如同古埃及《亡靈書》中記載：「我是時間和歐西里斯。我將自己變形為水中巨蛇的外表。」
- 橫跨於正北方子午線上與獵戶座遙遙相對的是天龍座——或巨蛇、或鱷魚或河馬——北黃極的神祕守護者。

由此我們不難看出，古代是如何看待獵戶座和天龍座的宇宙功能。事實上，根據科學觀測的證實，二者因為歲差運動的關係，有如蹺蹺板的兩端呈現一上一下的相對位置。電腦模擬顯示千年之間，兩個星座的反向運動為等速。當天龍座達最低點時，獵戶座正好位於它的最高點，接著二者又開始分別穩定地上升與下降。其各自上升（或下降）一次需耗時將近一萬三千年，如此永不休止地循環。

更奇妙的是，吳哥和吉沙的天地對應規劃，分別成功地捕捉到位於最高點的天龍座和位於最低點的獵戶座——正好是半個歲差循環的結束點，下一個起點。我們也知道當時正好是公元前一萬零五百年的春分清晨，北黃極在北天極正北方，發生在天空的型態也對應到吳哥與吉沙在地上的遺跡。

因歲差循環的關係，北天極已繞了北黃極整整大半個循環，獵戶座與天龍座之間的距離越來越遠，現在的天龍座正接近它的最低點，而獵戶座則接近它的最高點。

也就是說，就像公元前一萬零五百年，位在永生之門的天空計時器又準備開始反轉運動。如同煉金術（Hermetic）的宇宙觀，「如其在上，如其在下。」一次大變動又即將來臨。至於變好還是變壞，端看人類的選擇與作為。

第十二章
破鏡碎片

▶日本西南方與那國島海底的建築遺跡，推測至少有一萬年之久。

東埔寨位於世界最大洋太平洋的西邊，其吳哥遺跡位於吉沙東邊七十二度，這是一個重要的歲差數字，因此我們自然也會懷疑在測地學上，是否還有一些地點也使用相同的系統。

在吳哥，一再重複可見的歲差數字是五十四，例如巴戎寺有五十四座寶塔；通向大吳哥王城的堤道兩邊，各有五十四座提婆與阿修羅石像。而距離吳哥東邊五十四度的太平洋上，的確也存在一個神祕的考古遺跡，它的起源及生活方式也是一個謎，此處即南馬都爾（Nan Madol）島，包括一百座由玄武岩和珊瑚礁所組成的小島，大約散布在密克羅尼西亞的澎貝（Pohnpei）島東南岸的湛藍潟湖之中。

雖然景象大不相同，但南馬都爾與吳哥兩地之間有著許多共同之處。學者們相信，島上多數寺廟建於公元八〇〇年到公元一二五〇年之間，正好是吳哥文化的全盛時期，當中不乏前代建築遺留下來的風貌，吳哥也是如此。

最大的建築體南特瓦西（Nan Douwas）面朝神聖的方向，主要的入口面向西方[1]，採用典型的「曼陀羅」形式，環繞四周的城牆被海溝一分為二，中央則有三角形的土堆。城牆高達七點六公尺，由結晶玄武岩組成，其中有些石頭重達五十噸，寬度超過六公尺。

南馬都爾外海的潟湖開鑿出縱橫交錯的運河，令人聯想到吳哥陸地上也交織著運河與護城河。

另外，吳哥眾寺描繪出夜空中的天龍座，澎貝人則依稀記得古老的傳說中指出，那些交錯於廟宇之間的運河最初是由「龍」所挖鑿出來的[2]，牠也幫助過兩位神話中的城市創立者——歐羅索帕（Olosopa）與歐羅西帕（Olosipa）。

據說歐羅索帕與歐羅西帕兩兄弟是阿尼阿拉瑪人（Ani-Aramach），是創世紀的神王[3]。他們乘船由陸地駛向西方，帶來「神聖的祭祀儀式」，

南馬都爾島的平面圖。

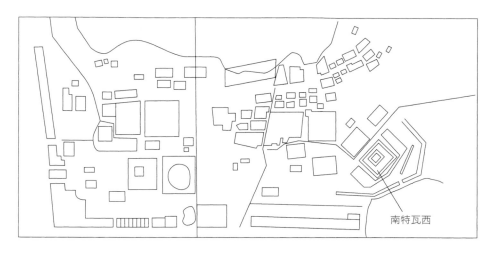

南特瓦西

在這片土地上藉由魔法師的智慧完成典章的制定。闍耶跋摩二世也是乘船來到柬埔寨，他從神祕的「王者之山」而來，借助「精通魔法」的婆羅門僧侶之力，帶來神聖的宗教儀式[4]。

闍耶跋摩有一個特色，就是他有意「制定」，或說在地理上「探勘」吳哥這個地方。讀者應該還記得，闍耶跋摩建立了三座臨時首府，分別是訶里訶羅洛耶、阿曼蘭卓城及荔枝山。就像科德斯所形容的，「如同翱翔天空找尋獵物的大鳥般……完全是繞著日後吳哥的建築位置。」

關於歐羅索帕與歐羅西帕的民間傳說指出，這些「智慧聖人」在澎貝島建立四座都城後又離開：第一座在島嶼西北方的索克斯（Sokehs），

南馬都爾島空中鳥瞰圖。中央為玄武岩神廟南特瓦西，在巨大的防波堤後面，有一朝向東方的箭形防禦物。防波堤之外，海底陡峭地下沉，傳說海底有城市遺跡。

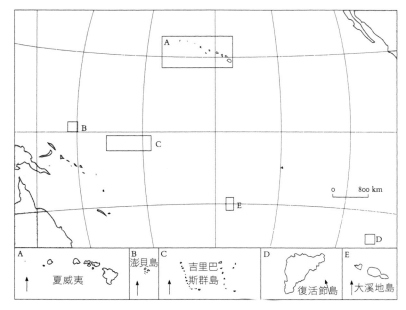

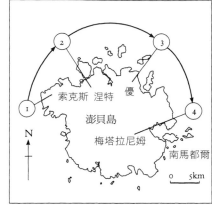

第四部

澎貝島地圖。顯示該島都城
依順時針方向移動。

第二座在涅特（Nett），第三座在優（U），第四座可能是在梅塔拉尼姆
（Madolenihmw）。這些都城經考證的確存在過，如果我們按這些都城曾
經存在的路線追尋（參見右上圖），會發現它們並非任意排列，而是順
著同一個方向——從西北方開始，朝向北方，轉向東北，再到東南方——
如同一個掌型鐘，指針順時針繞了上半圈。

　　形狀像手掌般的島嶼「盡頭」便是南馬都爾，也就是人稱「天堂礁」
（Reef of Heaven）的地方。傳說中，歐羅索帕與歐羅西帕在爬上山頂
勘查全島地形後，便決定選擇南馬都爾作為定居處。從這個有利地點，
他們往下眺望深藍色的太平洋，「他們看見水面下有一座城市，深受啟
發，認為應該在此建立城市，於是建造了南馬都爾，一座有如海底之城
的『倒影』城市[5]。」

　　消失在天堂礁下面的「眾神之城」名為「凱寧威索」
（Khanimweiso），它不是神話中虛構的地名。俄亥俄州立大學的塞克斯
博士（Dr. Arthur Saxe）所領導的古蹟保存計畫，在南馬都爾進行了地毯
式的勘查，當中證實了海中廢墟的規模，有些遺址還位於很深的海底[6]。
在東邊挖掘出大量的遺跡，南特瓦西防波堤的南邊只挖出少量遺跡，包
括許多根原本是矗立在島嶼斜坡地的高大石柱，高度達八公尺。

玄武岩之城

靠近南特瓦西的金字塔形
山峰。歐羅索帕和歐羅西帕
是否從此一有利點見到傳
說中的海底城？

　　澎貝島大致呈圓形，直徑不超過二十公里，是一座景色優美的小島。
小島內陸有幾座八百公尺高的山坡地，林地鬱鬱蒼蒼，沿岸布滿紅樹
林。小島周圍幾乎被珊瑚礁環繞，對外僅有幾條小路與大海相連。

　　我們搭乘裝有兩支馬達的平底船到達南馬都爾。船隻滑過礁石內藍綠
色的海域，經過蒼綠色的山坡地、岩石平台和金字塔形的土丘。最突出
的景觀是塔金峰（Takiun Peak）的雙座圓丘，這讓我們不禁懷疑，歐羅索
帕與歐羅西帕或許就是從這一有利地點初次瞧見傳說中的水底之城凱寧
威索。

　　我們經過被颱風捲入淺灘中的中國漁船殘骸，然後進入迷你島奈卡普
（Nakpw），在這裡看見沿岸羅列著數排玄武岩，這些石塊最後朝南馬都
爾的方向逐漸沒入西方大海。

　　最後我們經過奈卡普港口，到達稜角突出的玄武岩砌成的防波堤邊，
其形狀像五邊形的三個邊，這些防波堤環繞著南特瓦西的偉大神廟。用
來堆砌防波堤的石塊體積都很巨大，根據當地傳說，這些石塊是藉由歐
羅索帕與歐羅西帕的法力搬來此處的。

　　我們關掉引擎，讓船隻在防波堤外滑行，小心翼翼地通過布滿石塊
的淺水道。再過去是一座港口，四周有巨石掩護。從港口上方向西邊眺
望，可看見壯觀的南特瓦西神廟。在一望無際的綠野上，天然粗獷的玄

武岩與琢磨有形的結晶玄武岩相互交錯，好似一大片黑色與暗紅色相間的岩石。角落的石壁外型顯得輕盈優雅，堆在上面的石堆被削尖，有如航向大海的船隻前端。

南特瓦西用巨石築成的防波堤水道。

我們對南特瓦西的第一印象是陰森神祕，這印象至今仍未改變。多數澎貝人即使白天也不喜歡去那裡，更不會在天黑後到那邊。

據信那地方充滿了幽靈。

來生之旅

我們從西邊大門進入南特瓦西，經過寺廟周圍一連串幾何圖案的庭院。這裡就像小吳哥，一個庭院包圍著另外一個，逐層上升。爬至最高處，我們來到內殿，大部分的內殿隱匿在四方形洞口內，深入地下約一公尺半，上面搭建著五噸重的玄武石條。

南特瓦西石塊林立，周圍密布淺水道，流經南馬都爾聖城的一百座人

◀南特瓦西的入口砌道。
▶南特瓦西的內部庭院及
內殿。

工島。我們在水道間探索，發現其他廟宇或建築物都不像南特瓦西一樣
保存完整。有些建築幾乎已消失在海水及紅樹林的掩蓋之中。

曾經盛極一時的聖地究竟有何功用？

在美國受訓的一位澎貝考古學家莫理西歐博士（Dr. Rufinio Mauricio）
針對上述問題，進行了二十多年的田野調查。他告訴我們，南馬都爾與
當地古老的來世信仰息息相關。根據這些信仰，靈魂必須經歷危險的來
世之旅，旅途中會面臨許多考驗，這和古埃及人的很類似。在埃及，靈
魂神遊於空中冥府「杜埃」；在澎貝，地府則在海浪之下，也許就是水
中之城凱寧威索。像吉沙的金字塔一樣，有許多跡象顯示，南馬都爾眾
寺是以死後世界為建構的實體模型，一種「投射形象」的複本，讓靈魂
準備接受天神裁判的場所。

海面下的城市

我們數次下探南特瓦西防波堤東邊的海灣，想尋找水中之城凱寧威
索，根據傳說，必須通過兩隻鯊怪防守的大門才能進入該城。

我們第一次離船下水探測是到海灣南邊，海水溫暖陰暗。我們很快地
下潛到水深約四十公尺處浮潛探索，該處像有濃霧包圍，能見度很差，
我們大約探尋了半個小時，什麼也沒找到。

接著我們回到海面，搭船駛近南特瓦西防波堤，就在它的入口外約深三公尺處浮潛，我們發現零星的厚重石塊和結晶玄武石條堆砌成的地板，很明顯的，這在防波堤建造時就已經蓋好。

南特瓦西的巨石遺跡。

再過去一點，海床驟然傾斜三十多公尺。從這裡向北游，我們發現由考古學家所確認的兩根柱子，上面覆蓋厚重多彩的珊瑚岩，柱子由幽暗海底向上突出海面，有如從海底伸出的兩根手指。

柱子是海底城凱寧威索的一部分，但這其中有些奇特複雜之處。根據塞克斯博士指出，澎貝傳說中有兩座海底城，而不是只有一座。第二座城叫「凱寧威索南克特」（Khanimweiso Namkhet），據說它位於礁石之外，入口隱匿於「深海的沙地」中。有些當地人指證歷歷地說，他們以矛獵海龜時曾被拖到那個沙地。美國研究學者柴德斯（David Hatcher Childress），在他對一名澎貝耆老的訪談中，透露了以下的故事：

幾年前有個漁夫快死了，他的靈魂出竅飄到礁石外的城市。在看過這座可以通往科斯雷（Kosrae,一座火山島，位於澎貝東南五百五十公里處，也有神祕的巨石遺跡）的城市後，他的靈魂回到自己的身體，告訴族人所看到的景象後便死了[7]。

南特瓦西的玄武岩牆細部。

雖然兩者的關聯可能不是真的，但南克特（Namkhet）的發音和古埃及語「阿卡」（akh, 意為「光明」）、「艾庫」（akhu, 意為「轉變的靈魂」）與「艾克特」（akhet, 意為「地平線」）雷同。尤其是「艾克特」，常作為埃及地名的字首，例如「艾克特坦」（Akhetaten）；吉沙有一座墓地就叫做「艾克特庫夫」（Akhet Khufu），也就是「庫夫的地平線」。由此我們可以聯想到「凱寧威索南克特」有何種意義。凱寧威索在澎貝語中意為「城市」，所以這兩個字的意思或許是「艾克特之城」或「地平線之城」？

毀滅一切的大洪水

澎貝的地名、傳統和宗教信仰充滿埃及風味，但它不是唯一有此特色的太平洋島嶼，也不是唯一在海濱有海底沉城傳說的島嶼。雖然對這類

南特瓦西的西牆。注意建築的形式，石造物排列在角落，以舉起頂點，猶如船隻的船首和船尾。整體結構看似在水面上航行。

傳說不需過於解讀，但南馬都爾最值得一提的是，它完全依照以前「眾神之城」的結構建造，而且就直接蓋在原先海底城的上方。

這和埃及某些廟宇建立的理念相同，例如艾德福的荷魯斯神殿也是早期結構的「複本」，它蓋在原創的基礎上，其目的是為帶來「眾神前世」復活的意味。我們可以進一步指出，也就是「艾德福建築文本」所指的，「古老的神聖世界」據說原本是一座島嶼，卻遭到大洪水完全吞噬。

我們在別處曾提過，這樣的大洪水曾在上次冰河世紀結束時淹沒整個地球，地表的結冰也開始融化鬆動。在冰河時期，地表冰塊厚達數公里，導致北歐及北美大地長達十多萬年毫無生機可言。地質學家認為，在這種快速轉變期，大變動時期大約在九千年前結束，地表海平面也因此提高一百多公尺。

如果這個假設成立，便可以輕易明白公元前一萬零五百年時，吳哥和吉沙之間存在的天文關聯性。在當時澎貝島可能無法像今天一樣被清楚看見，此島沿海珊瑚礁是最近才形成的，也就是在海平面提高，造成目前海岸線之時才形成。島嶼本身是由火山作用形成，中心為堅硬的玄武岩，聳立的山脈突出於太平洋海面。過了礁岩層，大陸棚傾斜如峭壁，

彗星撞地球之後

牛津大學天文學家克魯伯（Victor Clube）和其他同儕：愛丁堡皇家天文台（Royal Edinburgh Observatory）的奈皮爾（Bill Napier）、澳洲太空警衛組織（Spaceguard Australia）的史提爾博士（Dr. Duncan Steel）、利物浦約翰摩爾大學（Liverpool John Moores University）的派瑟（Benny Peiser）指出，兩萬年前有一顆巨大的彗星進入太陽系軌道後分裂成碎塊，「這些遺留的殘骸循著一定軌道運行，進入地球大氣層。通常在『流星』數量增加時，我們才會察覺到彗星殘骸的存在……但除非地球撞上密度很高的流星群，才會在碰撞後產生大風暴及大災難。」

克魯伯認為，發生於一萬四千年和九千年前冰河時代的大變動，和彗星撞上地球所產生的大風暴有直接的關聯。一連串毀滅性大災難，導致上古文明幾

乎消失殆盡。海平面升高一百公尺即足以讓所有沿海文明完全消失。克魯伯也和其同儕討論過，地球遭到小型彗星碎塊撞擊後，小規模災難的發生時間大約在公元前二三五〇年及公元五〇〇年。在這兩個時期，曾經盛極一時的文明都神祕消失。根據派瑟表示：「強有力的證據顯示，造成古文明消失的科學性因素是巨大彗星石塊撞擊到地球。」

如果文明的滅亡是因為彗星撞地球，我們必然會想探討在公元前二三五〇年或九千多年以前冰河大變動時期，先史時代文明遭到毀滅的可能性。冰河大變動以及陸續發生在公元前二三五〇年和公元五〇〇年的另外兩次地殼變動顯示，磁性逐漸在衰退，但這不是確實的趨勢。相反地，克魯伯和其同儕相信，運行太陽系已二萬年的彗星殘骸軌道，其中可能包括幾個非常大的彗星碎塊。

伸入海底，與大陸層相連。

空中怪物毀滅地球

公元前一萬零五百年對地球科學而言，是個很有意思的年代。在上次冰河時期結束前三千年，到冰河開始融化後很長的一段時間，發生了一連串大變動，這幾乎可以確定是天文上的原因，而且完全改變了地球的面貌。古代磁場的研究報告證實，大約在一萬二千四百年以前，地球磁場曾發生一百八十度轉變。在此之後八百年，也就是公元前九千六百年，地球曾遭到彗星碎片的撞擊，而且這不是第一次。根據維也納大學教授圖爾曼（Alexander Tollman）表示：「地球遭撞擊後發生一連串大災難，包括地震、地形毀壞、大量塵埃及海嘯等。」

地殼位移發生在五億三千五百萬年以前？

佛列姆亞斯及哈普古德等學者提倡的地殼位移理論，通常不為學院派行星科學家所支持。地質學家尤其瞧不起這個理論，認為這不過是痴人狂想，拒絕正視。他們說這是不可能的過程，是瘋子提倡的歪理，根本不值得正統科學家認真思考。但慢慢地開始有實證證明，地殼位移的確經常發生，而且從物理學或地質學方面來看，皆可說明一萬二千年前，曾經發生過佛列姆亞斯所稱的地殼位移現象。

一九九七年七月二十五日出刊的學院派《科學》期刊，極力避免使用「地殼位移」一詞，但該期刊也證明地殼位置確實移動過。加州理工學院研究員蒐集的實證重點，放在五億五千萬年至五億三千五百萬年前的時期。這個時期之後即為演化論學家所稱「寒武紀大爆發」（Cambrian explosion）——地球上物種趨於多樣化及大量繁衍的時期。

加州理工學院研究小組指出，「物種大演化時期正好與另一個看似單一事件有關——地球的旋轉軸心傾斜了九十度……原先南北極區域變成赤道，靠近赤道的兩邊則成了新的兩極……我們收集該事件發生期間及前後的化石發現，所有大陸在同樣的轉換時期均經歷一陣震盪。」

加州理工學院研究員堅持，這類事件和「板塊移動」（platetectonics）有所不同，後者的歷程非常緩慢漸進，每年大型板塊因此分開或聚集的距離不超過幾公分。他們提出的證據顯示，一整片地殼曾發生巨大旋轉且歷經快速變動。根據這份報告的主要撰文者，同時也是加州理工學院地質學家的柯許文克博士（Dr. Joseph Kirshvink）指出，「旋轉的速率……幾乎無法測量，最重要的是，所有東西〔似乎〕都朝同一個方向。」

加州理工學院的研究員指出（如同佛列姆亞斯幾年前所稱），地殼快速旋轉期間，現有的生物必須「培養能力以適應變化快速的氣候，因為熱帶地區滑至寒冷極區，冰冷地區則成了溫帶陸地。」

我們身處的公元二○○○年，天文和地理界剛好也出現奇特的現象，和一萬二千年以前有些許類似之處。

較令人感到困擾的是，最近二千年地球磁場不斷衰退，而且在過去一個世紀衰退的速度更是快。目前科學家預測磁場的能量將在公元二三○○年歸零，屆時將導致南北極磁性反轉。

這並不是說兩極地理位置會大逆轉，例如南極變成北極之類的空間轉換。然而根據地理學家朗寇恩（S. K. Runcorn）的觀察，「無庸置疑地，地球磁場與本身的自轉有某種關聯[8]。」

地球磁場具有神祕力量，且來源不明，但很有可能來自地心，它包括大約四分之三個月球大的硬鐵礦，高溫的液態鐵包裹在外圍，再來是好幾層石塊、礦藏和數千公里厚的泥土。

中國地球物理學家宋曉東與英國地震學家理查斯（Paul G. Richards）的研究指出，中間堅硬的核心自己會轉動，和地球轉動的方向一樣，但是速度快了百分之一。也就是說，相較於外層結構，堅硬核心的表面大約以每年二十公里的速度運轉。如理查斯指出：「這比地表一般的轉動速度快了十萬倍。」

加拿大的蘭德與羅絲・佛列姆亞斯夫婦（Rand and Rose Flem-Ath），以及美國哈普古德（Charles Hapgood）教授等學者曾提出，像這樣一層結構較另一層快速上下滑動，可能已在地表上發生過數次。厚實沉重的「岩石圈」（lithosphere）浮動於「軟流圈」（asthenosphere）之上，地殼在軟流圈上滑動，「就好像橘子皮一樣，如果發生滑動，裡面的肉就會跟著翻出來9。」結果將如《聖經》啟示錄形容一般，全世界遭到毀滅。

佛列姆亞斯相信類似的事件有可能在以前就發生過，最近的時間大約在一萬一千年到一萬二千年前：

地殼隨地球內部的激烈變化，大地震與洪水搖撼整個地球，大地怒吼，地殼位置變動，天空彷彿要塌下來。海洋深處地震頻繁，海嘯衝擊海岸，淹沒土地，有的板塊被擠到較溫暖的氣候帶，有的則被擠入南北極圈內，永遠被冰塊覆蓋。冰原融化，使得海平面節節上升。所有生物必須適應新環境，要不然就移居他處，否則便等待死亡來臨10。

如果正如佛列姆亞斯所稱，地球上曾經發生這種全面性災難，那麼勢必要有極大的力量才能加以觸動。愛因斯坦（Albert Einstein）為地殼位移理論的早期支持者，他在一九五三年提出下列答案：

在南、北極地區，冰雪不斷累積，分布並不均勻。地球的運轉使厚重且分配不均的冰雪產生變化，從而引發一股離心力，傳送到地球僵硬的表層。以這種方式產生出來的離心力，能量日漸增強，當它達到某一個程度時，就會使地殼鬆脫，開始移動11。

愛因斯坦沒有考慮其他誘因。但他似乎企圖計算地球與小行星、流星體或彗星相撞時可能會有的影響力。如果他當時算出來，今天的科學家就可以運用這些訊息。

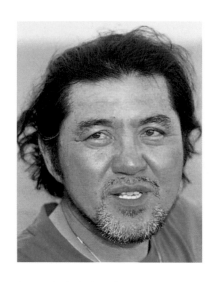

與那國島海底遺跡的發現
者新嵩喜八郎。

———

一九九四年二月美國總統柯林頓（Bill Clinton, 1946～）被下
屬從睡夢中喚醒，因為消息指出，有六顆衛星偵測到美國可能
遭到軍事攻擊，但後來很快得知衛星偵測的物體不是敵人的飛
彈，而是大群流星體，最後它們在大氣層上空爆炸[12]。一九九六
年五月，另一個直徑超過三百公里的大型流星體，在被軍事衛
星偵測到三天後，即從地球邊緣掠過。

這是少數幾則遇到來自天空物體的例子，其頻率有增加的跡
象。自一九九〇年以來，每年有十二個以上的新星被發現，其
中最壯觀的是「海爾-波普」（Hale-Bopp）彗星，它在一九九七
年三月和四月劃過地球北方的天空，在三月二十一至二十二日
春分離地球距離最近。

古代人一定也曾看到過這樣的年度「近地點」（perigee），僅在千禧年
世紀末前此彗星還被視為是不祥的預兆，和現代科學家的說法並無太大
不同。最近研究證實，星體活動是廣大宇宙循環的一部分，就好像太陽
系緩慢繞著銀河系運行一般。大約每隔三千萬年太陽系才會通過銀河中
央星體聚集的高密度區。在這裡，地球會遭遇許多大型流星體、小行星
和彗星，其中有些已經和地球碰撞過。我們研究彗星撞地球產生的巨坑
時發現，九千六百萬年至九千四百萬年間、六千七百萬年至六千五百萬
年間和大約三千五百萬年以前，曾有密集且持續強烈的大規模轟炸[13]，或
許再過五百萬年又有另一次可怕的碰撞，我們不應該愚蠢地漠視這種可
能性。

至少在過去的一百萬年之間，我們可能曾遭遇過碰撞，機率也不斷增
加。不容置疑的是，這段期間地球經歷了氣候異常變遷、地震的搖撼、
冰河時期與洪水的交替、地表溫度大幅波動及動物的滅絕[14]。所有這些現
象可能都與彗星撞擊有關，這也許是下次更大撞擊前的先兆，其規模甚
至可能和六千五百萬年以前，造成地球物種滅絕的一樣大。

我們只能希望彗星不要對地球太殘忍。當時一顆十公里寬的彗星或
小行星墜落墨西哥灣時，其產生的爆炸力量，相當於地球上現在所有核
彈同時引爆產生威力的一千倍。大爆炸揚起的塵土遮蔽陽光長達五年以
上，整個地球在數十年內不斷發生餘震和火山爆發。

即使是最先進衛星所具有的遠距離偵測能力，我們仍幾乎沒有時間準
備應付碰撞，因為可能在幾天內就會發生。即使是最大的、肉眼可見的
彗星，不管在任何情況下，時間最長都不會超過二年。有些直徑三十公

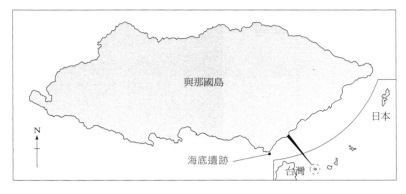

里的大型流星體，也不可能在浩瀚無垠的太空中從遠距離就偵測得到。

這種空中怪物可能會使地球滅亡嗎？

以十公里寬的星體為例，假設它以每小時十萬公里的速度撞上地球——依照義大利柏加摩（Bergamo）大學教授斯貝迪凱托（Emilio Spedicato）的計算，「這對大氣層會形成巨大的干擾，並擴散至大半個地球。」保守估計最初釋放能量的百分之十會變成疾風，斯貝迪凱托計算，「撞擊點達二千公里，產生的風速每小時將達二千四百公里，空氣溫度將升至攝氏四百八十度；如果撞擊點達五千公里，則每小時風速將增加四百公里，氣溫將再增加攝氏六十度。」即使遠在一萬公里以外，風速仍將超過每小時一百公里，而且會不停吹襲長達十四小時，令氣溫增加三十度。「另外對大氣層的影響將是化學反應，導致有毒物質形成，像是氰或氮化物，這些物質會使同溫層的臭氧層完全消失。」最後是海水將大幅升高數公尺，淹沒各個大陸，地殼板塊互相推擠，火山會沿著細長裂縫噴出熔漿，接著是「全球性的大海嘯淹沒各大陸」。

回顧地球過去的歷史，圖爾曼教授和其他學者認為，古代全球性的洪水神話，可能真有其事。即使學者對於大變動發生的時期說法不一，但大致認同的範圍在一萬四千年到九千年以前（公元前一萬二千年至七千年）之間，地球曾經遭逢可怕的災難。

雙臂起雞皮疙瘩的感覺

我們跳入洶湧的海浪之中，潛入深藍陰鬱的海水之中，進入一片靜默的世界。

海底遺跡中央的四層平台。

那是一九九七年三月底，在海爾-波普彗星最靠近地球之後沒多久。我們到達的島嶼，位於北回歸線北方一度及吳哥東邊十九點五度，就是日本領土的最西方「與那國島」（Yonaguni）。這座小島以產巨蛾聞名。此外，戴上水肺的潛水伕還可攀附在沿岸海底深三十公尺的礁岩，向上觀看在富含食物的海面上迴游的上百隻雙髻鯊（hammerhead shark）。

與那國島最有經驗的潛水伕新嵩喜八郎（Aratake kihachiro），嘴邊留有小鬍子，左腳有點跛，但他的肺活量和上臂極為強壯，他主要的營收就是帶遊客觀賞這些雙髻鯊。他在陸地上行動不便，但跳入水中立刻像海豚般靈活，能夠強有力地潛入水中。他告訴我們，有一次為解開纏上船錨的繩索，他身著平常的潛水衣和呼吸器，深入超過六十公尺的海底，那相當於二百英尺深。

探索與那國島每一吋沿海海域是他畢生的心願。一九八七年，為了追求這個人生目標，他到達強風吹襲的東南岸新川灣（Arakawa Bana）潛水。他說，他希望在這些水域發現另一群迴游的雙髻鯊，但卻有了意外的發現，就算事後回想起這件事，也會讓他全身起雞皮疙瘩。學者們相信他的發現可能非常具有歷史意義。

新嵩發現的似乎是人為的結構體，堅硬的石塊堆砌出複雜的建築形

式，地基在深度達二十七公尺的海床上，長度超過二百公尺，優雅地聳立在他面前。它有多層類似金字塔向上攀升的階梯，通到最上面的平台，距離海面僅五公尺。

一九九六年我們讀到琉球大學地質學教授木村政昭（Kimura Masaaki）的報告提到上述遺跡。木村非常專注地探討這座遺跡，幾年來為了這個研究，曾潛到海底數百次。有別於其他學者的看法，木村堅持這是人為的物體。

我們因此產生很大的興趣，於是在一九九七年三月來到遺跡做第一次的探訪。

巨石與平台之謎

首先我們沉入海浪之中，一陣混亂的泡泡隨之上升，然後慢慢地，周圍變得一片寂靜，我們像是在藍色海水中無重力地漂浮著，漂游過峭壁的邊緣，潛入黑暗深沉的海底世界。

海床就在我們的腳底下，坡度向南邊傾斜，我們穿梭於海底礁石與珊瑚之間，身體無韻律地擺動著。突然間到了海深二十公尺處，我們來到了兩根石柱旁邊，每一根可能重達二百公噸，它們併排在一起，高度幾達海面，就像英格蘭的巨石陣，這兩根石柱似乎也經過精心切割和設計排列。

石柱附近的強烈海潮將我們推向東邊挺拔的石牆邊。我們用力攀游過這面牆，並沿著牆邊來到水深十二公尺的一處平台。此處水域更為沉靜，我們可以攀附著珊瑚和礁石的縫隙，利用機會仔細查看並採集標本。

在四處看過之後，我們注意到一處似乎被切割成大塊的斜長形石頭平台，與之相連的階梯可通往上層或下層。在平台的東邊，我們發現筆直的刻痕軌跡，大約寬四分之三公尺，零點五公尺深，通過一凸起的基座，一路延伸達八公尺。平台中央有四層不規則石梯，似乎通往中庭偏西之處，角落有四塊大型石磚。接著我們向下游，在每一層階梯稍作停留後，跨過下方另一個大平台，然後到了大型建築的邊緣，最後一層平台與二十七公尺深海床上的溝渠成垂直角度。

我們注意到溝渠的排列方式為東西向，如果扣除羅盤與天文上真正方位之間的差異，也許它應該是正東西走向。但我們的羅盤顯示遺跡主體

遺跡南側，一連串對稱上升的台階。

是南北向。假設這棟建築是在海平面較低時所建，那麼剛才攀游而下的遺跡後半部，應當曾經面朝太平洋的正南方。

在南北邊牆壁之間的溝渠寬四公尺，裡面散布著大型碎石，它們似乎是從上面掉下來的。向下面游，我們發現還有些石塊掉落在中央凹陷處的迴旋梯處。往西邊，我們來到了北面牆壁，底部每隔一段距離，就有挖鑿成四角形的壁龕。

自多雲的天空透出的陽光穿過海水微粒和浮游物，到達二十七公尺深的海底後，呈現出一片陰沉的光影。這讓位於溝渠底部的我們，根本難以看清遺跡上面的整體面貌。

木村教授以他專業的名聲背書，認定這是一座人為遺跡。他說這座遺跡和與那國島最高山山上的古神廟（面朝西北方），以及可能在東岸會發現的另一座海底遺跡，會形成一個大三角形地帶。他的論點是根據古地理所描述的事實，即日本目前統治的琉球群島在大約九千多年以前，與中國大陸是相連的完整半島。

冰河時期末期，海平面上升，造成這塊半島的大部分都消失在海浪之中，只留下零星小島浮在海面上。

與那國島便是其中一座浮在海面上的島。若真如木村所說，海底遺跡

是人為的，那麼歷史勢必要重寫。另一方面，幾位專家對木村的觀點加以駁斥。他們指出遺跡一定是天然形成，因為九千多年以前，沒有一個古文明擁有這樣的技術或組織足以建造如此奇蹟。

天然石塊或人造建築物之爭

為了徹底解決這個問題，我們於一九九七年九月重回與那國島，同行的還有波士頓大學地質學家修奇（Robert Schoch），他之前的研究成果曾引起國際間對人面獅身像年代產生極大的爭論（參見本書第二部）。另一位同行的是古埃及學家魏斯特（John Anthony West），也是他鼓勵修奇研究人面獅身像。

下水前，兩人在看過有關海底遺跡的錄影帶及網路上的照片後，他們相信與那國島遺跡是人為的。但到了現場做初次接觸後，他們對原先的想法有了動搖。

在遺跡高處表面，極深且勻稱的壕溝。

在第四次下水後，修奇發現自己無法做出結論。他說：「如果我單獨置身其中任何一處，我會立刻認定這是天然石塊，但當我置身於外觀看整個結構體時，我比較傾向於認為它是人為的。」

魏斯特同樣陷於兩難。「我認為這是消失古文明的確存在的確鑿證據，」但他嘆息道，「當中有些模糊不清的地帶，有些石塊像是被刻意切割，有些又像是天然形成的。」

我們提出也許天然與人為兼有的看法，也許這是一種自天然景物與石塊裂痕中找出重要象徵的宗教儀式，之後再以藝術的角度加強這些功能。

經過幾次潛水下探後，在結束與那國島三天行程前，修奇更堅定了遺跡不是人為作品的想法。他說，「我相信這是自然形成的結構體……與那國地質原本就有的細泥岩及砂岩，加上海浪及各種作用，以及幾千年前這區域的海平面就比較低，因此在九千年至一萬年以前形成了這座遺跡。」

一對巨石塊。

木村教授的證據

在離開與那國島之後，我們一行人搭機前往琉球，與琉球大學地質學教授木村會面，是他主張這座遺跡是人為的作品。他的論點基於強有力

遺跡頂端深達二公尺的圓洞之一。與那國島位於北回歸線上已有九千年之久，中午的陽光會直射此一垂直的「井」。在上埃及的古埃及天文學者，亦利用類似圓井的技術觀察太陽在天頂通過亞斯文的情景。

的證據，他以圖表和照片向修奇解釋。例如：

1. 如果只有地心引力和大自然的力量，那麼在遺跡形成時期，為什麼這些石塊沒有掉在原本應該落下的地方，反而像是被刻意搬到另外一邊，而且有些地點完全沒有落石的蹤影。

2. 在遺跡部分區域，可輕易發現外型呈現對比的構造被安排在一起，例如邊緣突起，深二公尺的圓洞；切割俐落的長方形石塊及筆直狹窄的溝渠。如果只有靠大自然的力量，每種構造應該在遺跡隨處可見，或是單獨存在。型態對比的構造被安排在一起，就是人造建築物最有力的證據。

3. 在結構體上有幾處區域，其坡度斜向南方。形式對稱的溝渠也位於這些區域的北邊，只靠自然力量是不可能有南北對襯的構造。

4. 遺跡南面的基底深二十七公尺處，向上築起許多層階梯，通往距離海面不到六公尺的頂端。在遺跡的北面也有類似的階梯。

5. 一面高聳的石灰石牆環繞在遺跡西面，石灰石顯然不是與那國島本地的產物，難以將它解釋為天然物。

6. 似乎是作為祭典必經的通道環繞在遺跡的西面與南面。

修奇在與木村會面後指出：「我不能完全忽略與那國島遺跡可能是人類修築的可能，木村教授所指出的例證，在我第一次短暫探訪時並未看到……如果我有機會再次探訪與那國島遺跡，我會希望探訪這些關鍵性

的區域。」

從表面上來看真是令人難以置信，這幾位親臨現場研究海底遺跡的權威科學家，竟無法立即確定是自然成形的岩石或是人類切割而成的建築物。但修奇向我們提及，類似的爭議和不確定性以前也發生過。例如，維多利亞時代的地理學家於十九世紀挖掘出石器時代的斧頭、箭頭和打火石刀，起初大家以為這些東西都是天然的，後來花了幾十年的時間，學者們才同意這些是人類製作與使用的工具。

與那國島海底遺跡同樣面臨「認定」的問題——只是這次牽涉到的是陌生的建築慣例，而非陌生的工具製作慣例——這可能會令學術界困擾多時。基於這個理由，研究海底遺跡的科學家應該詳加考慮已知和觀察到的各項特點。

與那國島建築物頂點，奇特的長斜方形凸出物。當此建築物矗立在海面上時，是否為某種計算陰影的裝置？可與馬丘比丘的「太陽神的栓馬柱」做比較。

天文學家留下的指紋

在我們看來，結構體所包含的幾項特點很重要。如該結構體浮在海平面上，有些特點會立即讓人聯想到天文現象。它朝向正南邊，接近子午線，東西走向的溝渠兩邊分別面對春分與秋分的日升與日落。以天文觀點來看，它「不是隨機」安置在北緯二十四度二十七分，因為這緯度和現代地圖和地球儀所標示的北回歸線僅相差一度。

地球繞著太陽進行公轉時，其主軸與太陽之間並非呈現九十度直角，因而形成南北回歸線。相反地，地球軸心略為傾斜，目前斜度為二十三度二十七分[15]。天文學家認為特別重要的是「天球赤道」（celestial equator）——將地球地理上的赤道延伸到天體——在二十三度二十七分截切「黃道」（地球繞太陽公轉的軌道）。以專業術語來說，就是「黃赤交角」（obliquity of ecliptic）。無論在哪個緯度，這角度都可以涵蓋地平線的最北和最南端，就是我們每年看到太陽升起的路線。它也決定南北回歸線的確切位置，在我們所處的現代，南北回歸線分別位於赤道以南和以北二十三度二十七分處，這條緯度帶相當於黃道下降至天球赤道最南和最北的線段。

這些術語讓人聽起來備感困惑，但其作用是明確的：

1.太陽在六月二十一日達到「極北偏角」（northernmost declination），

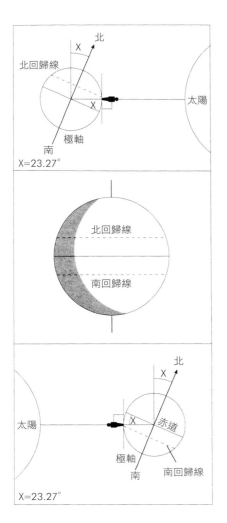

回歸線的形成。

這天為北半球的夏至。這時地球在每年公轉軌道內，地球極軸（和直角呈二十三度二十七分）離太陽最近。在北緯二十三度二十七分——目前為北回歸線處——六月夏至正午太陽與地球呈現九十度直角，陽光與直視者之間也呈九十度直角，所以無法形成影子。

2. 太陽在十二月二十一日達到「極南偏角」，這天為北半球的冬至。這時地球在每年公轉軌道內，地球極軸（和直角呈二十三度二十七分）南端離太陽最近。在南緯二十三度二十七分——目前為南回歸線處——十二月夏至正午太陽與地球呈現九十度直角，陽光與直視者之間亦呈九十度直角，所以無法形成影子。

讀者應當已熟悉因歲差引起的地軸「擺動」變化，是如何改變一年中任一天太陽升起的背景星體。

北回歸線亦稱為「巨蟹座回歸線」，因為大約在二千年前，有天文學家最先發現並記錄在六月夏至當天，太陽在巨蟹座的陪襯下升起。南回歸線亦稱為「摩羯座回歸線」，也是因為大約在二千年前，有天文學家最先發現並記錄十二月冬至當天，太陽在摩羯座的陪襯下升起。

時至今日，由於歲差運動的作用，巨蟹座與摩羯座已不在夏至與冬至當天出現。嚴格來說，在六月夏至太陽升起時可看見雙子座，十二月冬至太陽升起時可看見射手座。所以「巨蟹座回歸線」應改為「雙子座回歸線」；「摩羯座回歸線」應改為「射手座回歸線」。由於歲差的影響，冬至與夏至出現的星座將繼續變換下去：從現在起不到一千年的時間內，六月夏至太陽升起時背景星座將為金牛座；十二月冬至太陽升起時背景星座將為天蠍座。

歲差運動對太陽每年從最南到最北邊的地平線升起位置並沒有影響，對回歸線的確切地理位置亦如此。這些坐標受現代儀器測量到的地球「傾斜」角度所影響，雖然過程緩慢，但長期累積的改變仍具有重大意義。

根據《科學》（Science）、《天文學》（Astronomy）與《天體物理學》（Astrophysics）等期刊發表的觀察結果證實，這個角度不是一直固定在目前的二十三度二十七分，而是在最低的二十二度六分到最高的

北

黃極
傾斜
=23.27°
仲夏的太陽
北回歸線
23.27°
赤道
南回歸線

北

傾斜
=24.30°
北回歸線
24.30°
赤道
南回歸線

回歸線如何改變其傾斜位置的變化。

二十四度三十分間，約二點五度內變動。

　　天文學家警告這個變動區間不見得是不變的，但至少在最近四千年以來都在這個範圍內：

黃道傾斜度在穩定遞減……大約每世紀減少四十秒……所以公元前二千年到現在，斜度已幾乎減少零點五度，足以引起日升與日落方位的變動[16]。

　　利用同樣的算法，回歸線的緯度也在過去四千年幾乎減少零點五度，所以現在「巨蟹座回歸線」在北緯二十三度二十七分；「摩羯座回歸線」在南緯二十三度二十七分。在過去，回歸線緯度一定曾經在南北緯二十四度三十分，未來的某一天，回歸線緯度可能掉到南北緯二十二度六分的低點。根據上述算法，現在位於北緯二十四度二十七分的與那國島遺跡，在過去可能曾經跨過「巨蟹座回歸線」。

一個暫定的日期

　　這類算法是由遺跡明顯的天象特色歸納而來，而且在不確定地理方位的狀況下，可以藉此計算它建造的日期。如果我們認可地球斜度平均每世紀變動約四十秒的說法，我們發現可以算出熟悉的數字，而且不一定是巧合。

　　地球斜度在二十二度六分到二十四度三十分之間變動，斜度週期範

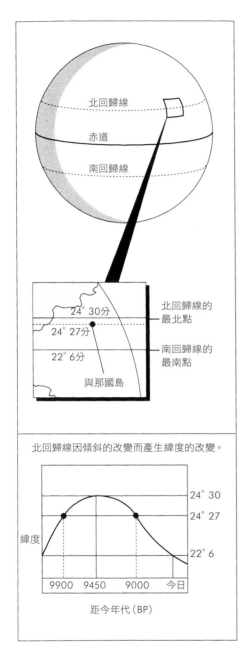

北回歸線因傾斜的改變而產生緯度的改變。

公元前九千九百～九千年，與那國島在北回歸線的位置。

圍在二度二十四分間。每一度分為六十分，所以二度二十四分等於一百四十四分，每一分再分成六十秒，所以二度二十四分等於八千六百四十秒（144x60）。

如果將八千六百四十秒除以四十秒（一世紀斜度的變動幅度），則可得到二百一十六世紀（即二萬一千六百年）——地球軸心由最低擺動到最大斜度所需的年限。依此類推，由最大斜度到最低斜度，需時二萬一千六百年。

我們知道現在地球傾斜度為二十三度二十七分，且有下降趨勢，循環期能達到的最大斜度為二十四度三十分，也就是說，斜度下降一度三分，相當於六十三分或是三千七百八十秒。以三千七百八十除以已知的每世紀變動四十秒速率，可以算出上次達到最大斜度的時間是在九十四點五世紀（3780÷40＝94.5）前，亦為九千四百五十年以前。

與那國島遺跡在北緯二十四度二十七分，僅差最大斜度（二十四度三十分）三分，所以可以輕易算出遺跡何時標出「巨蟹座回歸線」所在：三分＝一百八十秒，以每世紀變動四十秒來算，需時四百五十年。如果地球斜度在九千四百五十年前確實在最大斜度，那麼落至二十四度二十七分的時間大約應該在九千年以前，當時這條「巨蟹座回歸線」正好通過與那國島。在此之前九百年，回歸線應該是在同緯度，也就是九千九百年前，接近半個循環期的尾聲（當斜度上升趨向最大，而非下降趨勢）。

因此，在考慮天文因素後，我們可以猜想大約在九千年至九千九百年前，與那國島海底遺跡可能曾經聳立於乾燥的陸地上，而且是人為建構。

一個天地網路？

假設先史時代有一群不知名的探險家與建築師，在世界各地建造起遺跡的網路——建於回歸線上事先定好方位的經緯度，並以「歲差數字」使

天地相連：例如54、72、108、144、180、216等。之後這個網路遭到地球重大改變而毀壞，像是海平面升高、地層下陷，如果變化更為劇烈，則可能需要原址重建，或者選擇最近的地點另建特殊的遺跡。

令人感到奇怪的是，最近研究地球斜度的科學資料顯示，經歷一半的週期需要二百一十六世紀（二萬一千六百年），古代天文學家對這歲差數字一定很有興趣，因為他們相信天上的變化應複製於地面。另外讓我們感到奇怪的是，吳哥與吉沙間的地理關聯，兩地相差七十二經度；吳哥與澎貝之間相差五十四經度。

更奇怪的是，我們向東方遠眺太平洋，發現在吉里巴斯（Kiribati）島上面有來源不明且對齊天象的巨石構造，此處位於吳哥東方七十二經度（也就是吉沙東方一百四十四經度）；還有大溪地位於吳哥東方一百零八經度（也就是吉沙東方一百八十經度）。這些遺跡和靈魂來世之旅的觀念，與埃及神廟、金字塔和《亡靈書》象形文字所要表達者類似，難道都是巧合？

精確切割的巨石，在太平洋中不僅限於澎貝、吉里巴斯和大溪地有，另外在東加（Touga）、薩摩亞（Samoa）、馬可薩斯島（Marquesas）和皮特肯群島（Pitcairn Island）也有發現，只是這些島嶼的經度和吳哥與吉沙之間沒有歲差級數的關聯。但最能代表這類來源不明結構體的重要據點在復活節島，在現今所處的海平面上，十分接近於吳哥東方一百四十四經度處。

在荷蘭海軍艦隊司令羅赫芬（Jokob Roggeveen, 1659～1729）率領的三艘船隊，於一七二二年復活節日「發現」復活節島之前，當地居民一向稱呼該島為「特彼多奧特赫那」（Te-Pito-O-Te-Henua, 意為「世界之臍」）及「馬塔齊特拉尼」（Mata-Ki-Te-Rani, 意為「仰望天堂之眼」）。在接下來幾章，這些古老的名號將提供一些線索，帶領我們來到位於未知處島嶼的最神祕之處。

第十三章
巫師之島

▶復活節島巨大的石像,有著不可思議的凝視。島上巨石雕刻及很明顯的先進文明起源曾在此遙遠的海島上興盛之謎,學者們至今仍無令人滿意的解釋。是否答案與該地傳說有關?即復活節島曾是一個「龐大國家」的一部分。

位於南緯二十七度七分,西經一百零九度二十二分的復活節島,自古以來便被島民稱為「特彼多奧特赫那」(Te-Pito-O-Te-Henua,意為「世界之臍」),以及「馬塔齊特拉尼」(Mata-Ki-Te-Rani, 意為「仰望天堂之眼」)。它的座標與西面偉大的柬埔寨小吳哥差距為經度一百四十七度。由於方圓三千公里以內的太平洋中,皆無適人居住的島嶼,以現有海平面來說,這是最接近於「吳哥子午線」神奇的歲差數字——東經一百四十四度的島嶼。

此外,這座島嶼也是名為「東太平洋隆起」(East Pacific Rise)的巨型地底絕壁的一部分,此高地有部分突出於水面之上。在一萬兩千年以前,當最後一次冰河運動的巨大冰帽還有大部分尚未融解,且其時海平面較現今低一百公尺之際,此一隆起便可能已經形成一連串陡峭狹窄的島嶼,長度可比擬安地斯山脈。這一長串陡峭地帶向西延伸三千公里,達到日後人稱「特彼多奧特赫那」頂峰的西側,再延伸至太平洋中,正好位於吳哥東方一百四十四經度處。是否有可能在遙遠的先史時代,這座身為測地線中心的島嶼上曾建有某種星象觀測所或神殿,卻因日後海平面上升而遭致吞沒?

我們之所以有這種臆測,是由於一九五八年美國核子潛艇「鸚鵡螺」(Nautilus)號譯注1在進行全球巡航時,潛艇內的科學家「注意到在復活節島附近,有一座異常巨大且未經確認的海底山峰1。」加州大學海洋資源學院的孟納(H.W.Menard)教授發現,「在復活節島附近有一處重要的斷層區,與馬可薩斯群島斷層區平行。」還有「一座由大量沉積物形成的山脊。」另外還有一項難以用巧合解釋的事實,就是當地最古老的傳說形容復活節島曾經是「面積廣大國家」的一部分。雖然這些傳說中有不少令人不解且自相矛盾的地方,不過眾人皆同意在最遙遠的上古神話時代:

萬能之神沃克（Uoke），來自一處叫「希瓦」（Hiva）的地方……祂拿著一根巨大棍棒周遊於太平洋上，用這根棍棒打翻所有島嶼，直至其消失在海浪下。在一番大肆破壞後，祂來到了特彼多奧特赫那，那是一處比現今還要更大的陸地。祂開始敲碎陸地並丟入海中。可是島上的岩石太過堅硬，反而敲斷了祂的棍棒。因此最後一片陸地被遺留下來，成為今日所知的這座島嶼[2]。

復活節島上的其他傳說描述了更多關於萬能之神沃克出現的神祕土地——「希瓦」的故事。我們從這些傳說得知這兒曾是一座以廣大土地自豪的島嶼，但後來遭遇大洪水而沉入海底。在此之後，有三百名生還者坐上兩艘大型海上獨木舟，靠著神奇力量預知島嶼位置，並利用星象指引航程駛抵「特彼多奧特赫那」[3]。

魔法與測地學

在吳哥和澎貝兩地，神王的降臨與登基儀式（前者如闍耶跋摩二世，後者則為歐羅索帕與歐羅西帕兩兄弟）全都是經由名為「魔法師」的高人負責進行。兩地的人們都相信，神王是從遙遠的國度乘船而來。聖城地點的挑選——也許稱為「再發現」會更適當——是君王透過順時鐘繞圈方式，實地「測地勘查」而得。

復活節島的神祕歷史，在該島於十八世紀首次接觸西方文明以前，同樣也受到神王王朝的統治。

此一王朝的創建人名叫霍圖‧瑪圖阿（Hotu Matua），他便是在「希瓦」沉沒於海底之前，帶領生還者乘坐兩艘大型獨木舟逃離的領袖。我們從復活節島的傳說中得知，其名意為「多產之父」（prolific father）的神王，和皇后艾瓦瑞普亞（Ava-Reipua）是受到一位名叫華‧馬卡（Hua Maka）的魔法師告知「希瓦」即將毀滅。他的靈魂先行逃離而來到「特彼多奧特赫那」島：

華‧馬卡的靈魂在夢中來到這座島上，在巡遍全島之後……最後他在安納根納（復活節島的東北角）停下並大喊：就是這兒，這兒就是霍圖‧瑪圖阿神王應該前來居住之地[4]。

阿圖胡奇祭壇的安納根納灣，蹲踞第八座奇特的摩艾石像。

图中文字：
北
安納根納
阿圖胡奇祭壇
拉諾阿羅伊
提皮特庫拉祭壇
波伊奇
阿奇維祭壇
拉諾拉拉庫
普拿帕烏
東加里奇祭壇
復活節島地圖
奧倫果
塔西拉祭壇
漢加泰貝
0　　　　　　　　　5 km
拉諾考

在華‧馬卡神遊之後，據說神王派了七名賢者──神王的兒子們，充滿智慧之人──自希瓦搭乘一艘獨木舟來到復活節島勘查。他們的使命是要為霍圖‧瑪圖阿作開路先鋒，讓復活節島成為適合人居住之地。

別忘了，古埃及也有「七位賢者」（Seven Sages），「艾德福建築文本」敘述了他們由遙遠的島嶼──初始者的故鄉──逃至尼羅河谷地的過程。遙遠的島嶼已經被洪水摧毀（見本書第二部）。「艾德福建築文本」中明白指出，有時被稱為「興築之神」的賢人，其主要任務是在埃及各處要地建立「聖塚」（sacred mounds），長期的目標在於「恢復」原先被毀滅的世界面貌。最先自希瓦抵達復活節島的七位賢人，首要任務也是建造「石塚」，難道這也是巧合？

在這些石塚準備就緒後，霍圖‧瑪圖阿才自希瓦率領兩艘獨木舟抵達。但獨木舟在安納根納灣上陸前，定居者一定要先在島嶼四周繞行一圈，就好像是祭典儀式必經的步驟：

兩艘獨木舟分道而行，霍圖‧瑪圖阿向東（順時鐘方向），皇后艾瓦瑞普亞則朝向西邊（逆時針方向）。他們在安納根納灣會合，兩艘船各別駛向兩座海岬，國王到達的地點稱為海羅莫可（Hiro-Moko），皇后登陸地點為漢加歐海羅（Hanga-Ohiro）[5]。

神祕的事蹟

瑙瑙祭壇。這會是安納納灣的七位賢者？

大約在南半球六月冬至左右的某天下午，我們站在安納納灣兩座海岬之間的白色沙灘上。我們身後就是瑙瑙祭壇（Ahu Nau Nau），它是由笨重石塊堆成的梯形金字塔，頂端為一平台。攀上這塊背向大海的祭壇，上面有七尊造型特殊的雕像，其中一尊只有身軀，一尊沒有頭，一尊保持完整頭上卻無冠，另外四尊頭戴大型紅褐色石的王冠。

有些學者揣測這七尊「摩艾」（Moai, 字面意思為「石像」），代表復活節島最初的七位賢者，即霍圖・瑪圖阿派遣的先驅者。但不確定這段傳奇是否屬實，因為還有第八座形狀奇特的雕像蹲踞一旁，面向阿圖胡奇祭壇（Ahu Ature Huki）附近海灣的一邊。我們不清楚復活節島上六百多尊大型雕像有何重要性或存在目的，它們代表先史時代的神祕事蹟，過去三個世紀以來，數個世代的研究者不斷對這些事蹟提出回應與挑戰，但從未獲得圓滿的答案。

神祕事蹟牽涉到消失的遠古家園——傳說中的希瓦島被海水淹沒，有一小群人自「沃克的巨棒」下存活，之後定居在海面上的石山，也就是他們稱為「特彼多奧特赫那」之處。我們應斥之為無稽之談？或者它有可能蘊含其他特殊意義？

神祕事蹟所牽涉到的人物應是一群熟練的航海家，因為只有技巧高超

阿卡普祭壇的摩艾。

的水手及航海員，才能成功航行到遙遠的「特彼多奧特赫那」。

在神祕事蹟中，來到「世界之臍」的族群，一定擁有深厚的建築和工程學基礎，因為在建造偉大的「摩艾」時，並未留下實驗性質或錯誤嘗試的痕跡。相反地，這些獨特雕刻品所透露出一致性的精雕細琢，似乎是在復活節島興起石像雕刻初期完成，而且越古老的摩艾雕琢品質越好。

同樣的情形也出現在稱為「阿胡」（Ahu）的巨大石造平台——許多摩艾像矗立的地方，在在證明年代越早的建築優於後來的建造者。

考古學家們相信，他們已取得詳載復活節島歷史的年代表：

· 早期發現足以證明復活節島有人類定居的文字記載於蘆葦上，碳十四法測量的年代為公元三一八年，出土於重要的摩艾遺址泰貝祭壇（Ahu Tepeu）的墳墓中。

· 下一個證據是在波伊奇（Poike）半島的溝渠中發現，碳十四法測量的年代為公元三八〇年。

· 接下來的證據出土於另一個重要的摩艾遺址塔哈伊祭壇（Ahu Tahai），經碳十四法測量建造平台時所融入的有機材料，年代為公

元六九〇年。

　　因此考古學家將塔哈伊祭壇視為目前為止同類型建築中最古老者。另一方面，摩艾像的存在年代不能直接由碳十四法測定出，而被視為之後才附加上去的，所以復活節島上早期發現的摩艾才會單獨聳立在塔哈伊祭壇北邊。周邊的證據及碳十四法對有機材料的測量令考古學家相信，重二十噸、高五公尺的摩艾在公元十二世紀即已存在。但他們也承認有前後矛盾之處，因為在那之前，「石像典型的造型已臻至成熟。」

　　約在五百年的時間裡，島民大量雕刻典型的摩艾石像，直到公元一六五〇年在漢加奇奧（Hanga Kioe）出現最後一個四公尺高的石像。七十五年之後，兩大部落（長耳族與短耳族）展開一系列滅族戰役，人口銳減的島民與歐洲船隻進行第一次致命性的接觸。可想而知，在接觸後有一連串災難發生──島民遭受任意的屠殺、綁架、蓄奴，緊接著又有天花與肺結核的流行，導致公元一八七〇年代復活節島的居民銳減，僅剩下一百一十一人。這群人當中沒有一個是島上世襲的教師及長老──當地人稱「摩利克赫朗果朗果」（Ma'ori-Ko-Hau-Rongorongo），這些人在一八六二年遭到祕魯人攻擊，帶離本島販賣為奴。

復活節島的「朗果朗果文字」。

奇特的板文

　　鮮為人知的「摩利克赫朗果朗果」也是復活節島的神祕故事之一，土語「摩利」的意思是「學者」或「特殊知識的專家」。

　　據說第一位「摩利」專家（請勿與紐西蘭上著毛利人〔Maori〕混在一起）是跟霍圖‧瑪圖阿本人一起來到復活節島。他們是文書人員及知識分子。他們的職責是朗誦霍圖‧瑪圖阿從希瓦帶來的六十四片木板文字，以及在原版字跡模糊不清時，負責將舊版文字抄寫雕刻在新的木板上。

　　這並不是神話，因為二十四片「朗果朗果木板」（Rongorongo tablets）一直保存至今。它們古老的全名為「克赫摩圖摩朗果朗果」（Ko Hau Motu Mo Rongorongo），其字面意思為「朗誦的條文」。這些象形文字通常刻在扁平的木板上，木板邊緣已磨損成圓形，因長期使用及年

歲久遠的緣故，使板面泛著油光。木板刻畫一排排整齊的文字，每排高度大約一公分，有數百種符號，包括動物、小鳥、魚和抽象形狀。語言學家指出，有很多符號「代表發音的字母或音節」，這些象形文字先進的程度，和古埃及或印度河谷文明差不多[6]。

「朗果朗果象形文字」特別吸引人之處在於：

它具有罕見奇特的書寫方式——「牛耕式書寫法」（boustrophedon），即第一行若由左到右書寫，第二行則由右至左書寫，像這樣子左右或上下交互書寫，也就是說，閱讀這些符號時必須時常轉動木板。毫無疑問的，這些象形文字一定是由專家雕刻在板面上，它代表古代藝術的結晶[7]。

在復活節島蒐集的口述歷史明白指出，閱讀與書寫象形符號的知識體系是代代相傳的，而且在安納根納灣建立了圓形的校園，以傳授這些知識，直至一八六二年島上教師及長老都被蓄奴者俘虜為止。從此以後，聯繫復活節島與過去傳統的文化橋樑只是粗略保存下來，安納根納成為島民一年一度聚會慶祝，聆聽板文朗誦的重要場合。

十九世紀時，歐洲與美國探險家曾聽過一些板文朗誦，但這些符號並沒有翻譯成現代文字。幾位學者聲稱已將這些符號解碼，最近一份聲明是在一九九七年發布，但後來都無下文。事實上，我們今天只能猜測這些神聖板文的意義，但島民為何長久以來如此重視板文符號則不得而知。我們雖然試圖解釋更基本的東西——像是如何及為何象形符號和板文會來到這個不可能的地點，但也僅止於猜測。德國巴伐利亞聖方濟教會神父英格勒特（Sabastian Englert），同時也是業餘的考古學家，他在復活節島居住三十多年時間，對這些問題看得很透徹：

無論在何處發現的書面文字，幾乎都是大型複雜社會的產物，因為有大量的訊息需要以文字記載。文字的誕生便是源自這種需要，但一小群與世隔絕的團體能擁有這些文字，的確非常少見。板文由復活節島上的小團體所需要或發明，實在不可思議。但目前為止尚未在該島以外的地方找出這些板文的由來[8]。

古老的技工們……

復活節島的神祕遺跡至少有四大特點：

塔西拉祭壇的巨石建築細部，常與印加和祕魯的前印加時期的石造物比較。

————

- 神祕的「希瓦」，傳說中眾神的家園，應該已被洪水毀滅。
- 神祕的航海家帶領一群難民船隊，由「希瓦」航行到遙遠的島嶼「特彼多奧特赫那」。
- 神祕的建築大師率先構想祭壇與摩艾石像。
- 神祕的文書人員了解「朗果朗果」板文的象形符號。

這些精巧的工藝是先進文明的品質保證。在太平洋偏遠的島嶼上發現這些工藝齊聚一堂，實在無法以一般人類社會適用的「演化論」來解釋這些現象。因此許多學者考慮到下述的可能，即復活節島居民不是在全然隔絕的環境中發展這些精巧的技藝，而是如同傳說，受到其他地方的影響。

我們不想一直爭論無意義的話題，好比復活節島的第一批定居者到底是來自西方（玻里尼西亞）或東方（南美洲），是受西方還是東方影響較大。但第一批定居在復活節島的族群顯然是航海家和探險家，這些人在全盛時期應該征服過各大海域，而且不只是到玻里尼西亞各島嶼，可能還曾遠征至拉丁美洲或更遠之處。復活節島在先史時代可能曾與南美大陸與玻里尼西亞交流，例如島上的雞隻和香蕉就是與玻里尼西亞往來的證據，而馬鈴薯、葫蘆、蘆葦等，可能是由南美洲引進的。

至少有人類定居在復活節島的初期，島民應該還記得如何在遠洋航行，這些物資可能很容易從東西方流入復活節島。或許其他寶貴的資產也會跟著來到島上，像是手工藝、學術知識、藝術與宗教觀念。因此，如果遠在南美洲海拔四千多公尺安地斯山上的帝瓦納科廢墟、玻里尼西亞的馬可薩斯群島，以及其他幾處地方，也發現了外表酷似摩艾的巨大石像，我們大概也不會感到意外。同樣地，若有人將復活節島的「阿胡」與玻里尼西亞的「摩拉伊」（marae）祭壇相提並論，或者將塔西拉祭壇（Ahu Tahira）比喻為印加文化最精緻的石造工程，也不會令我們感到意外。

將這些古文明相互比較是有其根據的，而且最後事實將證明，在先史時代，復活節島、南美和玻里尼西亞的文化曾經相互影響，即使交流不算頻繁。但這並非爭議的重點，因為學院派的考古學者都支持這個觀點。我們不確定復活節島在當時的大環境之下扮演何種角色，但應該不會只是被動的接受外來的刺激。島上的建築師與雕刻師具有堅韌的毅力

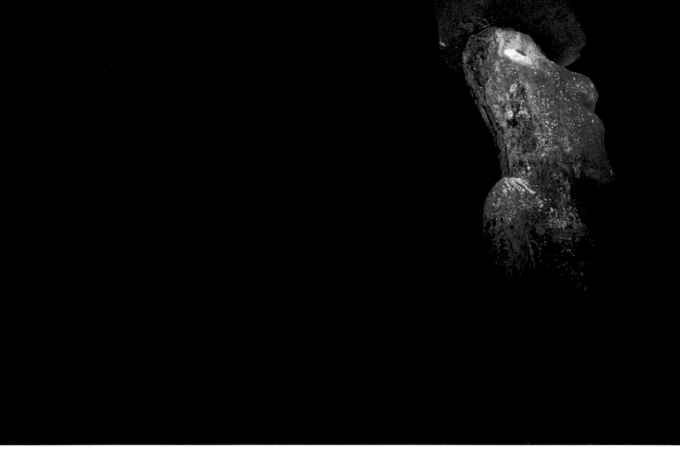

與才幹，他們的祖先借助天象指引發現了「世界之臍」。在復活節島第
一次與歐洲人接觸前不久，也就是邪惡人性大舉入侵前，數百年來，技
巧卓越的島民皆全心奉獻於宗教藝術品的創作。

我們猜測島民之所以全心致力於此，在於它可能可以提供解開島嶼神
祕事蹟之謎。英國旅行家及研究員魯特利基（Scoresby Routledge），曾在
一九一四年至一九一五年期間住在復活節島，她說：

先人逝去後留下的陰影依然籠罩在整座島嶼。寄居者無論是自願或非自
願，都希望與古老的前輩融為一體；周遭的氛圍曾經縈繞著大量的意圖與
能量，但現在已然消失。這是什麼？到底是什麼[9]？

我們研究復活節島先知者的目的時，發現這可能和公元一千年的吳哥
和公元前三千年吉沙祕密流傳的靈知派（gnosis）有關聯，此一教派的起
源地似乎不是這兩處，且於文字記載前的先史時代就開始。我們猜測復
活節島、帝瓦納科廢墟和其他太平洋地區有彼此類似的巨石構造，可能
是受到古老、間接的第三者引導，也可能和第三者的直接介入有關。

費里祭壇的船隻「墳場」和摩艾石像。

從天上落入凡間

目前為止所發現最古老的證據中，隱約可見埃及在歷史背後所發揮的影響力。傳說埃及曾有一個半人半神的團體「賢蘇荷」，他們是「荷魯斯神的追隨者」，據說他們在洪荒年代，即太古時代便定居在尼羅河河谷。如同本書第二部所看到的，這些人的影響力及對日後法老王朝文化的形成與指引，在許多埃及葬儀和重生儀式文獻，特別是在上埃及艾德福的荷魯斯神殿壁上所刻繪的經文中隨處可見。

傳說中描述初抵復活節島的七位賢者及神王霍圖・瑪圖阿王朝的故事，都會令人聯想到「艾德福建築文本」。這兩個地方的傳說都提到神王的原生地──復活節島島民來自「希瓦」，埃及人則來自「初始者的故鄉」。兩處原生地都遭到大洪水淹沒──復活節島神話稱洪水為「沃克的棍棒」，埃及艾德福則以豐富的意象形容水災為「巨蟒」──牠不斷猛烈入侵聖地，導致神聖居民死亡。兩地原鄉的諸神都溺死於水底。兩處都有生還者，由神王帶領乘船逃離洪水區，最後來到一塊陸地定居下來，逃出來的子民均包括文書工作者、建築師及星象家。同時，這些生還者都在特殊地點建立「聖塚」。

在埃及，這些土塚的功用是作為大型工程基地，以詔告世人神廟未來

應該建造的方位，這些結構體的安置主要是依照「模擬天空」的藍圖，整個工程的完成是為了「重現遠古諸神的世界」。尼羅河谷的偉大神殿就是建立在舊有的土塚附近。復活節島的祭壇正好建立在舊有祭壇基地上面，這難道也是巧合？或者他們可能想在全球啟動一份需時數千年的偉大神祕計畫，好讓先人的世界重新復活？

瑙瑙祭壇的巨石雕像，這些石雕並非同一時期，而是許多時期的作品。

　　漫步於安納根納灣的瑙瑙祭壇附近，可輕易看出大型平台的工程不是在一世代，而是經過許多世代才完成。祭壇上主要的石造建築略顯粗糙，幾塊刻有圖紋的大圓石，顯然是早期就被放置於不同方位。我們仔細觀察一塊巨石，發覺它是斷頭的老摩艾，外表飽受風化磨損。在地底下數公尺深處有面石牆，一九八七年由挪威探險家海爾戴爾（Thor Heyerdahl, 1914～2002）挖掘出來。它是由切割優美的大型方石堆砌而成，海爾戴爾判斷這面石牆建造的年代比祭壇更久遠。

　　此外，挖掘者在瑙瑙祭壇附近發現大型沙坑，沿著各邊砌有石塊，呈現船形，島上接近祭壇的地方均可發現類似的結構體（在費里祭壇〔Ahu Vaiuri〕和泰貝祭壇均有保存完好的範例）。考古學家假設這些結構體很有可能是船屋的基地，是早期屯墾者居住的地方。但有些傳說指出這些是「船骨」，和建築之神「奴卡凱烏」（Neku Kehu）有關聯，祂應該是在太古時代與霍圖‧瑪圖阿一起來到復活節島。另外有七座船形祭壇，名為普普祭壇（Ahu Poepoe），作用是墓地。船屋最佳範例的長度為二十一公尺，高度四公尺，船首比船尾高出逾一公尺，位在安納根納西邊靠海處。誠如英格勒特神父所言：「它好像隨時準備將逝者帶往遙遠的海洋[10]。」

　　看到普普祭壇和船屋基地，會立即讓人聯想到金字塔的「船墓」及古埃及的墳墓。在我們探討的案例當中，有些是仿船形的石磚或石塊，例如上埃及的阿比多斯。另外一些則和實際的海船規模一樣大，最有名的是從埃及大金字塔旁邊一座「船墓」所挖掘出來、長達一百四十三呎的「太陽船」。

　　古埃及葬儀和重生經文以象徵性語言形容死去君王的靈魂乘坐這些船隻來去人間與天堂之間。我們發現復活節島也有類似的傳說，有關神王霍圖‧瑪圖阿的傳說指出，「祂從天而降落入凡間……祂乘著船隻……從天堂降至人間[11]。」

一座有龐大頂髻的摩艾石像，為工程上令人敬佩的偉業。該地傳說這種偉業歸因於巫術。

會走路的石雕

古埃及語「阿卡」（akh或akhu），有時會寫成「阿胡」（ahu），它有幾種不同的意思，例如「光明之體」、「地平線居住者」、「光輝」或「轉化之靈」。在復活節島上，「阿苦」（aku）的意思為「超自然的靈魂體」。回到埃及，我們發現同樣的字用於受到崇敬的賢蘇荷，即荷魯斯神的追隨者，神祕的人神之君全名為「阿卡賢蘇荷」（Akhu Shemsu Hor），據信在第一個法老開始掌權之前，這些神王已統治尼羅河河谷長達數千年。在古埃及的《冥府之書》當中有一段有趣的文字，它告訴入門者：「我們必須和聳立的神祇（Ahau）一樣站得高高的[12]。」傳說中這些神祇是面積九立方腕尺或高度相當於六公尺的超自然個體。

在下雨午後的安納根納海灘，我們站在瑙瑙祭壇最高的摩艾像下面，它比我們高出逾六公尺，是重十八噸紅灰色的火山凝灰岩，石材取自復活節島的拉諾拉拉庫（Rano Raraku）採石場──島上所有摩艾都使用

這種材質。覆蓋在頭部的圓錐形頭冠石材則不同，主要取自普拿帕烏（Puna Pau）採石場的紅色火山渣，重約六噸。

這類頭冠只有少數摩艾像有，當地土語稱為「普卡奧」（pukao）。其中最大者高一點八公尺，直徑二點一公尺，重約十一噸，可以在安納根納東方二公里處的提皮特庫拉祭壇（Ahu Te Pito Kura）看到，原本裝在祭壇上最大的摩艾像上面。但這尊摩艾現在已經倒下，原本重量估計接近八十一噸，石材是從六點五公里以外的拉諾拉庫運來。另一尊摩艾還在採石場裡面，體型也非常巨大，可能重達九十噸，從一開始建造的高度可能就高達二十三公尺。

將這些巨大石像搬運至島上各處的祭壇，再將它們豎立起來，然後挑選幾尊石像裝上重達數噸的巨大頭冠，這絕對是項艱辛浩大的工程。許多學者得大費唇舌說明這些工程是如何在遙遠的島嶼完成，因為島上人口稀少，即使在高峰時期也從未超過四千人[13]。

復活節島總是被一種充滿古怪概念或極端主義的學術憎惡症所妖魔化，每一位考古學家都想要以表面上完全合情合理的科學理論，壓過其他研究者的看法。這也難怪正統學者從不會認真看待許多復活節島的古老傳奇。有傳說指出摩艾是被「馬納」（mana）搬動，再被抬起來。「馬納」字面意義為「法力」，古埃及人稱魔法和超能力為「赫考」（hekau）。

復活節島保存下來的傳奇是過去歷史的片段，當時「偉大的魔法師」知道如何「發號施令」以搬動雕像。魔法師利用一種稱為「提皮特庫拉」的圓形石頭，集中「馬納」法力在上面，命令雕像走路。據說有時候酋長也有法力命令石像走路或飄浮在空中：「人民必須努力雕刻摩艾石像，等他們完成雕像後，神王就要施展法力移動它們。」

幾乎是同樣的情形也出現在埃及，許多傳說中的大型石碑都與法力有關。我們在典型的文獻上讀到衣索比亞巫師霍爾（Hor）：

他舉起長二百腕尺、寬五十腕尺的巨大拱形石，高舉過法老和王子的頭上，這石塊好像要掉下來砸死他們。法老和百姓見到此情景，都發出刺耳的尖叫聲。但霍爾念出一串咒語，將一艘幽靈船變成真船，載走石頭[14]。

安地斯山區神祕的帝瓦納科城也有巨大雕像、大型石牆和金字塔，傳說中類似的建築神蹟被第一批來到此處的西班牙人記載下來。當地傳說大石頭會靠自己的力量或者配合鼓聲的節奏，由採石場來到適當的地

點。再往北邊有中美洲馬雅城市烏斯瑪爾（Uxmal），也傳說著幾乎相同的魔法師金字塔故事。據說有神奇力量的侏儒吹幾聲口哨，大石塊就會自動歸位，並在一夜之間建起金字塔。同樣地，位在密克羅尼西亞澎貝島的大石城南馬都爾，也是藉由歐羅索帕與歐羅西帕兩兄弟的法力所建造，兩位神王說出一連串咒語，一塊塊石頭就像穿梭在空中的小鳥般，各自落在適當的位置。

我們若將這類傳奇故事斥為無稽之談，也許是個錯誤。史學家和考古學者或許應該少花點心力，去研究那些人類過往單調平淡的解釋，而應該多多探討以前是否真有這些事情存在的可能性。

無論是埃及金字塔、吳哥寺廟、中南美洲的石城、南馬都爾的玄武岩城牆或是復活節島的祭壇及摩艾，我們對先史時代幾乎是一無所知。正如多數學者所願意相信的，先史時代可能經歷漫長而緩慢的演變。或許先史時代根本不是如此，而是精緻複雜，充滿活力、想像力與希望。也許一個或數個先史高階文明，曾在遠古遭受洪水吞噬，靜靜地躺在我們集體過往的深谷中。

也許這些人運用的先進科技和我們今日大不相同。也許他們學會了如何集中心智力量，以控制實體的世界及超越技術的侷限，所以他們才可以輕易地完成搬動巨石的艱巨任務。

我們相當肯定，也在之前幾本書裡提過，人類的歷史上至少有一段重要的篇章被遺忘——那是一段毀於冰河時期末的失落文明，此文明的年代可連結至公元前一萬零五百年。但是我們在此考慮的可能性更有宏觀意義：該文明所應用的知識體系被生還者搶救出來，他們可能會設計多種方式，好將知識傳播至世界各地，並傳給下一代，甚至已傳至現代。這或許能解釋古文明間相互類似的靈性理論構思，利用天地二元論以追求靈魂的不朽。

這套架構的出處雖已不可考，但它能夠在不同的時代被賦予新的面貌，例如在古埃及金字塔時代、基督教早期的《煉金術經文》時代、公元一千年末的柬埔寨與中美洲，或者在密克羅尼西亞，或許在復活節島，這座當地土語稱之為特彼多奧特赫那「世界之臍」及馬塔齊特拉尼「仰望天堂之眼」的土地上。

譯注：
1.鸚鵡螺號為美國第一艘核子動力潛艇。

第十四章
蜘蛛之網

▶阿奇維祭壇七座灰色、沉思未來的石像之中的三座。

六月夏至午後的日落時分，我們來到靠復活節島西邊中心點的阿奇維祭壇（Ahu Akivi），此處距離海岸三公里遠。和安納根納灣的瑙瑙祭壇一樣，這兒也有七座摩艾石像，但頂上全都沒有頭冠。更奇特的是，所有石像皆面朝西方海面——從它們矗立的高點往西方看去，海洋清晰可見。

這些色澤斑駁，超乎想像的石像，既莊嚴又具震撼力，石像的兩個眼窩茫然淡漠地直瞪著無邊無際的大海。當地人相信，很久以前，當「馬納」（法力）離開復活節島而且一去不回後，它們就如同島上大多數摩艾像一樣死去了[1]。可是島上的極少數摩艾仍被認為具有法力，而且每年會化身兩次「活面孔」（aringa ora）。此種概念極類似古埃及的經過「開口與開光」儀式後，雕像會轉變為「存活的形象」（sheshep ankh）。在吳哥，雕像同樣可以透過象徵性的「開光」而被賦予生命。

復活節島上的摩艾像眼睛，曾一度利用白色珊瑚和紅色火山渣加以裝飾[2]。有相當多的雕像（不是在阿奇維祭壇）在利用發現的碎片修復後，才發現這些雕像的眼睛其實是以某種角度仰望天空，這也難怪復活節島的原名會是「仰望天堂之眼」了。在月光皎潔的夜晚，島上數百尊的「活」雕像，以珊瑚做成的眼睛仰望繁星，有如神祕的天文學家在探究宇宙。而在炎熱的白天，同樣的幾百對眼睛也在觀察太陽的運行軌道——古埃及人稱為「荷魯斯之道」或「拉之路」——這也是聲稱「荷魯斯神永生不死」的「荷魯斯神追隨者」所追尋的道路。

柬埔寨吳哥眾寺的天文排列型態，主要是根據十二月冬至的日出和三月春分的日出，即北半球的隆冬和初春。這兩個時點在復活節島的傳說中，被認為是阿奇維祭壇的摩艾像復活之時，在南半球，具有特別意義的則是六月的夏至和九月的秋分。

由莫洛伊（William Mulloy）、利勒（William Liller）、艾德華斯

六月夏至，日落光線不偏不倚直射石像前額。可與一〇八頁圖坦卡門陵墓的第二神龕圖比較。

————

▶仰望天堂之眼。

————

（Edmundo Edwards）、克拉克（Malcolm Clark），以及其他學者所做的精確考古天文學研究證實，東側坐向的阿奇維祭壇的確有非常明確的春秋分方位，而摩艾也確實「被設計用來標記春秋分時點」[3]。在幾處海岸，也找到明顯按照分至時點排列的證據（例如泰貝祭壇、北部海岸的海奇祭壇〔Ahu Hekii〕、東加里奇祭壇〔Ahu Tongariki〕，以及在維那普〔Vinapu〕的另外兩處刻意切割成不規則四邊形的摩艾石像群）。研究也證實，復活節島上的幾處內陸祭壇乃是朝向冬至日出。不過，在阿奇維祭壇並未發現有此現象。儘管如此，當我們在六月夏至日落時分，在阿奇維祭壇的摩艾石像旁向西方看去時，的確可以感受到此處所呈現的強大天地對應關係。落日光線直射雕像的前額，讓我們聯想起埃及圖坦卡門法老陵墓的第二神龕中，金質雕像前額對應至天體的景象[4]。雕像旁的刻文寫道：「這些神像就是靠太陽神拉之光進入體內，喚醒了它們的靈魂。」

埃及人口中的「太陽神拉」顯然和復活節島上的神聖建築、神祕過去和宇宙觀密不可分。事實上，在復活節島語言中「raa」即代表太陽。神王霍圖・瑪圖阿第四個兒子便是以此為名，其後又由他繁衍出了「太陽部落」（Raa clan）。「Ra」一字也出現在另外兩個部落名稱之中——

拉諾考火山口上的彩虹奇景。

「日出部落」（Hitti-Ra）和「紅色日落部落」（Ura-o-Hehe）。島上三座主要的火山口湖名稱是：拉諾考（Rano Kao）、拉諾阿羅伊（Rano A-Roi）和拉諾拉拉庫（Rano Raraku）。還有一處在漢加帕帕（Hanga Papa）的祭壇名稱也叫做拉艾祭壇（Ahu Ra'ai）。考古學者艾德華斯和克拉克曾對這些名稱做過研究，認為它們至少都含有某種「暗示性」。根據兩位學者的推算，拉艾祭壇的石像經其建造者特別擺放在附近的二座火山口旁，除了具有指標意義外，也是觀察十二月冬至太陽運行路線的觀測站。

神聖的鳥人

奧倫果（Orongo）位於復活節島西南端，當地靠近拉諾考火山口邊緣處，有四個尺寸相同的小型地洞分布在岩床之上，一旁就是一座大型祭壇。一直以來，奧倫果便是以重要的祭祀中心聞名，因此這些地洞也受到了在一九五五年至五六年間，前來此處的挪威考古探險隊注意。經過隊中的佛登博士（Dr. Edwin Ferdon）在分至時令的仔細觀察後，他的結論是：「這四個地洞的組合，絕對是一種用來觀測太陽的設計。」

奧倫果當地也有一座型態罕見，由玄武岩雕成的摩艾像，於一八六八年移往大英博物館存放。在一邊是陡峭絕壁，一邊是長滿蘆葦的拉諾考

火山口之間，只有五十四間厚重牆壁是以水平排列石板砌成及圓頂天花板的橢圓形房子[5]。

此地每年九月會舉辦「鳥人」競賽儀式，也就是在南半球的春分時節月份[6]。我們對這項奇特儀式的由來一無所知。比賽方式是去尋找燕鷗蛋，特別是當季下在產地的第一顆，產地在距奧倫果西南岸不到一英里處的摩圖奴（Moto-Nui）小島上。比賽由崇高的贊助者參與，他們被稱為「鳥的僕人」（hopu manu），主持比賽的則是保有「朗果朗果」木板的長老們。在長老的一聲令下，「鳥的僕人」沿著奧倫果的絕壁攀岩而下，再划著一種由蘆葦編成，名為波拉（pora）的小船前往摩圖奴島[7]。第一位取得燕鷗蛋並返回者會被授予「東加圖摩」（Tangatu-Mau）的封號，意即「神聖的鳥人」。冠軍者在往後一年當中都會受到崇高的待遇，並在剃光的頭頂上塗滿紅色，同時也會在奧倫果的岩石上雕刻一個奇特的鳥頭長喙人形，以作為他的代表。

奧倫果刻有鳥人形象的岩石。身後是摩圖考考島、摩圖伊提島及摩圖奴島。

「摩奴特拉」（manu-tera）是復活節島對燕鷗的稱呼，意為「太陽鳥」。雖然沒有證據，但我們認為這些燕鷗蛋可能就是太陽的象徵物，如同古埃及以獵鷹和鳳凰象徵太陽一樣。鳳凰在古埃及被稱為「貝努」（Bennu），與太陽城和金字塔形的「本本石」有所關聯，尤其著名的是牠所產下的蛋：

當結束時刻來臨，鳳凰會建造一個充滿芳香之氣的巢，然後將之焚燒殆盡。在蛋中塗滿父親骨灰的新生鳳凰，自灰爐中破蛋而出，並朝太陽城飛去，在太陽神「拉」的神殿上撒下這些灰爐[8]。

復活節島的鳥人儀式也有可能是在表達相同的理念。史學家賈拉何伊（R.A.Jairazbhoy）曾說道：

若有人想舉出前例，第一個會想到的便是埃及的太陽神之蛋（宇宙之蛋）。《亡靈書》當中提到，這顆蛋是由鳳凰產下，並由死去鳳凰之靈負責守衛。這一點在〈統管陰間水界〉一章中有明確揭示。搭蘆葦船渡海取蛋，讓人聯想到古埃及太陽神拉乘坐蘆葦船來到地平線上[9]。

儘管為其他史學家忽視，賈拉何伊的這項說法仍極富知性：幾乎所有與鳥人儀式有關的內容都可解釋成對遠古「太陽神之蛋」的追求，太陽鳥（manu-tera）就是太陽神的象徵。特別有趣的是，復活節島所稱的蘆

葦船「波拉」，字面意思其實就是「太陽的蘆葦船」。賈拉何伊正確地指出，古埃及《亡靈書》有時會將蘆葦船描述成太陽運行天際的工具。在更古老的「金字塔經文」也出現過相同概念，當中寫道：「天空中的蘆葦船隨時為太陽神準備著，好讓祂乘坐以穿越地平線……[10]」

我們認為古埃及太陽神穿越天空所乘坐的蘆葦船，和復活節島「鳥的僕人」前去摩圖奴島，以取回太陽鳥的宇宙蛋所乘坐的蘆葦船並無不同。除此之外，在岩石上所刻下的圓錐形蘆葦船圖案，考古學家認為「和最早期航行於尼羅河及三角洲沼澤上的一樣」，與二十世紀仍在努比亞及埃及中部使用的蘆葦船並無不同。唯一不同的只有兩地所使用的蘆葦品種（復活節島使用香蒲草〔totora reeds〕，埃及則使用紙草蘆葦〔papyrus reeds〕）。

我們站在奧倫果絕壁和拉諾考火山口之間，不禁懷疑在這一大片歷史謎團中，復活節島的詭異文化，像是鳥人儀式、祭壇、摩艾等，是否和埃及「金字塔經文」中所描述「對永生的追求」，以及和象徵太陽神與死靈藉以穿越地平線的「天際蘆葦船」之間有所關聯？如同我們在本書第二部看到的，一種至高無上的知識是追尋永生的要件，所以復活節島的「神聖的鳥人」被授予「東加圖摩」（聖鳥的學者）的頭銜，應該就不是巧合。

古埃及宗教十分看重的「索斯神」——有智慧的鳥頭人身神明，長嘴，朱鷺頭。祂是知識之神及星星的計數者。在《亡靈書》中如此寫道：

吾乃索斯，專事文字解釋的法律之神，雙手清白，所寫必真，憎惡虛假。吾乃索斯，法力貫穿數百萬年，天上地下冥府皆受吾指引，太陽子民皆受吾滋養[11]。

「金字塔經文」第六六九段有關允諾國王來生的經文，也許和復活節島的「鳥與蛋」象徵意義有關：「你在索斯神的巢內重生……看啊，國王就在那裡；看啊，國王正在蛋中成形；看啊，國王已破蛋而出[12]。」

約在下午六點，我們見到一座彩虹橫跨在拉諾考火山口上方，至六點十五分逐漸消失，六點四十分太陽已完全降至地平線下方。西方天空呈現出柔和的橘色。前方的摩圖奴島正上方出現一道異象，一條好似臍帶的暴風在雲層和海面之間產生。我們很難確定所看到的景氣是暴風還是雲正在成形，看起來彷彿是雲將海面的水氣向上吸，一道濃黑的烏雲挾帶水氣直向陸地而來，雲層被海洋的水氣所滋潤，海洋也被雲層的水氣

所滋潤。

　　此情景讓我們見識到這座孤島的神祕力量，感受到它絕對的孤寂。在荒涼無邊勝過任何沙漠的太平洋上，復活節島身置其中，以它的雙眼凝望著天上繁星，如同它的古名「馬塔齊特拉尼」。

　　馬塔（Mata）在當地語言為「眼睛」之意。此字有玄妙的雙重意義，在發音上極近似古埃及的「瑪特」（maat）一字──「真實」、「誠實」、「正直」、「正確」、「真心」等，亦有「正義」、「平衡」及「宇宙和諧」之意[13]。此字的化身即為瑪特女神（Maat），「真實羽翼」是祂的象徵，在《亡靈書》中決定死靈永恆命運的審判場景中，瑪特女神扮演著十分重要的角色[14]。

　　古埃及文中的「瑪特」還有另外一個意思。根據布奇爵士（Sir E.A.Wallis Budge）的權威著作《象形文辭典》（*Hieroglyphic Dictionary*）所解釋，「瑪特」代表「眼睛」、「視界」、「眼界」、「所見之物」、「動人場面」及「眼力」等。在《亡靈書》中也常出現「瑪特拉」（maat Ra, 太陽神之眼）一詞。

　　如果我們將「馬塔齊特拉尼」中的「齊特」（仰望）拿掉，剩下的「馬塔拉尼」（Mata Rani）一字，在復活節島和其他玻里尼西亞語中代表「天堂之眼」[15]。「馬塔拉尼」無論在發音或語意上，都極為接近古埃及文的「瑪特拉」（maat Ra）──太陽之眼[16]。尤其這兩個字都是以天空及天體為主要焦點，換句話說，它們都具有天文性質。

祕密語言

　　復活節島上除了祭壇和摩艾之外，還有很多被世人遺忘的天文學遺產。島上那些石造遺跡的方位證據、引人聯想的神祕片段，在在讓我們覺得此處所隱含的強大天地對應關係，與埃及和吳哥十分類似。

　　第十三章曾提到，神王霍圖・瑪圖阿據說是乘坐巨船從天而降：

霍圖・瑪圖阿自天上同時降臨了兩處大地，
靠上天之助回到長子的世界，也回到他的世界。
他乘著最心愛幼子的船，自天上降臨大地[17]。

　　根據十九世紀復活節島上最後一位能看懂「朗果朗果」板文的島民所述，這段傳說像極了在古埃及「金字塔經文」和《亡靈書》當中所記載

的內容——太陽神拉每日早晨乘坐太陽船（Mandet）自天上降臨，其時為最「年輕」的時候，然後又在最「蒼老」的黃昏時刻乘坐太陽船離去。

這段轉述也特別提到了「兩處大地」的存在。《哈姆雷特的石磨》一書的讀者應當對此不陌生。這兩位作者的最大貢獻，在於認出了遠古傳說和碑文中隱含的天文語言。這些語言和科學可以追溯到全世界「令人無法置信的古文明」，比有歷史記載開始時還要早上數千年。

此種天文語言特別與春、秋分時點的歲差運動有關，並且包含了一連串和歲差運動速率有關的數字——如每七十二年移動一度，每二千一百六十年移動三十度等。它也是一種利用特定的「心智模型」來幫助了解複雜天文概念的語言。這種模型將「大地」神話化。桑提拉納和戴衡德將「大地」定義為橫跨連接四大星座之天空的假想平面，此四大星座各自對照於任何年代中的春、秋分和夏、冬至四大節令時的日出：

由於此四大星座在春秋分與夏冬至與太陽同步出沒，因此我們決定將「大地」定義為四方形（古代中國人亦有「天地四方」之說）。又由於此四大星座只在短期間內占據四角（受春、秋分歲差運動影響），因此「大地」可以說具有消失與再生現象，一年之中會有新的四大星座分別在四個角落升起[18]。

我們猜測前述有關霍圖‧瑪圖阿傳說中的「兩處大地」，可能與此概念有關。一個是我們實際居住的大地（terra firma），另一個則是天球，即桑提拉納和戴衡德從全世界古老天文傳說中歸納而出的「黃道平面」。所有證據都指向同一個神話來源——一個曾在先史出現的極度先進，甚至科學的文明。復活節島上的神祕傳說可能也與此一來源有關。

另一個傳說也使用相同的天文語言：

在「洛克洛克希圖」（Rokoroko He Tau）時期天空隕落了，
自天上降至地面，人民哭喊：天空倒了！
他保持鎮定，等待了一段時間。
天空再次回升，消失後又停留在原處[19]。

根據桑提拉納和戴衡德所闡釋的天文語言，天空掉落地面乃是暗喻一個天文世代的結束——如同柬埔寨小吳哥和大吳哥王城中所出現的「翻攪乳海」的混亂天象。除此之外，天空確實隕落至地面的感覺讓這個比喻更具真實感。若讀者能夠注視東方天空達數千年之久，就會發現歲差運

動的結果使得春分日出時的「當值」四大星座緯度漸漸降低（參見右圖）。在一段夠長的時間之後，原本的當值星座會沉入地平線之下，而由在其上的星座取而代之。

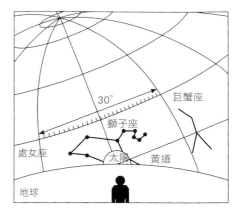

或許這就是復活節島傳說中天空隕落和「消失」的意義。若真是如此，那麼另一個新天文世紀即將出現（「天空再次回升」），而且還會在原處維持一段極長的時間（「停留在原處」），也就不會令我們驚訝了。

高深莫測的曼陀羅雕像

復活節島上還有更多分散的天文遺產。例如，傳說在遙遠的世代以前，島上住著一群研究星象的智者「東加圖拉尼」（Tangata Rani），因為臉上有彩斑刺青，所以可以一眼被認出，這有一點像古埃及太陽城中，那些穿著斑點豹皮外袍的天文祭司。

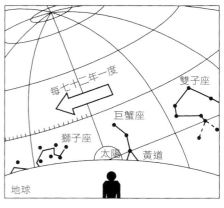

由於眾星的歲差循環，太陽在任何日期的升起，每七十二年將依反時針方向移動一度。

據說這些智者喜愛觀察特定星象，像是「太陽的傾斜洞穴」──太陽焦點，便是其中之一。島民們也都記得他們的祖先對星星（hetu）有極大的興趣。一九一四年，探險家魯特利基（Scoresby Routledge）在島上東端的波伊奇（Poike）半島上見到一處大型岩石平台，根據智利考古學家利勒（William Liller）指出，該地為一處「星體觀測所」（島民稱為papa ui hetu'u，意為「觀星岩」）。另外，魯特利基也曾被帶至靠近塔哈伊祭壇（Ahu Tahai）西北面的一處洞穴，同行者告訴她該地為「祭司們教導門徒星體運行之所」。

這一切顯示出長久以來被稱為「仰望天堂之眼」的復活節島，本身擁有一套天文知識教學系統──當中包含了教師和門徒。相同的系統也在古埃及的太陽城興盛過，並成為古埃及三千多年間精神與哲學教育的主幹。「瑪特」是埃及人的指導原則，他們希望在自身和宇宙間創造一個平衡的社會，而且無人能否定他們的成功。可是看看復活節島糟透了的處境──這個小三角形火山岩島嶼（三邊各長十八、十九和二十四公里），像一座被困在無邊無垠太平洋上的監獄──竟然也能有如此另人驚豔的成就。島民也許患有幽閉症產生的絕望和自我毀滅感。但可以確定的是，至少在公元八至十六世紀，島上維持著一個穩定的環境，或許時間還要更長，長到足以產生一群手藝精湛的建築師和雕刻師，以建造那

▲▶拉諾拉拉庫的石像頭部。

些祭壇和摩艾像。古埃及人一定會一眼認出此處受到「瑪特」理念的支配，因為這是一個受到個人行為和集體藝術創造力的啟發，而展現豐富靈力的島嶼，留給世人一座充滿神祕之美的遺跡——超過六百尊高深莫測的曼陀羅雕像，好似從採石處拉諾拉拉庫火山口地帶冒出，將前來此地的人團團包住。

緯度線和子午線

我們登上拉諾拉拉庫火山口的外圍高地，沿著這座死火山的噴火口向下走去。整片區域內盡是部分或完整的摩艾像、摩艾頭，大大小小共約二百七十六座，姿態或立或躺。火山口內部的摩艾像則為站立狀，到處散亂著，眼睛直瞪著底部長滿蘆葦的火山口湖。

這些彷彿來自另一個世界的雕像就像是桌上擺的一頓大餐，在還沒開動前一切活動便停止。我們這才了解到為何考古學家對此地的解釋會是：島上曾在某個時期出現社會動亂，所有工人皆放下工具，在一夜之

間一去不返。不過還有一個可能——採石場內外的數百座雕像，是經過深思熟慮後才被擺放的，這麼壯觀的場面可能是一座巨大紀念物的合成體。彷彿是從地面長出來的小頭像瞪著我們看，奇形怪狀，長滿根瘤，像是枝幹上枯萎的蔬果，又像還在長大的活生生岩石，布滿鮮明的皺紋。這些臉孔也有它們莊嚴的一面，凝視著這座位於浩瀚太平洋中央小島中心點的火山口湖。

在離地僅一百八十公尺，向東可以眺望大海的拉諾拉拉庫火山口邊緣，我們見到了一個奇特景象——一個岩石鑿成的洞穴，邊上靠著一排岩石切割而成的座椅。整排座椅也和摩艾像一樣面向火山口湖。有好幾個狹縫、凹陷處，以及深度超過一公尺，寬超過二公尺的壁龕，這整片景觀，和日本與那國島由岩石切割出的海底遺跡呈現驚人的相似度。

美國研究學者柴德斯（David Hatcher Childress）曾提過一篇有關復活節島傳說的報告：七名魔法師並排坐在拉諾拉拉庫火山口的石椅上，施行法術（mana）讓雕像行走。「所有摩艾必須朝同一方向走。當它們走出火山口之後，再變換成順時鐘方向環繞全島。至今仍可見到當時它們的行走路線。」

其實它們行走的路徑不只一條。現在還有一些摩艾像面朝下倒臥在這些路旁，就像在玩「大風吹」的遊戲，它們都在同一時間內優雅地坐下。其他一些據說是先史遺留下來的「道路」（Ara Mahiva），也曾一度包圍整座海島的沿岸，被島民認為是「聖靈的傑作」。不過最令人感到興趣的，是下面這篇在一八八六年由島民維可（Ure Vaeiko）譯自「朗果朗果」板文的傳說：

島嶼最初為先民創建之時，早已鋪滿了平滑的石頭路。石頭緊靠在一起，切工之細，完全沒有任何稜角。道路的建造者名叫海克（Heke, 令人想起古埃及意為魔術的「hekau」）。他就坐在這處榮耀之地——四通八達的道路中央。這些道路是依照黑斑蜘蛛的網加以規劃，沒有人看得出它們的起點和終點[20]。

後來因為出現「以另一種文字寫成的未知內容」，維可不得不就此打住。接著他又跳至對黑斑蜘蛛的說明。這隻蜘蛛原本住在「希瓦」（復活節島祖先躲避大洪水前的原始居住地），在爬往天堂途中因受不了寒冷而放棄。

根據這段譯文，再加上從上古資料得到的線索，我們有了以下的結論：

1.島上曾有一條如蜘蛛網般錯綜交織的道路。
2.整個網路是以中央的一處聖地為中心。
3.這一切顯然與「天空」有所關聯。

我們懷疑這些想像可能要追溯至一種失傳已久的天地座標——如同我們今日在地圖上使用的經緯線一樣，是天文學家在天空中用來標記對應天體升降用。

在古代，類似蜘蛛網型態的網路被廣泛的使用。例如，據說中國製圖學家張衡早在公元一一六年，便「以座標畫於天地之間，並以其為基礎計算[21]。」

世界之臍

復活節島除了被稱為「仰望天堂之眼」，還被稱為「世界之臍」。據說是神王霍圖‧瑪圖阿自己冠上的名稱。但奇怪的是，祕魯安地斯山的印加帝國巨石首都「庫茲科」，亦有「臍帶」之意。不只如此，相同的名稱或理念也為古代的許多儀式或聖地（榮耀的中央之處）所採用。不論是在哪一個文明，我們由取得的足夠證據中可以判斷，這個字代表測地學和幾何學上的中心點，也透露出一種風水藝術，即「大地預言」（earth divination）的中心理念。

「世界之臍」一詞也經常被證明與自天空墜落的隕石有關。許多文明中都有屬於自己的「臍石」、「太陽石」或「基石」，有時還會伴隨出現插入地表的柱子或隆起的尖碑。另外它們還會被描述為萬物的原始創造源頭，一切都自此而生：「天神將世界創造成胚胎。隨著胚胎自肚臍處向外發育，天神也沿著肚臍創造出世界。世界由此處向四方擴展[22]。」

復活節島上也有關於隕石（Ure Ti'oti'o Moana）的傳說。據說共有三個隕石深埋於島上。此外，在安納根納二公里處的提皮特庫拉祭壇海岸處，至今仍可見到一塊直徑七十五公分的神祕「圓石」。據說這塊圓石就是島上的臍石，古代的魔法師用它來「凝聚法力並藉此讓雕像行走」[23]。這塊圓石有各種譯名，像是「金色臍石」和「光之臍石」。它也被譯

為「太陽臍石」，這一點和古埃及「本本石」的概念極為相近——這塊由
天而降的太陽石矗立在太陽城中心位置的「鳳凰神殿」中心樑柱上，而
太陽城一向被古埃及視為宇宙創始之初的中心點和「初土」[24]。

相關的概念也出現在與聖城耶路撒冷有關的古代以色列：

聖地是地表的中心點，耶路撒冷是巴勒斯坦的中心點，神殿便坐落在聖城
的中心。神殿中央擺放的正是約櫃……此城建造在位於地球中央的「基
石」（Foundation Stone, 古名 Eben Shetiyah）之上[25]。

耶路撒冷的神廟山及大石
圓頂神殿。根據傳說，圓
頂下方的「基石」標記為
中心，或者是地球的「肚
臍」。

猶太傳說還提到，這塊「基石」就是以色列人的祖先約伯
（Jacob）夢到有名的「天梯」（與天地連結有關）時所睡的
枕石。在夢醒之後：

他將石頭直立成柱，將上天賜予他的油倒在其上。天神將塗
了油的石柱沉入地心而成為地球的中心。作為神殿中心的這
塊聖石，其上刻有說不出口的名字，當中的知識能讓人超越
自然與生死[26]。

復活節島提皮特庫拉祭壇
的臍石。

一直以來，人們合理地推測，「基石」可能就是隕石。在《舊約聖
經》的《歷代志》（*Book of Chronicles*）和《撒母爾記》（*Books of
Samuel*）便提到「來自天上的火球擊中聖城耶路撒冷」。由此可知，它應
是屬於隕石的一種。

或許希臘德爾菲（Delphi）神殿有名的「翁法洛斯石」（Omphalos）是最為人熟知的隕石例子，當地在古代是最尊貴的風水中心。「翁法洛斯石」也和「本本石」及「基石」一樣，被認為是世界的中心，也同樣都自空中隕落。希臘神話中曾特別提及，「翁法洛斯石」被欲食其子（後來的天神宙斯）的時間之神克羅納斯（Cronus）誤吞。宙斯長大成人後便向克羅納斯報復，先命他吐出聖石，再將他自天界驅趕至宇宙深處。吐出的聖石正好掉落在世界中心——德爾菲神殿。

　　德爾菲神殿坐落在帕納瑟斯山（Mount Parnassus）的斜坡上，當地是一處美麗河谷，可遠眺柯林斯（Corinth）灣。供奉在殿中的「翁法洛斯石」，外觀呈陽具狀，略帶圓錐形。我們現在所看到的並非原石的真貌，而是希臘時期的複製品[27]。石頭表面呈網狀，考古學家將之形容為「毛茸茸的圖樣」或是某種網線。如同復活節島上的蜘蛛網狀道路一樣，石頭上的浮雕也無從找出起點和終點。

　　希臘傳說中的「翁法洛斯石」與鳥類有密切關聯，這一點並不令人意外，因為古希臘的占卜師便是靠觀察鳥類飛行來預言。傳說「翁法洛斯石」刻有兩隻金鷹，以紀念天神宙斯曾在地球兩端放出兩隻金鷹，讓牠們朝向地球中心會合——即德爾菲神殿的位置。

德爾菲神殿的「臍石」——翁法洛斯石，為希臘時代的複製品。原件已失蹤，據說是從天上掉下來的。

　　根據這個傳說，兩隻鳥同時自兩邊面向而飛，所形成的路徑應是一個沿著地表的半圓弧形，也就是緯度線。經過史學家史特契尼（Livio Catullo Stecchini）證實：「照古代的圖解方法，這兩隻鳥（有時也被描繪成鴿子或老鷹）應該就是子午線和緯度線的象徵。」史特契尼還特別指出，「翁法洛斯石」上的網狀雕刻，也是為了表達「子午線和緯度線的概念」。

　　德爾菲神殿和吳哥的巴戎寺都代表著世界中心。法國考古學家葛羅斯耶（Bernard Groslier）就曾將巴戎寺形容為「吳哥石群宇宙的翁法洛斯石」。在歐西里斯神（方位與平衡之神，亦為杜埃冥府第五界「索卡國度」的統治者）化身為索卡神統治下的埃及吉沙／太陽聖域，也具有相同意義[28]。

　　在《冥府之書》中，索卡國度的特徵乃是有兩隻鳥棲息於翁法洛斯石上。其存在實證，曾由美國考古學家萊斯勒（G.A.Reisner）在上埃及的卡納克神殿中挖掘出來，落實了希臘神話中所提到「穿梭於卡納克神殿和德爾菲神殿間的鴿子」的存在。和史特契尼密切合作過的主流學者湯普金斯（Peter Tompkins），及重要研究著作《在世界中心》（*At the Centre*

of the World）作者米榭（John Michel），兩人皆提出有利證據，證明這些所謂的古代世界中心曾一度存在於地球上，彼此間有著經常性聯繫：

> 由於古埃及擁有先進的測地學和地理科學，讓它成為當時世界的測地中心。其他國家在設置聖殿和國都時，都會以埃及作為「零度子午線」。這些國都包括寧羅（Nimrod）、撒地斯（Sardis）、蘇薩（Susa）、波斯波里斯（Persepolis），甚至還包括了中國的古都安陽……由於這些國都均兼具政治和世界地理中心的特性，因此都會擺放一塊象徵性的翁法洛斯石或臍石，代表自赤道至北極的北半球，再輔以子午線和緯度線後，便可得知其他中心點的方位和距離[29]。

太平洋上的測地標誌

這個古代地理網路的存在，已經為主流派的考古學家與史學家所否定，當然也包括已知的遺址。儘管如此，在復活節島上明確出現的失落天文知識遺跡，再加上不斷在各地反覆出現的古埃及靈魂和宇宙觀，使得學者們對「復活節島民自稱位於世界中心不過是詩賦性文字」的解釋總是似是而非。我們推測「世界之臍」一說，可能原本就是純粹基於復活節島的地理位置而產生。

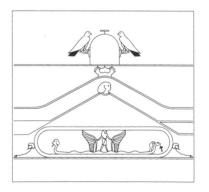

索卡王國的臍石。

這個以吉沙／太陽聖域為中心（零度子午線）的抽象世界網路，位於東邊七十二經度的是吳哥，太平洋澎貝島的南馬都爾遺跡則在吳哥東方五十四經度，還有吉里巴斯和大溪地巨石，分別位於吳哥東方七十二和一百零八經度。若此一世界網路是根據歲差級數規劃，想必下一個重

要「數字」應是一百四十四。若我們在地圖上找出吳哥東方一百四十四經度的位置（正好是埃及吉沙西方一百四十四經度處），會發現在一億六千五百萬平方公里的太平洋上，只有復活節島是最接近的選擇，差距僅相差三百二十公里。

這讓我們猜測復活節島可能原本就是為了代表某種測地指標，因此才有人類前來定居，目的是為了讓這些古代全球網路中所謂的地理中心得以連結，只是其功能尚不得知罷了。

我們在埃及和吳哥都見到此系統的眾多元素。眾多謎團之一，乃是當中一再融合了對靈魂的探究及對死後生命的追尋，透過的是高度科學性天文觀測和地球測量方法。另一個謎團是這種科學方法非比尋常的延伸性，不僅呈現在地理位置上，還透過一段跨越眾多文化和時代的長遠時間。

我們不清楚何時有人類出現在復活節島，但證據足以說明，這座島的起源已自源頭隔離，甚至被遺忘，而且有很長一段時間的孤立，在那段時間內所有的原貌都衰退崩解，直到這座島首度被歐洲人發現，但那只是加快了崩壞的速度，整個靈學或科學層面已所剩無幾。

但網路終究是網路，若歲差級數真的使用於此，那麼一百四十四接下來的數字應該就是一百八十（以三十六為增加單位）。

在吳哥東方一百八十經度（吉沙西方一百零八經度）的南半球，的確有一座巨大明顯的地標存在。此處與赤道的距離（十三度四十八分），幾乎和北半球吳哥與赤道的距離（十三度二十六分）一樣。它的外觀形同三叉戟，或可說是大燭台，高二百五十公尺，刻在祕魯海岸帕拉卡斯灣（Bay of Paracas）的紅色岩壁上，從海上遠遠地便可以望見。這個大三叉戟似乎指向的是陸地南邊的納茲卡平原和東邊的安地斯山脈。

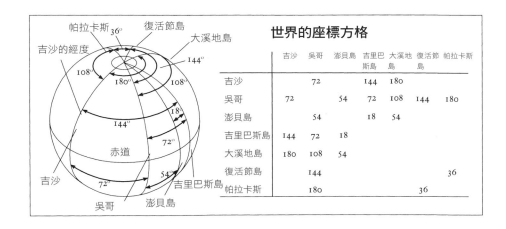

世界的座標方格

	吉沙	吳哥	澎貝島	吉里巴斯島	大溪地島	復活節島	帕拉卡斯島
吉沙		72		144	180		
吳哥	72		54	72	108	144	180
澎貝島		54		18	54		
吉里巴斯島	144	72	18				
大溪地島	180	108	54				
復活節島		144					36
帕拉卡斯		180				36	

第五部

PERU and BOLIVIA
祕魯與玻利維亞

第十五章
砂之城堡

橫互在復活節島和南美洲西海岸中央的，是長達二千英里的海洋及智利海底盆地。若從復活節島朝正東航行可抵達智利。但若航向略偏東北，最終可抵達祕魯的帕拉卡斯灣，正好位於柬埔寨吳哥東西經一百八十度交會處。

我們乘坐小船從北方渡海而來，繞過現為海軍避難所的荒涼巴勒斯塔斯島（Balestas），朝帕拉卡斯半島前進，一路所見盡是綿延不絕的砂岩山丘和絕壁陡入海中。自離岸十五公里的海上，我們用望遠鏡便能看見所謂的「安地斯大燭台」（Candelabra of the Andes），不久後，單憑肉眼即可清楚看見。大燭台位於我們的正南方，刻畫在一片斜壁上，越接近它，燭台越形巨大。

學者們一致認為，這幅巨大的地畫起碼有兩千年歷史，非常有可能和距此南向三百公里內地更為出名的納茲卡線，皆出自同一群人之手。鮮少人知悉的納茲卡文明被認為是興盛於公元前二世紀，直至公元六百年結束。

天上地下的十字架

大燭台有一個盒狀長方形基底，當中包含一個圓圈，一條寬大的垂直長棒自基座上升起。長棒長度超過二百四十公尺，為南北坐向。自底部向上約三分之一處，另有一長度約一百二十公尺，呈東西向的三角形橫跨其上，左右兩端各支撐著兩條較短的垂直長棒。三條垂直長棒上皆有令人好奇的圖案，一般認為這些圖案象徵火燄或光線。

由於這塊吉地正好與吳哥相距一百八十經度，位於埃及吉沙西方一百零八經度，而且這兩地皆有對應空中的特殊星座以「模擬天空」的建築，因此我們很自然地會聯想到，這座大燭台可能也是模仿天空的產

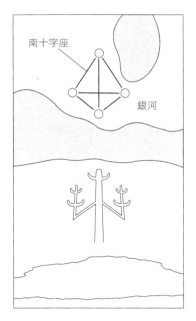

「安地斯大燭台」猶如南十字座的地面翻版。

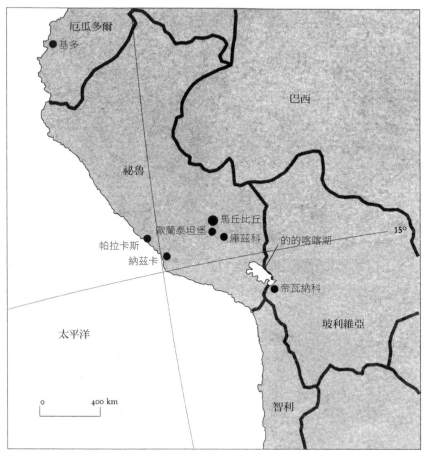

物。之所以特別想調查此燭台，是因為它的方位十分接近正南北向，這與所有文明中的天文學家在觀察星體移位時，用以作為分界點的天際子午線同一坐向。

大燭台是設計者刻意規劃成由北朝南看的。事實上，不會有比這更好的視點：觀察者必須面向南方，沿著燭台所在的斜壁看去。自基底向上看時，很自然地會在上方看到燭台南方的天空，特別是天際子午線的南段。雖然可能純屬巧合，但透過電腦模擬，我們發現二千年前——大約是大燭台完成年代——三月秋分的午夜時刻，南十字座（the Southern Cross）正以五十二度仰角斜躺在天際子午線南段。

當時若觀察者位於我們現在船隻所在的位置——大燭台北方約一公里處——便可以清楚看見南十字座正好高掛在大燭台上方天空。

冥界的入口

根據大燭台的三角形橫樑與中央長棒主軸來看，應該不難聯想到它有可能就是南十字座在地面上的象徵。更進一步地說，儘管南十字座直到公元十六世紀才被歐洲航海家發現[1]，但是安地斯山區的天文學者兼傳教士，可能遠在那以前便已知道它的存在。古希臘和古埃及的天文學家也曾經觀察過南十字座，一直到歲差作用使它自北方緯度降至地平線以下為止。

南十字座雖是銀河系的一部分，但我們發現它特別吸引人的地方（參見本書第十六章），是它位於銀河系中的特殊區域——古印加人和他們的祖先視此區域為冥界的入口。

與之毗鄰的還有兩個「暗雲星座」——一被視為狐狸，另一個被視為駱馬。遠古的安地斯傳說中，便伴隨著這些由星塵形成，與神祕上古時代毀滅地球洪水有關的幽暗「天際動物」，據說這場大洪水是「眾星會合」前對遠古人類的警告。

在我們看來，這樣的主題及這些星體在天空的位置，非常接近我們在遙遠如埃及、墨西哥和柬埔寨所曾遇到的信仰。在這些文明當中，銀河——或名「乳狀之海」、「彎曲水道」、「亡靈之路」等——在對靈魂去處的探索上，扮演著重要的角色。這些文明皆一再提及時間循環——天球因為歲差運動的起落而不斷「消失」與「再生」。

之前我們所到的每一處，當地的宇宙哲學莫不與神聖的幾何學和建築學，以及找出一個模仿對象以複製在地面的天體模仿崇拜（天空中特定的模型或象徵物）有關。

那麼在祕魯何嘗不會出現這種可能呢？

南面的天空

一九九七年五月十一日，在帕拉卡斯的當晚，我們在日落之後沿著海岸散步。天上有幾朵雲，但很快就消失了。到了下午七點十五分左右，整個天穹在頭頂上方清晰可見，還有繁星點綴其中。

我們還記得，古埃及人喜歡以努特（Nut）女神作為天空的象徵。祂是一個張開雙腿雙臂，胸部豐滿的肉感女神，手指和腳趾放在地平線的兩側，裸露的身體包裹著地球，腹部則有眾星點綴。在這些星體中最明顯的是獵戶座，即神王歐西里斯的天體化身。古埃及有關天文的經文中，將祂描繪成站立在蘆葦船上的男子，一手持杖，一手握著象徵永生的

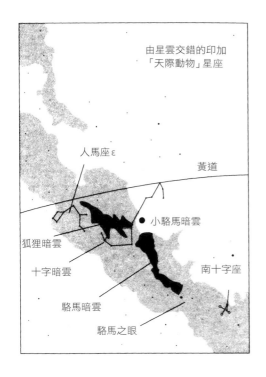

由星雲交錯的印加
「天際動物」星座

人馬座ε

黃道

狐狸暗雲

十字暗雲

駱馬暗雲

駱馬之眼

小駱馬暗雲

南十字座

銀河中的暗雲，構成印加的
「天際動物」。

「安荷」（ankh）。

往西方看去，一開始我們很驚訝地看到在天空低處的獵戶座。驚訝的原因在於，一年當中此時的北半球於夜幕低垂時，獵戶座應該早已沒入地平線之下。之所以仍可在帕拉卡斯灣看見，是由於此地（南緯十三度四十八分）五月為冬季，而夜晚會在獵戶座消失前二個多小時便到來。

另一件令我們驚訝的事，是海爾-波普彗星出現在獵戶座下方略偏西北處，拖曳著像是掃帚的長尾巴劃過銀河，朝向矩形的雙子座飛去。我們以為數週前在英國的自家花園是最後一次見到海爾-波普彗星，當時它在日落之後便會消失。不過在南半球的此處，它也和獵戶座一樣，因為夜晚提早降臨而得見。

第三個驚訝是獵戶座的整體方向。跟北半球所呈現的直立型態不同，南半球所見的獵戶座朝向一邊傾斜，姿勢看起來不像是人形。根據研究者表示，它的外觀可能就是祕魯原住民口中的巨型蜘蛛[2]。歐西里斯（即獵戶座的象徵者）伸展的雙臂——一手持杖，一手握住代表永生的「安荷」——可以輕易地轉化成想像中「天空蜘蛛」張開的腿。

銀河系像條發出微光的線，斜躺在西北邊地平線上空。獵戶座則一如往常位在銀河系西側。在獵戶座之上的，則是大犬座之一的天狼星——古埃及口中的魔法女神艾瑟絲。另外還可以見到金牛座（天空的野牛）的一隻牛角伸出於地平線上，而獅子座就在它的上方。

向南邊看去，位於天空東方的南十字座，再過三個小時便會碰觸到子午線。同樣在東邊的還有天秤座和處女座，我們的北邊則有大熊座及著名的北斗七星，正在地平線上閃耀著。

納茲卡的老婦

次日早晨，我們駕車沿著泛美高速公路向南駛去，在酷熱的天氣下抵達納茲卡小鎮。納茲卡位在一片廣大沙漠中，當地有數百條抽象的地線和幾何圖案，還有巨型的動物和鳥類圖像，大約完成於二千年以前。當中許多圖案的規模和帕拉卡斯大燭台一樣巨大，兩地應該有著相同的文

明。

我們曾在一九九三年六月造訪納茲卡。當時遇到一位受人敬重，罹患帕金森氏症的老婦瑪麗亞·雷施（Maria Reiche）。雖然她的眼睛全瞎，但是她直視天花板的雙眼，好似決心要看穿天空中的奧妙。在她的心裡充滿著白色光芒，富含無窮的宇宙智慧——有回憶、關聯、遠見、預感和可能。

使納茲卡的神祕之線受到全人類關注是雷施的宿命。她在一九○三年出生於德國的德勒斯登（Dresden），一九二○年代就讀於漢堡大學。到了一九三二年，因為不滿納粹的興起，於是來到祕魯的一個德國移民家庭居住。之後，她在此地的研究工作使她與紐約長島大學的科索克博士（Dr. Paul Kosok）有了接觸。

在此之前，科索克便為了探究納茲卡地線的神祕而展開一項野心勃勃的研究計畫。雷施在一九四五年造訪納茲卡數次之後，於一九四六年來到此地永久定居，加入了科索克的研究團隊，並於一九五一年科索克退休後接掌整個計畫。

受過數學和天文教育訓練的雷施，天性純真儉樸，是一位從未結婚的素食禁慾者。從某方面來看，她幾乎就像是上天派來守護納茲卡的人。她孜孜不倦地研究、探索和照料這片土地，直到八十多歲才歇手。

我們在一九九三年六月十二日見到雷施，雖然她的身體相當虛弱又罹患重病，但心智仍相當敏銳。不知出於何種原因，她要求我們握住她既大又冰冷的手。突然間她的手指緊縮，似乎透露出某種焦慮，但外表卻無異樣。從她房門往外望，可以看到一個小花園沐浴在午後的陽光下，微風在空氣中輕拂著。

雷施的皮膚乾燥又透明，有如曝曬於沙漠中數千年的木乃伊。出乎意料的，她很想對我們說話。尤其當我們向她發問時，她還能中氣十足地說出一口流利的英語。

於是我們開始向她詢問有關納茲卡地線的看法。她回答道：
納茲卡地線所教導我們的是，有關古人類的概念全都錯了。祕魯此地曾經出現過先進的文明，對數學和天文學有十分先進的了解。這是一個為讓後代理解人類心靈而以獨特事物表達的藝術家古文明。

她表示直到目前，還是和五十年前初次見到納茲卡地線一樣對它一無所知。她曾在寫給朋友的一封信中說道：「納茲卡諸神在我出生時便已

將我擄去，把我關在沙堡中和祂們所建的巨大圖像一同嬉戲。直到有一天我才領悟到，這就是我存在的意義[3]。」

她指出儘管此地受到許多學者注意，儘管她進行這麼多年的測量和勘查，但是納茲卡仍有大部分謎團未能解開。無人能確定哪一個圖像有何特殊意義，如何以如此巨大的規模精確地描繪圖像，或是為何它們只能從高空俯瞰才能被看見。

以她多年仔細思慮過的看法，答案可能與古代天文學有關。她承認納茲卡目前只有一些特殊的組合，被證明是按照明顯星體的起落排列。儘

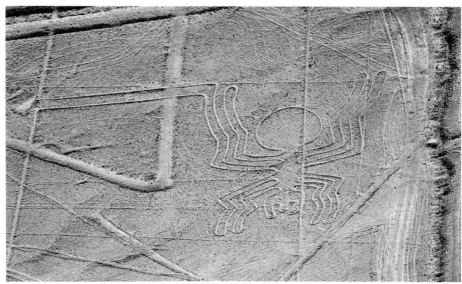

▲根據雷施的說法，納茲卡的猴子圖就是北斗七星的地面圖。
▼蜘蛛圖則象徵獵戶座。

管如此，她有預感這整片地畫的完整理念一定是藏在某個古代的天文信仰中。

經過她的仔細調查，她認為這些地畫是星座圖案的象徵。例如，納茲卡的「猴子圖」會不會就是北斗七星的複本？而「蜘蛛圖」則是獵戶座的複本？

模仿天體的規劃

之後我們有機會讀到雷施在一九五八年出版的著作，當中對猴形圖案有詳盡的天文意義闡釋。她並以證據證實她的直覺——猴形圖案就是北斗七星[4]。另外她還主張猴形圖案是面朝北斗七星的「北斗七」（Benetnasch, 勺把頂端的那顆星）所繪製。

同樣地，一九七六年她在倫敦演講時，也提出「蜘蛛」圖案乃是獵戶座的象徵。「蜘蛛」細長的腰部即是獵戶座腰帶中的三顆星。還有通過蜘蛛身體的中心線，則是正對著納茲卡神祕地線繪製當時的獵戶座。

雷施在納茲卡所做的先驅研究，已經被芝加哥艾德勒天文館（Adler Planetarium）的資深天文學家皮特魯格博士（Dr. Phyllis Pitluga）所接手並繼續下去。一九九四年時我們曾在倫敦和皮特魯格博士共進晚餐。當時在場的還有《獵戶座之謎》一書的作者包瓦爾，以及皮特魯格博士的朋友，也是在納茲卡負責攝影的帕克（David Parker）[5]。我們的話題主要圍繞在一部由皮特魯格製作的電視記錄片——在影片當中，她針對納茲卡的蜘蛛圖案和獵戶座之間的相關性提出更多的證據。這些證據符合雷施當初的直覺，顯示蜘蛛圖案的確是以大約二千年前在西方地平線上的獵戶座為設計主體[6]。皮特魯格博士十分確信當時納茲卡的天文藝術家，一定早已了解歲差運動對星體位置變化所產生的作用。她甚至認為在某些特殊圖案上，以不同角度交錯的直線是為了記錄歲差運動，而圖案本身則是作為「記號」，指出與線條有關的星座。

皮特魯格博士在一九九六年第十五屆科學探索年會上發表了一篇論文。論文中重申在銀河系內部及四周的星座，非常有可能就是「納茲卡眾多地畫圖案的參考對象」，她還認為這些星體複本的圖案和線條，可能是在透過對星座因歲差運動產生變化的觀察後而被確定出來。此外證

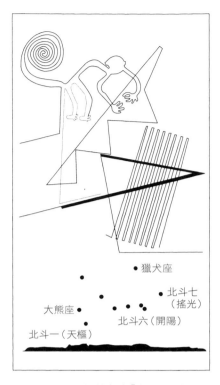

納茲卡的「猴子」圖案。

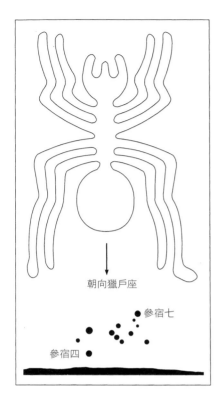

朝向獵戶座

參宿七

參宿四

納茲卡的「蜘蛛」圖案。

據還顯示：

今日安地斯地區模仿銀河系中「暗雲星座」的動植物圖像，與二千年前上空同一群星座起落的線條，存在著具體關聯[7]。

一九九七年五月我們再度造訪納茲卡時，皮特魯格博士內容更為詳盡的論文尚未出版。其論文的主旨為納茲卡之謎顯然是一項模仿眾多星雲的大計畫。我們也了解到，她的結論與大多數研究此地的其他學者所抱持「純粹基於祭典儀式用途」的看法有很大的不同。不過納茲卡圖案可能是星座圖的想法卻極具價值。這種想法與本書提過的某種散布於全球的龐大宗教影響力相吻合，皆傳承自遠古時代的「天地二元」教義──「如其在上，如其在下」。不論學習到此一教義的人身在何處，遲早都會以某種方式嘗試在地面建構出模仿天空的模型。

交織的網線與圖案

登上單引擎輕型飛機自天空俯瞰納茲卡是一件令人振奮的事。我們自海拔五百五十公尺高度處起飛，很快上升至七百五十公尺高，然後沿著汎美高速公路朝西北方飛去。飛機一直爬升，直至海拔一千二百二十公尺為止。在其後的七、八分鐘內，我們在納茲卡最優雅的地面圖像之一──禿鷹圖的正上方繞了一大圈。這隻巨大禿鷹連同展開的雙翼共長一百二十公尺。圖像周圍方圓五十公里的沙漠中，交錯著人工刻出的幾何圖形與直線，有如蜘蛛網一般。這不禁讓我們想起復活節島傳說中的「黑斑蜘蛛」，島上神祕複雜的網狀道路就像它所結的網，精心的設計讓人無法看出起始和終點[8]。

飛機下降至海拔六百四十公尺，離地面圖案僅九十公尺高，好讓我們仔細觀察納茲卡的蜘蛛圖案（位於禿鷹圖的東北方，長度約為四十五公尺）。在它的西邊有長九十公尺的蜂鳥圖。切過蜂鳥細嘴上的直線正好指向夏至日出之處[9]。位於附近的一些主要圖案還包括猴子、狗、人形貓頭鷹、樹、手、蜥蜴、鯨魚及一些三角形和梯形。另外還有一個像中世紀風迷宮的巨大螺旋形圖案，以及兩隻鳥的圖案──一隻很像鸚鵡，另一隻則是帶有鋸齒狀頸部和管狀嘴形的神祕蛇頸鳥（Alcatraz）圖形，全身

伸展起來超過六百一十公尺[10]。

地表上的天文迷宮

　　納茲卡的地畫如同吳哥、吉沙及中美洲模仿星體的城市一樣，是一個富含宇宙和哲學意味，既難解卻也值得探究的謎團，它們都是真正的

此一長度超過一公里的梯形圖案,為納茲卡眾多幾何與三角形的圖案之一。

「曼陀羅心像」。我們認為,雷施所堅持的理念是對的——要進入心中的曼陀羅,必先穿越天文學的大門。

　　人類的天性是會從無序組合的事物中,找出或連結現有的形狀或圖案。天空的星體正好就是一種「無序組合」的原型,值得注意的是,任何時期的各種文明,都曾經習慣以多種絕妙的創作、神話怪物和幾何圖形來仿製天空。

納茲卡的犬狀圖案，是否為大犬座？

在今日西方天文學家已經辨識出的星座中——也是長久以來天文和占星學累積的結果——可在納茲卡找到的圖案有：鯨魚（鯨魚座Cetus）、獅子（獅子座Leo）、幾隻狗（大犬座Canis Major及船尾座Pupis）、狐狸（狐狸座Vulpecula）、幾隻鳥（天鵝座Cygnus及天蠍座Aquilla）、蠍子（天蠍座Scorpio）、各種龍和蛇形（天龍座Draco及巨蛇座Serpent）、蜥蜴（蠑螈座Chamaeleon）、螃蟹（巨蟹座Cancer）、海羊（摩羯座Capricorn）、兔子（巨兔座Lepus）、巨人（獵戶座Orion）、處女皇后（處女座Virgo）、河流（波江座Eridanus），加上幾何形狀的羅盤（圓規座Circinus）、八分圓（南極座Octans）及南方三角形（南三角座Triangulum Australe）。

地面的巨鯨彷彿是納茲卡沙漠平原的奇異訪客，也可能是在天空水域游泳的鯨魚座在地面上的形象。

考古學家們皆同意，納茲卡地畫約有二千年歷史。從電腦模擬中顯示，二千年前三月春分的晚上九點左右，北斗七星（猴形？）位於北方天空，獵戶座（蜘蛛？）則位於西方。自「參宿七」（Rigel）以下的「天空蜘蛛」後腳延伸，則可至波江星座。而從納茲卡的蜘蛛圖腳部延伸出去，也可看到類似的對應圖案。如果我們接受雷施所說，有著驚人螺旋狀尾巴的猴形是北斗七星的說法，那麼納茲卡的地畫上還會有什麼星座？

在二千年前同樣的春分夜晚，蜥蜴狀的蠑螈座就在南方天空中，納茲

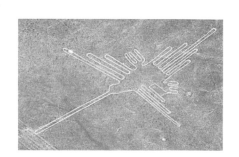

納茲卡的藝術家是否有可能將巨蟹座比喻成蜂鳥？

納茲卡對映的星座圖案

卡也有一個對應的蜥蜴圖形。旁邊還有羅盤（圓規座）、八分圓（南極座）和南方三角形（南三角座）——此種巨大的三角形圖案在納茲卡還很多。位於西方的是大犬座，而納茲卡就有這麼一隻狗的圖案。在西方地平線下方悠游於銀河中的是鯨魚座，在納茲卡也可以找到一隻鯨魚的圖形。

位於正西方，獵戶座正上方的是今日所知的獨角獸圖麒麟座（Monoceros），它可能就是納茲卡地畫中的展翅禿鷹。呈巨大矩形的雙子座在麒麟座和獵戶座的北方；在地面的蜘蛛和禿鷹圖案之間也可以找到一塊大矩形。雙子座的上方是有著三角架形狀的巨蟹座，在某些文化中也許可以輕易認出是個多翼的長鼻鳥，在納茲卡則是以蜂鳥來詮釋。同樣在北方的，還有狀似波浪線條的山貓座（Lynx），而蛇頸鳥圖形的長形波浪頸部正是一個很好的對照。

鳥瞰卡胡阿齊的納茲卡金字塔城。

我們並不是在建議納茲卡的地畫，精確構成了一幅二千年前三月春分夜晚天空的「地圖」。我們只是觀察到，有很多所認識的星座，其樣式及排列方式都可以對應到納茲卡地畫上的一些主要圖案。雖然它們的相對位置明顯是隨機選擇的（地上圖像與空中圖像的相對位置完全不吻合），但重要的是，這些星座全都由北向南圍繞在半個天球的西側。此區域正是許多如古埃及和馬雅古文明所堅信的冥界入口。如我們所見，冥界入口就坐落在獅子座與獵戶座之間的銀河區域，也有證據顯示安地斯的天文學者兼傳教士，特別將此處指定為銀河與位於雙子座矩形內黃道線的交叉點。

撇開圖案排列的「錯亂」不說，如果我們真的排除了納茲卡地畫是為了表達象徵性圖畫（天際型曼陀羅）的可能性——一種相信能透過人類靈魂進行來世之旅的天空信仰，那就太愚蠢了。

天地二元之謎

由於手寫的史料已佚失，我們對納茲卡的當地信仰幾乎一無所知。但安地斯山區近代的宗教傳說中仍有一些線索可尋，幾乎可以確定傳承自同一批信仰。另一個有趣的地方是納茲卡文化的主要考古據點卡胡阿齊（Cahuachi），涵蓋金字塔和寺廟的面積達一百五十萬平方公尺，位置就在納茲卡主要地畫西南數公里處。考古學家莫斯里（Michael Moseley）將此地形容為：「與其說它是座城，不如說它是個集會中心[11]。」

卡胡阿齊看似大滅絕後文明被毀滅的世界，傾頹破敗，埋沒於砂礫之中。但看得出來曾有某個教派或宗教在此興盛過，時間就在二千年前地畫出現時。但也有證據顯示更早之前，此地便已有人居住，而且所有建

在天與地平面上空翱翔的
納茲卡禿鷹。

築全都建在早已存在的聖塚和天然山丘上。

卡胡阿齊的特徵是它像一座金字塔城，從空中鳥瞰最明顯可見的就是位於中央的階梯式金字塔。金字塔共分五層，高十八公尺，呈正坐北朝南方位，入口就在它的北面。金字塔兩側對角各有一座小型金字塔，其輪廓因受侵蝕而難以辨認。西南邊緊臨一處階梯狀丘陵，即考古學家口中的「偉大聖殿」（Great Temple），俯瞰著曾經一度為高牆環繞的中庭。

考古學家萊因哈德（Johan Reinhard）推論，卡胡阿齊和吉沙金字塔、帝瓦納科及吳哥一樣，「它的功能是一種象徵式景觀，由建築造型和神性的描繪可反映出此地的神聖。」

在埃及、墨西哥和柬埔寨，這樣的建築造型是進入強大心靈知識體系的入門工具。在全球各地採用、傳授的也都是同一個知識體系，這個體系要求入門者必須思考天地間的關聯，找出天地二元的奧祕：

天空的天，地上的天；

天空的星，地上的星；

凡在天際消失者，皆在大地顯現。

凡能解讀箇中奧妙者，必能獲致快樂[12]。

　　金字塔山卡胡阿齊聳立於納茲卡沙漠星座圖像中，向天空直視著，同樣的謎團出現在此地，是純屬巧合，還是經過人為的設計？

拉之眼

　　馬塔齊特拉尼（Mata-Ki-Te-Rani）——「仰望天堂之眼」，是復活節島兩個古名之一。另一個是特彼多奧特赫那（Te-Pito-O-Te-Henua）——「世界之臍」。在納茲卡以東三百公里，安地斯山脈的印加城市庫茲科，字意即「世界之臍」。在納茲卡以南三百公里的祕魯海岸，有一古代的港口——馬塔拉尼（Matarani），讀者應該記得在玻里尼西亞語中，「馬塔拉尼」意即「天堂之眼」。在古埃及語中，「瑪特拉」（Maat Ra）即「太陽神之眼」。

　　在庫茲科有一排成直線，作用為天文觀測的巨石遺跡，在印加神王統治之下，進行複雜的「太陽祭禮」，持續至十六世紀西班牙人入侵之前。這項祭禮非常古老，其傳統起源可追溯自位於的的喀喀湖南方高原上，以馬塔拉尼作為太平洋港口，名為帝瓦納科的神祕城市和帝國。

　　安地斯山的所有文明深信的的喀喀湖是創造的發源地。創造者維拉科查（Viracocha）便是從湖中央的島嶼浮出，為一人形的太陽。在南美洲許多遠古的神話中，皆將其描繪成高大、白皮膚和蓄鬍的神祇。

第十六章
神祕與湖泊

▶帝瓦納科的巨大石像。我們對這座屹立在的的喀喀湖南岸的偉大神祕城市的建造者一無所知。

　　一九一○年，研究祕魯印加文明，具領導地位的權威史學家馬克漢爵士（Sir Clements Markham）曾寫道：「的的喀喀湖之謎至今仍無解……謎團存在於湖岸南邊的一個偉大城市遺跡之中，而我們對建造者仍一無所知[1]。」

　　一個世紀過後，這個謎題仍然無解。這座今日被稱為帝瓦納科的廢墟，在古代的名稱是泰比卡拉（Taypicala），意為「中心之石」。關於它的建立日期，考古學家們完全無共識，一些專家相信此城建於公元前二千年，另一些則認為應該是在公元二至九世紀其間建立。

　　從接下來的內容我們將可了解到，所有關於此城興建年代的說法，都是建立在不穩固的基礎上，因為有更多的證據顯示，已知的帝瓦納科城的建立年代可能是考古學中最大的錯誤之一，確實的年代應該比公元前二千年還要再早上數千年。

結合技術與智慧的組織

　　帝瓦納科城那些無名建築師的特點，在於使用了宏偉壯觀的巨石。如馬克漢爵士所評論的：

有一塊巨石長三十六英尺，寬七英尺，重達一百七十噸。另一塊巨石長二十六英尺，寬十六英尺，重六噸。除了古埃及的巨石外，全世界其他地方都沒有可與它相比的。根據這些巨石的移動與安置……曾有一個組織化的政府……一定曾有某一個結合技術和智慧的組織，而且擁有強大的權力和行政能力[2]。

　　研究帝瓦納科城的考古學家都同意一件事，就是這個有智慧、有權力、又有效率的「管理組織」，與記載中興盛於公元十五至十六世紀的

庫茲科接密無縫的「十二角石」。

安地斯山區古印加文明毫無關聯。這項看法在當地土著艾瑪拉族（Aymara）印第安人的傳說中得到印證。艾瑪拉族自遠古時代起，便已定居在帝瓦納科城附近。十六世紀時，西班牙編年史家迪里昂（Pedro Cieza de Leon）曾詢問艾瑪拉族人，此巨石建築是否出自於印加文明之手，結果：

艾瑪拉族人對這個問題一笑置之，他們很肯定這些巨石早在印加王朝出現前便已存在……並從祖先口中得知，帝瓦納科城是一夜之間從地面冒出來的[3]。

巨石的建築師

在安地斯山區，帝瓦納科城並非史學家口中和當地傳說中，唯一擁有神祕的巨石文明之處。在此地北方約六百五十公里，即印加首都庫茲科的四周，也有大量類似的巨石遺跡。這些遺跡出現的時間遠在印加王朝之前。馬克漢爵士證實：

庫茲科當地有一個巨大建築……當中有一塊巨石「十二角石」。離庫茲科約六十公里處的歐蘭泰坦堡（Ollantaytambo）也有巨石建築……而最偉大及最壯觀者當屬薩克賽瓦曼（Sacsayhuaman）山丘堡壘（位於庫茲科城外緣）。此堡壘共有三道平行的牆，每道長三百三十碼，形成二十一個凹凸的角。在外牆最顯著折角處的石塊尺寸為：十四英尺高，十二英尺寬；另外還有一塊為十英尺高，六英尺寬。我們對這些奇妙建築完全摸不著頭緒，但想必是基於極佳的理由才有這樣的結構。薩克賽瓦曼和帝瓦納科城一樣，起源不可考，印加人對此也一無所知。印加編年史作者維加（Garcilaso de la Vega）聲稱是印加人建造了這些高塔、城牆和城門，甚至還提供了建造者的姓名。但那全是出現於這座巨大堡壘之後。這些外牆應該出自於極為古老的年代[4]。

雖然馬克漢爵士並未提出「古老年代」的確切時間，以及這些巨石是在何時搬運和堆砌而成。不過他一再肯定表示，帝瓦納科城、薩克賽瓦曼堡壘，以及其他一些相關建築，都是偉大的古文明創作，而「安地斯文明早在更久遠的過去便已存在」。

關聯性的儀式

現今我們所稱的「印加人」（Incas），指的是操奎楚亞語（Quecha）的南美印第安人。「印加」原本是國王的頭銜，後來延伸至全族人的稱謂。當西班牙人開始征服南美洲時，印加帝國的歷史還不到一百年。但他們保存下來的傳說中提到，印加人的祖先在遠古時被造物者維拉科查神──也就是「太陽天父」──派遣至地上，其使命是為了讓人類獲得救贖。

十六世紀的印加史學家維加曾說過這麼一段故事，背景為大滅絕前的年代，一群住在高山和荒涼陡坡中的食人族，「生活形同野獸，無秩序亦無宗教[5]。」

太陽天父看到此情景深感羞愧，決定派祂的一子一女下凡，教導人類敬愛祂為天神……太陽天父把子女送至的的喀喀湖，並賜給他們一串金子、一雙比人類稍短的手臂及一對粗大的手指。

太陽天父告訴他們：去你們想去的地方吧！每當停下來用餐或睡覺時，就把黃金埋入地下。黃金如果一落地便完全沒入，就是你們要建立王國的地方。凡在你們統治下的人們，都將生活在正義與公理之中，有憐憫、慈悲和溫暖。

「最偉大及最壯觀者當屬薩克賽瓦曼山丘堡壘。」

————

的的喀喀湖的日落。「太陽天父把子女送至的的喀喀湖，並賜給他們一串金子……」

————

在對兩名子女說完話後，太陽天父便讓他們離去。他們離開了的的喀喀湖朝北而行，每天都試著將一串金子埋入地下……

〔最後〕印加國王和他的新娘進入了庫茲科山谷……在一個叫做「裸露臍石」（Uncovered Navel Stone,當地名Cuzco Cara Urumi）的地方，插入地下的一串黃金完全沒入……自此帝國城市便建立起來[6]。

　　毫無疑問地，根據維加和其他史學家所陳述的傳說，太陽天父的兩名子女下凡來到的的喀喀湖岸，就是現今帝瓦納科巨石城的所在地。同時帝瓦納科城也被視為安地斯地區的造物主，以人形出現的「太陽天父」維拉科查神的原始聖域[7]。

　　我們還可以這麼推論，當太陽天父的兩名子女帶著維拉科查神賜予的金串，自帝瓦納科向北行至庫茲科，每到一處便種下一串的作法，其實就是一種像建立某種「臍帶連結」的儀式。從兩座城市的古名中也傳達出完全相同的概念——庫茲科「世界之臍」；帝瓦納科「中心之石」。這也讓我們聯想起復活節島上的金色「臍石」（Te Pito Kura），還有猶太傳說中的耶路撒冷「基石」（Eben Shetiyah），此石據說曾被上帝埋入深淵之中，以「作為地球中心點」。

鉛崖與獅崖

我們自納茲卡搭乘飛機，在安地斯山區飛行八百公里後抵達庫茲科。在九千公尺上的高空中自機艙向下俯瞰，山脈似乎向四面八方延伸。覆蓋著白雪的山勢起伏不定，山峰像是圍繞保護著的的喀喀內陸湖的天然守護者，彷彿它是珍貴的寶藏一般。

的的喀喀湖深三百公尺，面積逾七千七百平方公尺，位於海拔三千八百公尺的群山當中。「的的喀喀」一字有兩種意義：一為「鉛崖」（Cliff of Lead），另一則為「獅崖」（Cliff of the Lion）。在湖中最主要的「太陽島」上，有一面朝東方的二階式黑色懸崖，即為傳說中的「獅崖」。居民深信島上的主峰是「萬物起源之地」，也是現今和過去所有時代的發祥地。為了紀念此處神祕的重要性，在被西班牙征服者扼殺前，曾有過短暫輝煌時光的印加王朝，在的的喀喀懸崖上朝春分日出時刻的太陽位置，蓋了一座有噴泉和階梯的美麗石殿。如考古天文學家蘇利文（William Sullivan）所言：「的的喀喀一字象徵令人敬畏的印加王朝……矗立於湖上的『獅崖』則代表新世界的誕生。」

第五太陽世代

根據安地斯傳說所言，「新世界」是受維拉科查神的召喚而出現。維拉科查神和古埃及的阿圖神或印度教的毘溼奴神一樣，是宇宙中偉大創造力的首要象徵人物。如前所述，太陽是祂的象徵，祂則是太陽的人形化身。在外觀上，祂和墨西哥民間信仰的奎扎科特爾神完全一樣，被形容為：「一個白人……藍眼蓄鬍……體型高大又有威嚴……他在許多方面指導人們如何生活……[8]」

由於史學家們不相信前哥倫布時期的墨西哥與安地斯山區文明之間有任何重要的相互影響，因此兩個文明同時信仰著一位蒼白蓄鬍、開化的神明，只能被當作是巧合。可是，兩種文明卻又都相信自己活在地球的第五世代，而且都將其稱為「第五太陽」，難道這也是巧合？

本書在第一部中已探究過墨西哥的信仰體系。而有關安地斯山區文明的信仰，也於十六世紀被祕魯當地貴族波瑪（Huaman Poma, 字面意思為「鷹-獅」，很容易讓人聯想到古埃及荷魯斯眾神的象徵）以文字記錄下來。西班牙傳教士莫魯亞（Martin de Murua）也曾解釋道：「除了現今照

太陽島——萬物起源的聖域，從的的喀喀湖的水中升起，猶如古埃及神話的「高丘」，從宇宙之地「南」的水中上升。

———

耀我們的以外，自開天闢地至今，已經歷過四個太陽。」

和墨西哥一樣，南美洲人也相信從前的四個太陽已經因四大災難——洪水、天空崩塌、風、火——被完全摧毀。兩地也都相信，第五太陽本身即將因「地球的大變動」（墨西哥當地的形容）而遭受毀滅，在安地斯地區稱此災難為「帕查古提」（pachacuti），按馬克漢爵士的翻譯，字面意思為「天地傾覆」（overturning of the world），而考古天文學家蘇利文則是將其譯為「時空顛覆」（overturning of space-time）。

安地斯山區的太陽城？

流傳於安地斯山區的觀念中，負責創造新世界的維拉科查神，同時也負有摧毀舊世界的責任。

據說祂所創造的第一個世界，「既無光亮又無溫暖」。為了適應這個「黑暗地獄」，維拉科查神創造出了「比一般體型更為巨大的強壯人類，但有一半虛幻的時間像動物般活著。」當這些巨人違抗祂的旨意，祂便以洪水「帕查古提」將他們完全消滅：

在洪水之後，維拉科查神又出現在的的喀喀島上……創造出另一批跟祂同體型，但高於人類平均的新人類。祂指揮日、月、星辰來到祂的面前各就定位……在白天和夜晚照耀大地[9]。

這個傳說透露出安地斯居民相信，的的喀喀島（太陽島），尤其是位於東側的「獅崖」（維拉科查神自湖底冒出之處），本身就是萬物起源的聖域。而就地理上的精神象徵來看，帝瓦納科城的古老及奇特的建築，被認為是維拉科查神在創造萬物後所建立的第一座城市。

此概念與古埃及太陽城（創始之處）的建城理念並無太大差異——阿圖神如高丘般自宇宙之地「南」水域中升起，有如鳳凰神殿中的本本石發出光亮。

另外令人好奇的一點是，與我們現存世代的創造有關，面朝東方的獅崖。埃及的人面獅身像便是雕刻在吉沙平原上的一處「山壁」。根據一份埃及第十八王朝刻於人面獅身像雙足之間的碑文所述，人面獅身像代表著「初始之時的輝煌之所」，即我們現居的世代。

科里坎查神殿廣場的「裸露臍石」。

偉大的太陽之殿

在印加人定都庫茲科之後，便在城中央蓋了一座科里坎查（Coricancha）神殿——偉大的太陽之殿。在科里坎查神殿中央的露天廣場上，種滿了象徵純金的「玉米」。廣場正中央就是有名的「裸露臍石」。傳說太陽天父的子女曾在此使一串金子完全沒入地下。現在此處還留有一個過去曾裝滿五十五公斤黃金的灰色八角石棺。

西班牙征服者在南美洲每到一處精心設計的聖地時，都會在其上蓋一座教堂。在科里坎查神殿上，西班牙人也蓋了一座「聖多明哥教堂」（Santo Domingo），但保留了印加王朝時代的雕刻。一九五一年，這座教堂因地震被毀壞，原始神殿的附屬結構則展現了無比的抗震性，露出的粗重石塊就像一片巨大拼圖，雕工之精細，令人幾乎無法察覺石塊的接縫處，彷彿出自鑽石工匠的手藝。

當我們看向大卵石中庭的石棺內部時，黃金已經不存在。西班牙人占領科里坎查時就已經將神殿中的寶物搜刮殆盡。如今沒有人能了解石棺的原始功能究竟為何，甚至無法確定石棺上類似文字的刻痕是否原本就存在。因為也許這些刻痕是十六世紀聖多明哥教堂建立時，由修士下令重新刻上的。

史學家維加雖然了解科里坎查神殿成為教堂前後的來龍去脈，但他從

的的喀喀湖「月亮島」神聖的地形，如同天空的鏡像。

未提及這口石棺。不過他所提供的大量證據，卻有助於我們評估這座印加太陽神殿的原始特性：

我們所見到的朝東祭壇造型，在所有印第安文化中找不到類似的。其高聳的屋頂是由木頭搭建好後再覆以稻草，四面牆上皆以金板裝飾。祭壇頂端有一近似太陽之物高掛其上。它是由比牆上金板還厚兩倍的金板做成，呈圓臉形，散發出金色光芒……巨大程度覆蓋了神殿的整片後牆。

在太陽金板的另一邊，有為數眾多的前印加國王木乃伊像，其保存之完整，看起來彷彿真人般。木乃伊被放置在金板上的王座，直視著前來參訪的人們……在這些木乃伊的體內，古印第安人藏有從未得見的寶藏[10]。

天文線索

擁有人形的太陽神維拉科查肖像被認為是寶藏之一。曾有許多西班牙編年史學家見過這尊肖像並加以描述，但自十六世紀後便再也沒人見過。據說肖像是「用純金打造，十歲小男孩般大的體型，看似一個站立的人形。右臂高舉，僅有拇指和食指打開……[11]。」

蘇利文是第一個注意到這種站姿是天文觀察家特性的人。「以雕像拇指和食指張開的指幅做掌測，證明在歷史上古人已會對天體運行進行時間的測量。」蘇利文指出，現今在加羅林群島（Caroline Islands）上的傳統玻里尼西亞航海人，也還在使用類似以手掌作測量工具的方式。根據人類學家李維斯（David Lewis）指出，「這種兩指張開約十度的型態⋯⋯可能是古時候的方法。」

作為太陽的分身，維拉科查神已經具有部分天文特質，所以祂被塑造成觀察星體的人形外觀是可以理解的，尤其是在科里坎查神殿還有重要的跡象顯示，古代曾在此舉行天文祭典。

另外也很重要的是，在中央廣場的四周，建有維加所稱的「五個巨大方形房間」，這些以灰色花崗岩打造的石造建築至今依然存在。維加表示，「這些彼此並不相通的房間，都有著金字塔型的屋頂。」其中一間是：

獻給太陽神的伴侶——月亮女神。整個房間以白銀打造⋯⋯這個房間也有一個類似月亮的女性臉孔，和以太陽裝飾的房間方式一樣⋯⋯旁邊的其他房間則是獻給金星維納斯（Venus）、昴宿七星（Pleiades）和其他眾星⋯⋯房間中高掛一個有月亮外觀的銀製物體，天花板上有繁星點綴，宛若穹蒼。下一個房間是獻給閃電與雷神⋯⋯第四間獻給據說是太陽神後代的彩虹⋯⋯房間內佈滿黃金，並在其中一面牆上以各式美麗顏色畫出彩虹⋯⋯第五間也是最後一間，則保留給有著皇室血統的祭司和他的助手⋯⋯房間內也同樣鑲滿黃金[12]。

印加的星體金字塔

維加描述的其實就是一座宇宙神殿。

主體結構充滿了大量的太陽象徵物，主要是獻給太陽之神。另外，雖然維加並未注意到，但我們發現當中包含了明顯的太陽運行排列，而其附近的一座山峰則具有「前瞻」（foresight）作用。這座山峰名為帕查土森（Pachatusan），字面意思是「支點」或「宇宙橫樑」。在六月冬至，觀察者若站在科里坎查神殿的中央廣場上，可以見到太陽自帕查土森峰的背後升起。

附屬於太陽神殿中的這五個房間，除了一間是供祭司和助手使用外，其餘四間全都富含宇宙意味，特別是天文上的意味。

原為宇宙廟宇的科里坎查，其部分現存經拋光過的花崗石壁龕。壁龕在房間外面的牆上，供奉「金星維納斯、昴宿七星和其他眾星」。

我們甚至懷疑，當中獻給雷電之神的房間，相較於氣候，其與天文學的關聯更加深刻。因為在古代的其他地方，雷電就是隕石的象徵。有非常明顯的證據顯示，安地斯山區曾經一度盛行隕石祭典，其怪異之處近似古埃及的隕石／本本石祭典。事實上，印加人所崇拜的維拉科查神，在眾多的稱謂中有一個便是「Illa-Tiki」。「illa」的字義為雷石（thunderstone），而「tiki」則代表「原始」、「最初的」、「基本」。這個「原始雷石」的稱號，不就與古埃及人認為於「初始之時」由天而降的本本石十分接近？兩地所談到的「隕石」全都與宇宙創造的力量有關，特別是繁衍與再生，難道這又是一個巧合？

維加說過，神殿的另一個房間是獻給彩虹，印加人相信彩虹是太陽的後代。這也讓我們想起了在古柬埔寨的吳哥，彩虹被視為是聯繫神人兩界的橋樑。

科里坎查神殿的另外兩個房間，毫無疑問的是為了呈現天象——一間獻給月亮，另一間獻給金星、昴宿七星及其他星體，尤其後者的天花板上「繁星點綴，宛若穹蒼」，這又讓我們想到了在古埃及法老的墓穴中，天花板也有繁星點綴，例如在帝王谷和沙卡拉第五及第六王朝的金字塔之中。

在維加的描述中還有兩個令人好奇的特點。一是印加人將死去的神王木乃伊化，古埃及人也是如此；二是科里坎查神殿這五個富含天文意味的房間，「原本都用金字塔型的屋頂加以覆蓋」。對照至根據星體排列的三座吉沙金字塔，以及大金字塔中指向特殊星體的通氣孔，二者相似之處，難道也都要用巧合來解釋？

天文學者兼祭司

本書在第二部中曾經談到，吉沙金字塔曾經出現來自太陽城的天文學者祭司——神祕天師，當中的主祭司被認為「具有與天界直接溝通的能力」。印加稱這樣的高階祭司為「uilac-umu」，意為「能言神界之事者」。他有許多學識豐富的助手（Amuatas）在一旁輔佐，當中許多人也是高超的天文學者（Tarpuntaes）。他們的工作是研究星體、記錄太陽起落、確定分至時點及預測盈虧。他們使用一系列的巨石（sucanas）以達成這些目的，可惜現今已不存在。據早期的編年史記載：「這些巨石曾矗立在庫茲科山谷的群山上，位於自科里坎查神殿便可望見的重要位置上，以標記冬至和夏至的方位。」

在本書第二部也曾提及，古埃及的「金字塔經文」中曾說過，古埃及人或他們在先史前的導師，在極為遠古的時代便已具備先進的天體運行知識。例如，「賢蘇荷」、「荷魯斯神的追隨者」就可以被視為追蹤太陽路徑（黃道）的一群觀察家。因此考古天文學家蘇利文相信，科里坎查神殿明顯的橢圓形外牆，就是一種黃道模型：

黃道平面……藉由太陽神殿表現出來，奎楚亞語稱為科里坎查（Coricancha），字面意思是「黃金柵欄」。而動詞「canchy」則代表「環繞」。我們可以將這座「太陽金環」當作是黃道平面的比喻[13]。

蘇利文還利用維拉科查神的眾多稱號之一——Intipintin Tiki-Muyo Camac——來加強他的論點：

這個稱號的字面意義為「太陽基本環形創造者」……如果家中小孩上了天文課回家後，能夠以此字作為黃道（一年中的太陽路徑）的定義，那就代表他已經完全了解黃道的精髓[14]。

來世的旅程

古埃及太陽城祭司所聲稱傳承自「荷魯斯神的追隨者」的信仰體系，結合了精準的天文觀察、對神祕歲差運動知識的掌握，以及對靈魂不朽的追尋。同樣的作法也可以在古墨西哥和柬埔寨吳哥眾寺間發現。安地斯山區也熱切追求相同的事物，而且不只印加人如此，還包括數千年前所有已知的祖先，這難道也是巧合？

值得注意的是，安地斯文明和古埃及文明都相信死者的靈魂須經歷一段星體間的旅程，並在當中找到冥界的入口。冥界就是古埃及人所稱的「杜埃」，位於獅子座和獵戶座／金牛座分占兩邊的特殊天界中，銀河系便是橫跨在這片區域上。與獅子座和金牛座等距的雙子座，點出了銀河系與黃道的交會點。在安地斯原住民的信仰中，這個位置代表「生人與死靈二界的十字路口」。

　　公元前二千五百年的古埃及人相信，「杜埃」只會在每年六月夏至時打開大門。公元一千五百年的印加人也相信，冥界之門只有在夏至時才會開啟。以南半球來說，約是十二月夏至前後四天左右，代表「生人與死靈二界的年度交會」。

　　印加人相信，「人類活在一個被天界放逐的世界」。受過啟發的靈魂可以重回天界，沐浴在天界的榮光之下。在講述追求永生的「金字塔經文」中曾言：「造物主憎恨人界……祂是屬於天界的……絕不會自天上下凡來到人間[15]。」

　　柬埔寨吳哥的天地對應眾寺中也隱含相同的理念。在《煉金術經文》（*Hermetic Texts*）以及基督教時代初期流傳於埃及中東其他地區的「諾斯替教派」譯注1（Gnostics）文獻中，都一再提及這樣的概念[16]——尤其《煉金術經文》中的〈Kore Kosmou〉篇，當中的描述與印加人的信仰特別近似——人類是被天界放逐的靈魂化身。人類抗議著：「我們是如此可憐，有這麼多尚未滿足的需求。為了支撐身體的需要，竟要去做令人厭惡的事，否則很快就會死去。」人類要求造物主使他們失憶以免受苦：「讓我們忘了因為來到邪惡的世界而失去的喜樂吧！」

　　這些信仰告訴我們，有了肉身的靈魂若想再回到天界，必須承受可怕的苦難。在安地斯山區對往生旅程的信仰中，這樣的苦難常常被形容成跨越如毛髮般細小的窄橋以渡過湍流。印加人也相信，靈魂必須靠「黑狗」的幫助才能渡過此河，這也讓我們想起了在古埃及的《亡靈書》中，曾提到作為靈魂引導者的阿努比斯和烏普奧特（Upuaut）兩隻黑犬。

　　在這個廣為流傳的信仰中的一部分，據信靈魂獲得救贖的最好方法，就是運用活著時的經驗與選擇機會，以獲得特殊的神祕知識。「靈知」（gnosis）可以幫助這些落入凡間的靈魂得到覺悟以重返天界，但須經過一段漫長又痛苦的精神啟發過程，「這對具有肉身的靈魂來說將很困難」。但無論如何，這些古文獻都告誡修行者要堅定心志去追尋，「以心為導，以理為師，才能免於毀滅與危險。」對心和理的修煉，能夠幫

助修行者了解為何「造物主行事總是神祕進行」，以及為何造物主要聲稱：「我將使俗世如同天界。」

凡能完成追尋真理者，將能「自將死的眾生中脫離死亡」。在埃及、墨西哥和柬埔寨三地，我們看到了他們對永生的追尋方式——在地面建造天地對應的建築物以「模擬天空」。

埃及的尼羅河就是銀河的地面代表。印加人將自庫茲科至馬丘比丘的整片山谷視為天界的地面投射，並且視流過其中的維爾卡馬尤河（Vilcamayu）為天上的銀河。每年六月夏（冬）至時，這兩條河岸旁都會由神王主持祭典，這使得印加與法老成為可互換的概念[17]。而兩地舉行祭典的地點，也都是在自遠古就已存在的巨型建築中。

有證據顯示，埃及人面獅身像和吉沙附近的巨石神殿可能都已有一萬二千年以上的歷史。雖然我們無法得知帝瓦納科城和庫茲科兩地巨型建築的緣由，但我們也不該排除是在極久遠年代的可能性。

維爾卡馬尤河的神聖山谷。如同埃及的尼羅河，維爾卡馬尤河似乎為銀河在地面的複本，令人聯想到知識上對靈魂不朽的探尋。夏至時，神王會在兩條河兩岸舉行天文儀式。

譯注：
1.諾斯替教派為公元二世紀左右出現，強調靈知——直覺知識，有神祕主義色彩的基督教教派，後被視為異端。「gnosis」即希臘文「知識」之意。

第十七章
中心巨石

▶薩克賽瓦曼廢墟遺址入口。

離開科理坎查，我們從庫茲科驅車前往北邊，到達鄰近的薩克賽瓦曼廢墟遺址，地名的字面意思為「滿足的獵鷹」（satisfied falcon），這可能和古埃及鷹神荷魯斯的隨從「賢蘇荷」有關聯。

十六世紀時，西班牙史學家維加（Garcilaso de la Vega）曾如此描述薩克賽瓦曼：

如果不是親眼所見，實在難以想像它的巨大；當你仔細觀察它，會發現這座非凡建築像是經過魔法施展般……它是由如此巨大的石塊組成，數量之多，令人不禁懷疑印第安人究竟要如何開採、搬運這些巨石，以及如何劈開它們，並一個一個的向上堆疊……石塊之間密合到連刀鋒都無法插進。如果我們認為這麼驚人的工程沒有借助機械的力量，那麼根本難以解釋祕魯的印第安人如何能夠切割、雕刻、抬起、搬運、高舉與放下這些像小山般的大型石材。如果說這是比世界七大奇景更大的謎團，應該不算言過其實嗎1？

薩克賽瓦曼有如「美洲豹」的地形。

薩克賽瓦曼的三排鋸齒狀石牆，如波浪起伏的平行梯田，綿延逾三百公尺，橫跨緊臨庫茲科上方的山嶺，大到無法一眼盡收眼底。長久以來薩克賽瓦曼被認為是一大塊地畫的一部分，在層巒山嶺之間曾經清晰可見，它和庫茲科最古老的地區形成一隻巨大的美洲豹。吐魯馬友（Tullumayo, 現已改道潛入地下，流經這座城市）河以前就像這隻古老豹子的脊柱。在吐魯馬友河到東邊之間，以及華泰納（Huatanay, 目前也潛入地下）河到西邊之間的一小塊平地，則是豹的軀幹。薩克賽瓦曼就好像豹的頭部。向南面，它的鋸齒形石牆代表下頜的牙齒；向北面，上顎是山巒之中的圓形石丘。在上顎與下頜之間是一片長形空曠的大地，如今是一片綠草，形狀有如豹張大的嘴巴。它面向正西方，朝著晝夜平分的日落時刻，就像埃及人面獅身像

薩克賽瓦曼的鋸齒狀牆壁，有如豹的牙齒。

面對正東方，也朝著晝夜平分的日出時刻。

根據現代出土文物證實，人面獅身像下交織著如網路般的地道，傳說中指出，地道裡藏有神祕的寶藏。薩克賽瓦曼也有同樣的傳說，也經現代出土文物證實，這座豹城的「下顎」下面，有長如迷宮的地下隧道，若不小心闖入，會永遠迷失在裡面；就算走出來，也是手捧寶藏胡言亂語，呈現發瘋的狀態。

搬不動的超級巨石

在日落前一個小時，我們站在石丘上面，它屬於豹城上顎的一部分，面對南邊下顎的三排鋸齒形石牆。此處共有一千多塊巨大石頭，重量都有二百噸，最重的石塊在最下層的台地上。根據倫敦皇家地理學會的海明博士（Dr. John Hemming）的測量與估算，其中一個石塊高達八點五公尺，重達三百五十五噸，在所有結構體的石塊當中算是數一數二[2]。海明博士也提醒大家注意，石頭具有多邊形的特色，每一塊石頭的形狀與大小並不相同，但互相契合的模式相當複雜且具巧思。

三排台地累計高度約為十五公尺。從我們所在的石丘位置來看，在傍晚的微弱光影下，整個輪廓連成一線，彷彿形成夢幻般的城堡。石塊層層堆疊，似乎要攀向天際。太陽很快地落在西方地平線之下，有如豹齒

的石牆邊緣在空地投下黑影，這些影子越拉越長，我們有種感覺，這整座遺跡似乎是設計成要追蹤太陽的軌跡。

我們從石丘爬下來，穿過有如豹嘴的草地來到第一道鋸齒形石牆。巨大石塊黑鴉鴉的罩在我們上頭，觀看這些龐然大物，想到它們的超級重量，我們也和維加一樣，難以想像以前的建築工人是如何從幾公里以外的採石場，將大型石塊搬運過來，又是如何將每塊石材安置於適當的位置，以及如何與相鄰石塊精確契合在一起。

大多數學者所支持的論點是，薩克賽瓦曼乃印加人所建，其建造過程「涉及多次來回搬運巨石的反覆試驗，無論這些試驗有多麼費力[3]。」但也有些人，如馬克漢爵士等知名學者就反對上述理論。因為截至目前為止，尚未有研究報告描述「反覆試驗」運作的過程。再者，多數人也承認，「在西班牙人來臨之前，薩克賽瓦曼巨石牆即已完成或遭遺棄。」況且，印加人也沒有留下任何建築方法的文字記錄。

事實上，唯一記錄印加人試圖搬運巨石的文獻出現在維加的《印加皇室實錄》（*Royal Commentaries of the Incas*），當中記載的嘗試後來是以悲劇收場，可見印加人根本沒有搬運巨石的技術。維加描述，「兩萬多名印第安工人拖著『超級巨石』翻山越嶺⋯⋯爬到一處坡地時，巨石滾落峭壁，並壓死三千多人。」

我們從未懷疑印加人擁有優秀的石匠，也不質疑薩克賽瓦曼內部一些小規模的結構體——雖然目前已完全消失，但在庫茲科仍有這類的建築——是印加人所建造的。但如果他們連搬動一塊巨石都這麼困難，我們一定會懷疑他們要如何搬運幾百塊有著要命重量的巨石，來建造薩克賽瓦曼鋸齒形的石牆。馬克漢爵士所提出的另外一個可能性應該是對的，他

右及次頁：距離薩克賽瓦曼東邊不遠的昆寇，有著神祕的梯形台階。可和日本與那國島海底遺跡比較。

認為石牆是更久遠以前的產物——也就是在巨石時代，在當時會搬運超級巨石，並建立起巨大的建築物。

巨人的現身

我們重回有如豹子上顎的石丘詳細觀察，此地在鋸齒形石牆北方二百公尺處。石丘的外形經過人為的切割與雕塑，史學家認為這是印加人所為。但再一次的，仍沒有印加人與這座石丘有任何關聯的證據。目前為止沒有測量石頭年代的可靠方法，因此理論上可以假設，石丘在印加帝國前幾千年就已經由另外一個種族建造完成，之後印加人在十五世紀現身此處時，「接收」這些古建築。在這種情況下，我們也沒必要認為這個假設性的「前輩文化」和印加之間會有斷層；相反地，印加應該有繼承前者一部分的傳統與知識遺產，並且嘗試以較小的規模模仿前輩建造巨石建築。有證據顯示，世界各地有許多聖址也有類似的仿古痕跡，尤其以墨西哥、埃及和吳哥最為明顯。我們在這幾處都發現，後立的石碑建在舊有的基地上，而舊址的建築也是蓋在更古老的基地上……如此不斷往更古老的時代推移。

薩克賽瓦曼的巨石結構能從安地斯山區的神話故事中得到印證，當中提到神奇的工程及建築成就，是由蓄鬚、皮膚白皙、金髮的天神維拉科查和祂的同伴一起完成的，他們是「信差」、「耀眼的本體」，來自遠古時代的的的喀喀湖。另外有類似的傳說提到先史時代的建築大師，稱為華利（Huari）人，他們也被形容是「皮膚白皙、蓄鬚的巨人，誕生於

昆寇的巨石。

的的喀喀湖，然後前去北方教化安地斯山區。」

從巨石陣到美洲，全球各地都可以找到巨人建造巨石建築的神話[4]，而且結構很像薩克賽瓦曼岩石山丘。它的構造包含大量的台地、石階、角度、渠道、三角形凹槽及石刻「寶座」，很像日本與那國島海底遺跡的結構，也像復活節島拉諾拉拉庫火山口的石造凹洞與突出岩架。

同樣也曝露在地表之外，外型讓人感到迷惑的岩石，在庫茲科地區隨處可見。其中最巧妙的石塚，在薩克賽瓦曼東邊一點五公里處的昆寇（Qenko）。這是一個受到嚴重侵蝕的石灰岩孤峰，從裡到外均可見雕刻痕跡，神祕的圓頂充滿凹洞、岩架、甬道和隱藏式的壁龕。最頂端突出一塊雕自天然石的橢圓形石塊，其上有粗短的雙叉石。圓頂的斜邊刻鑿出狹窄的鋸齒形凹槽以及多種動物，像是美洲豹、禿鷹和駱馬，還有好幾層類似與那國島海底遺跡的石階與台地。圓頂的基座環繞著低矮的橢圓形石牆，頂部是一塊高度近四公尺鋸齒形巨石，有些類似石器時代的「踵石」（heelstone）。

目前並無客觀證據說明這座或其他安地斯的石刻紀念物的淵源。感覺上它們建造的時間太久遠，以致於已經不可能了解當時建造者的想法。它們表現出現代人已不再熟悉的道德理念，這些人絕不追尋簡單的形式，在面對最困難的挑戰之際，總是希望達到完美的境界。在埃及，這樣的理念創造出了吉沙金字塔；在吳哥，則有前所未見的偉大寺廟群；在納茲卡，有著只能從空中鳥瞰方能得見的宏偉地畫。同樣地，在高聳的安地斯山上，有許多每塊重達幾百噸的巨石所堆砌的神聖建築物。

歐蘭泰坦堡

雖然難以置信，但位於西北方六十公里處的歐蘭泰坦堡，在每一方面的確都勝過薩克賽瓦曼。進入該地，我們發現身處在一個巨大競技場面前，有四通八達的石階，向上連接至一片陡升坡地，通到上方八十公尺處的隆起地。

我們攀爬一層層下陷的階梯時，發現階梯下層的石頭較小。矛盾的是，越往上層，石頭就越大。我們爬到一處有幾塊大型花崗石任意放置的地方，每一塊重量約在五十至七十噸，它們都是自地面六十公尺處被搬運上來。

繼續向上攀爬前，我們沿著狹窄突出的岩架行走，岩架嵌著不規則的

▲歐蘭泰坦堡的石階競技
場。

▼歐蘭泰坦堡頂巔巨大石
塊築成的牆。石塊是從淡紅
色的斑岩雕刻而成,再從跨
越維爾卡馬尤河的山脈斜
坡上的採石場運來。

▶歐蘭泰坦堡的巨石牆出
現的本本石浮雕符號。

歐蘭泰坦堡石刻的「寶
座」。

歐蘭泰坦堡的楣石大門及
梯形牆。

石塊，牆上有十座多邊形的壁龕排成一列。岩架南邊穿過石門的楣石下面，通向山邊小型的橢圓形看台。

　　往回走幾步，來到穿過不規則石牆的階梯處。從這裡上去，我們終於到達歐蘭泰坦堡頂端，一半是山一半是神殿。這裡有更多超大石塊，每塊重量在一百至二百噸之間，在最高點有矮胖方正的構造體，它的前面有六塊超大巨石，每塊寬約二公尺，長度約一公尺，高度從三點四到四點三公尺不等。我們感覺表面切割平滑的巨型石塊原本是房間的後牆，前方及二邊的牆壁如今都已傾倒。它們安置在更高處石塚的外圍，在石塚上面又有更多巨石，我們估計至少有三十塊的重量都有二百噸左右。

　　值得注意的是，這些泛著粉色、硬如寶石的平滑斑岩，除了體型巨大之外，和庫茲科、薩克賽瓦曼的石塊並不相似。這些岩石的採集旅程簡直是不可思議，經過地質學家的確認，採石場位於八公里以外，在聖河

維爾卡馬尤對面九百公尺的高山上[5]。也就是說，岩石必須從山上拖到河谷地，渡過河對岸，再向上拉到歐蘭泰坦堡的峰頂，這簡直就是超人才辦得到的超級任務。

歐蘭泰坦堡和遠在的的喀喀湖東南邊的帝瓦納科的石塊外型極為相像——笨重平坦、切割方正，到處都可見難以理解的小丘及凹凸造型，顯現出驚人的技術和精確度。

這也許能解釋帝瓦納科象徵物石階金字塔，之所以數度出現在歐蘭泰坦堡直立石牆浮雕上的原因。在古埃及，同樣的圖案也作為象形文字及本本石的象徵，蘊含永生的含義。就像在埃及、帝瓦納科或吳哥，歐蘭泰坦堡建築師的「特徵」之一，就是使用Ⅰ型金屬鉗將大石塊相連在一起的高超建築技術。

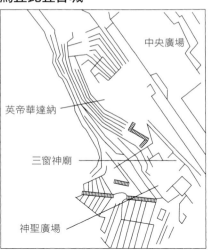

馬丘比丘古城

馬丘比丘古城

我們在祕魯最後的目的地是馬丘比丘城，它矗立於聖河維爾卡馬尤U形轉角所環繞的台地頂端，整體氣勢非凡，大部分的結構有著印加色彩。在其領域內，有些構造體的年代肯定比較久遠，但都為後來的印加人所使用及修建。這些構造包括石造岩洞、又稱為「三窗神廟」的美麗巨石遺址，以及最為顯眼的馬丘比丘中央的金字塔石塚，一半是天然形成，一半為人工建造。石塚頂端為外露的床岩，切割成類似向上攤平的手掌形狀，唯有一根手指垂直伸向天空。

這種構造體在當地稱為「英帝華達納」（Intihautana）或「太陽神的拴馬柱」（Hitching Post of the Sun），但從來沒有得到圓滿的解釋。美國探險家賓漢（Hiram Bingham）於一九一一年發現馬丘比丘城時，替它取了「太陽神的拴馬柱」一名。它代表太陽運行排列位置，即春秋分和夏冬至的方位，雖可利用此處觀察鄰近山嶺的動靜[6]，但不是個理想的陰影投射或觀測站。

考古天文學家懷特（Ray White）在英帝華達納下發現刻有四種星座圖案，它們是安地斯天空最顯眼的星體，分別是南十字座、夏季三角群星、位在銀河之中的「閃亮眼眸」，也就是印加人口中的駱馬星雲（Llama）以及昂宿星團。印加人相信這四個星座統治帝國的四個區域（suyus）。

偉大帝國為古老星象教派的「嫡傳」後裔，它的起源雖不可考，但在短

馬丘比丘高懸在聖河維爾
卡馬尤的台地頂端。

暫的期間內,偉大的帝國便建立起令人讚佩的成就。然而在西班牙人入侵前的數十年間,它原有的精神開始腐敗衰退,並與寓言和精神信仰的啟蒙本質失去了聯繫。我們認為印加人長久以來,自建立安地斯巨石建築、姓名不詳的先人處繼承這套了不起的心靈系統。我們也認為這些巨石建造者會聯繫其他同樣姓名不詳的人,在世界各地教導同樣的信仰體系。這些說法具有相當的假設性質,誠如考古天文學家蘇利文對安地斯宇宙學劃時代的研究所論證,古老世界利用「神話的技術性語言」傳達複雜的歲差春秋分變化,同樣的方法也被印加人及哥倫布前的安地斯人所使用。

依照蘇利文的看法,「一些不尋常帶有洞悉人性的心靈觀察」,隱藏在「以實際觀察為基礎所形成的神聖啟示的語言背後」。但他指出,印加人遺忘或誤解,甚至扭曲了老祖宗流傳下來的教義。就像阿茲特克人,他們雖然在中美洲受益於類似的靈教傳統,但卻犯下致命性的錯誤,就是他們只擷取了儀式的表象。這種錯誤導致他們沉溺於巫術的黑暗深淵和嗜殺活人祭祀7,也遺棄了「太陽之父」的教誨——基於正義及「憐憫、慈悲、和善」來統治社會。

印加人執行儀式的方式冰冷且機械化,他們根據天地對應在大地測量出直線圖案,這些線條稱為「賽奎斯」(Ceques),相當於某些星體或星座升起與降落的方位,包含英帝華達納刻繪的四個星座在內。位於庫茲

馬丘比丘中心金字塔形的土堆，為一岩床小丘，巨石神廟的地基，「太陽神的拴馬柱」矗立在土堆的頂峰上。

英帝華達納上方的彩虹。在古代安地斯山視彩虹為太陽的流出物。

科的科里坎查號稱「世界中心」，它向四方射出萬道光芒，整套奇特的聯繫網雖然沾上活人祭祀的血腥，但也和其他著名及散布各處的遺址建立起看不見的連繫。

在寧靜安祥的馬丘比丘城，想到印加人跟阿茲特克人一樣，都相信犧牲者的靈魂可以直達天堂，變成天上的星宿，就令人感到不安。在埃及與吳哥亦存在同樣的信仰，但是這兩處並未使用活人祭祀，而是透過祖先的訓示和天體運行傳達的智慧，尋求生命的永續。在墨西哥和安地斯地區，按照天體排列的金字塔形石碑，成為活體祭祀的場所。但在埃及與吳哥，依照天體排列的金字塔形石碑，則是性靈追求永生的聖地。

也許黑暗與光明之間的差異不到一根毫髮，如果埃及、吳哥、墨西哥和安地斯地區都繼承相同的天地對應理念，那我們可以在此提議，這些理念不見得會以相同的方式被接受。相反的，很多現象揭示這套信仰的特色，即每個人必須靠自己選擇命運的方向：

蘇里奎島的空中鳥瞰，其海灣因蘆葦形成不規則鬚邊。

我們有選擇美好事物的力量，也有選擇醜陋事物的力量……如果選擇邪惡而放棄善良，那應該怪罪的是我們自己的邪惡[8]。

晴空下的蘆葦船

一條受印加人崇敬的古老「賽奎斯線」，越過或說靠近馬丘比丘城、歐蘭泰坦堡和庫茲科。這條線可以毫無偏差地延伸至的的喀喀湖，穿過玻利維亞南岸的蘇里奎島（Suriqi），最後來到帝瓦納科城——整條線段長達八百公里。

埃及王朝時代以前，尼羅河上主要的航行工具為首尾翹起，並以紙草蘆葦編織成的船隻。蘇里奎島上的土著艾瑪拉族印第安人所製作的草船，則和幾千年來古埃及人製造的船隻非常相似。

的的喀喀湖沒有紙草蘆葦（papyrus reeds），於是他們利用當地生長的香蒲草蘆葦（totora reeds），這兩種草的基本功能類似。復活節島上也有香蒲草蘆葦，當地人用其編成的蘆葦船運用在一年一度的「鳥人」慶典上。

學院派的考古學家將蘆葦船外型之所以相似的原因歸納為巧合。但還

蘇里奎傳統的蘆葦舟,可與
古埃及庫夫王的「太陽船」
的設計做比較。

有另一種可能,就是各地並未「自行發明」蘆葦船,而是間接受到來自
遠古的共同影響。

如果這個假設成立,那麼也許是在先史時代或更久以前,擁有先進
智力、建築技術與天文學識的祖先們一定曾經在世界各地探險。他們必
定是偉大的航海家,否則不可能策劃航行路線;他們也是偉大的水手,
否則不可能平安渡過廣闊的大洋。他們擁有的知識想必對全人類十分重
要,否則他們不必千里迢迢散播這套體系。

毫無疑問地,他們會使用船,也許就是兩端翹起,由蘆草編織而成的
船;也許依照同樣的設計,但採用了更耐用的材質,像是在埃及大金字
塔南面旁邊,埋藏著以雪松板製造的庫夫「太陽船」。我們在其他章節
曾經提過類似的論述,在此不多做贅述。但我們認為整套造船的技術體
系,以及這些船隻在埃及與安地斯所具有的宗教意義,很有可能是屬於
遭人遺忘的海洋探險時代所遺留的部分遺產,那也正是建造遍及全球的
宏偉巨石神廟的時代。

慘遭劫掠的帝瓦納科

一位艾瑪拉印第安人使用傳統的蘆葦舟，航行於的的喀喀湖上。蘆葦舟獨特的設計──高船首和船尾，可能是已被遺忘的航海時代的遺產。

玻利維亞高原的平地鄉村生活。像帝瓦納科巨石城市這樣偉大的工程設計，是如何在此一崎嶇不平和人口稀少的環境中完成的？

在蘇里奎島東南方二十四公里處，我們承租的飛機在帝瓦納科上空盤旋，它是安地斯地區最雄偉的巨石城，亦為開創之地，中心之石。

我們乘坐「西斯納天空大師」（Cessna Skymaster）小飛機自玻利維亞首都拉巴斯國際機場起飛。這座機場建在當地稱為「阿提帕蘭諾」（Altiplano）的高聳平台邊緣，平台從的的喀喀湖向北與向南各延伸約一千公里。起飛時的高度為海拔四千一百四十公尺，剛好可以吸進足夠的氧氣。但我們決定不要增加艙壓，這樣一來攝影師桑沙（Santha）便能開窗拍攝。

我們穿過幾朵雲，飛升至湛藍的天空，遠方積雪覆蓋的山峰閃閃發光。在四千三百六十公尺的高度，大約在阿提帕蘭諾上方二百四十公尺處，我們看到湖面映照著夕陽的的的喀喀湖，接著看到一連串島嶼及其中的蘇里奎島。

我們沿著從拉巴斯到拉哈（Laja）與帝瓦納科的主要幹線飛行，穿越阿提帕蘭諾廣闊的台地，下方田地零星分布，環繞的群山被山脊分開，地面刻畫著巨大的侵蝕渠道，河流蜿蜒蛇行。我們下降至兩道山脊之間，進入平坦廣大的谷地，距離的的喀喀湖十六公里的谷地西邊就是帝瓦納科。

我們以前曾數度經由陸路造訪這座廢墟，但從來沒有在空中俯瞰過它，如今在飛機上看到一幅如詩般的圖畫，整座城沐浴在柔和的金黃色

▼▲帝瓦納科——卡拉薩薩雅的城牆。

光輝之中，在我們的想像中，好似它又回到了以往的光榮時代。

　　歲月與人禍對帝瓦納科毫不留情地摧殘，這些偉大的建築在十六世紀遭到有系統的破壞；城內的許多雕像，在天主教瘋狂宣揚教義時期，為了連根拔除安地斯的偶像崇拜而遭到大肆破壞。同時，盜寶賊聽信古老的傳說，在亞卡帕納金字塔頂部挖出很深的凹洞，這座金字塔是帝瓦納科最主要的建築。十九世紀時，在完全沒有顧慮到考古損失的後果下，工程師開採這座城市的古老巨石，以建造鐵路地基。在二十世紀初期，帝瓦納科的巨石定期被移走拆解，供作遠如拉巴斯等地的建築之用。剩下的石材又被當地村民拿去蓋簡陋木屋，無情的盜寶賊偷走可以輕易帶走的寶物，離開前又在石塊上刻上名字的縮寫。

　　一九四〇年代，為了挽救剩下的雕像免於遭到亂刻、惡意破壞與偷竊的命運，剩下的兩座完整雕像被搬到拉巴斯，安置在運動場對面的戶外博物館，位在玻利維亞首都交通最繁忙的市中心，到目前為止它們都還在那，持續受到酸雨廢氣的侵蝕，處於充滿有毒與腐蝕物質的環境之中，在我們有生之年，這兩座雕像恐怕會腐蝕到無法辨識的地步。同時，雕像周圍纏繞著高壓電鐵絲網，這模樣就好像關在集中營的囚犯。

　　我們的文化是希望毀滅歷史嗎？

　　在帝瓦納科似乎是如此。然而，正如遭逢逆境的人類心靈，這座聖城原有的思想強而有力，崇高遠大，充滿敵意的勢力不能完全將它消滅，有些仍會源遠流長。

帝瓦納科數尊奇特的雕像之一，如今在首都拉巴斯的安全島中間逐漸風化。

鳥瞰驚奇

帝瓦納科鳥瞰圖。可見卡拉薩薩雅的方形圍場、半地下神廟，以及亞卡帕納金字塔地面設計。亞卡帕納的頂端有一不規則、充滿水的洞穴，已被盜寶賊掏空。

帝瓦納科城包括四項要素，但我們搭飛機在上方約一百五十公尺繞行時，只看到其中三個——半地下神廟、卡拉薩薩雅（Kalasasaya）和亞卡帕納金字塔。我們必須飛高一點，才能將當地稱為「普瑪門」（Puma Punku, 意思為「豹門」）的巨石階梯金字塔盡收眼底，它位在這座城的西南方。

卡拉薩薩雅為方形的圍場，從東到西的寬度為一百三十公尺，從北到南共長一百二十公尺，它的方位是東西南北向。外圍石牆的材質是巨大的紅色砂岩，中間凸起一座平台，在空中隱約可見帝瓦納科城的兩座主要雕像。在平台的西北方角落，可以看見「太陽之門」，那是由一整塊重達四十五噸的安山岩雕刻而成。

亞卡帕納金字塔的方位和卡拉薩薩雅一樣。亞卡帕納金字塔是一座有著複雜精巧設計的原創性聖塚。儘管它已遭腐蝕與破壞，但我們從空中仍可輕易看出其規劃的金字塔狀底座，涵蓋區域超過二百平方公尺，這座三層石階的金字塔，底座面向東方，塔頂則面向西方。在這個基座垂直升起一高度十八公尺的七層台階。我們可以看見盜寶賊在中心挖掘出一個不規則圓洞，現在洞裡布滿泥水。洞口邊緣有幾塊大石頭，曾經是一座十字井的外沿——十字的兩邊各搭起三層台階。考古學家認為這座井曾灌注金字塔內部一系列的渠道，以便將水運送到下層：

帝瓦納科古城

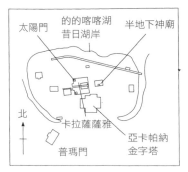

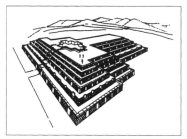

帝瓦納科的亞卡帕納金字塔。

半地下神廟的天神維拉科查石碑側面的蛇形圖案。

排水系統輪流自每一層直立壁抽出水來，再將水帶往下一層，週而復始做抽水動作，像瀑布一樣流經金字塔的每一層[9]。

在空中可明顯看到的第三座構造是半地下神廟——部分陷在圍場地底，中央向天空敞開，長寬為二十八及二十六公尺。它有三根石柱，其中一根刻有蓄鬍男性圖案，石壁沿邊刻有一連串眼睛突出的奇怪頭像。考古學者普遍認為，蓄鬍男性頭像不是美洲土著，而是天神維拉科查的人形化身。石柱兩邊從上到下刻有蛇形圖案，智慧與靈性的力量是蛇的普遍象徵，遠如埃及、墨西哥與柬埔寨的古蹟也有蛇形圖案。

我們在帝瓦納科上空盤旋時，也從不同的方向和高度來思考，試著去填補歲月留下的裂縫，我們逐漸明白這座城也是個曼陀羅標記，就像吳

普瑪門巨大的石塊。

———————

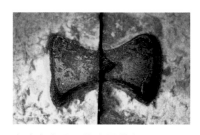

帝瓦納科普瑪門昔日連結
二塊巨石的金屬鉗痕跡。

———————

歐蘭泰坦堡的金屬鉗痕
跡。

———————

柬埔寨小吳哥的金屬鉗痕
跡。

———————

埃及丹德拉的金屬鉗痕
跡。

———————

哥寺廟和吉沙金字塔，以幾何的曼陀羅形狀和象徵設計去集中重
點，並以迷宮式的謎團面對好奇者。

難解之謎

　　對我們而言，帝瓦納科在巨大謎團之中有許多難解的謎語。

　　首先是超級巨石本身。在普瑪門，四方形的石階金字塔基
台面積最大為六十乘以五十公尺，有一塊石材經測量後重達
四百四十七噸；其他石塊重量也在一百至二百噸之間。最主要的
採石場在六十公里以外，帝瓦納科所利用的安山石就是取自該
處。十五公里以外則有紅色砂岩的礦源。整件事情是那麼的神祕
不可解，不能只簡單想像幾千名原始部落成員拉著繩索搬動巨石
就可以。畢竟帝瓦納科是位於海拔四千一百一十五公尺以上的城
市，要組織、動員與養活這些勞工，肯定是項浩大的工程。無論
這座聖城是誰建造的，我們敢肯定，這些人絕對不是原始人。

　　第二個謎語則是將許多巨石相連在一起所利用的金屬鉗，在普
瑪門有許多例子，有些金屬鉗還很大。長久以來，大家都以為I形
與T形的金屬鉗是先在熔爐裡預鑄，待冷卻後置於石塊的刻痕內。
但是後來用電子顯微鏡掃描所做的精確報告卻揭露驚人的證據，
即當時是先以金屬溶液灌入石塊的刻痕內，才鑄造出金屬鉗。也就
是說，一定要用到便於攜帶的冶煉器具，才能在工地現場的石塊之
間移動，這在哥倫布之前的南美洲是前所未見的高超技術。

　　另一個謎題是少數留存的金屬鉗經光譜分析後，發現它的成

分為稀有的金屬合金，包括2.05％的砷、95.15％的銅、0.26％
的鐵、0.84％的矽和1.7％的鎳。但是玻利維亞並沒有鎳礦。再
者，這種「稀有組合」的砷鎳銅合金，一定要以極高的溫度才
能冶煉成功。

太陽門上類似早已絕跡的
大象生物圖案。

帝瓦納科最大的謎團是它存在的年代，大部分考古學家設想
的年代在公元前一千五百年前到公元九百年之間，但以當地的
地質來看，原先的猜測立即受到挑戰，因為它的地質和一萬多年以前的
的的喀喀湖具有相關性。在半地下神廟上面有維拉科查石柱，兩面刻有
蛇形圖案，上面有「箭齒獸」（Toxodon）的圖紋，這種像河馬的動物，
在帝瓦納科早在一萬兩千多年以前就已絕種。在太陽門的東面則刻有大
象之類的圖案，也許是新大陸上的「居維象」（Cuvieronius），而這種動
物也在一萬兩千多年以前便絕種。

更重要的是透過天體排列的變化，指出帝瓦納科存在的時間極為古老。
玻利維亞的考古學家波士南斯基（Arthur Posnansky）在二十世紀初率先
提出此觀點。他計算年代的根據是地球「斜角」（即「黃赤交角」，參見
第十二章）的變化，每個世紀傾斜角度為四十秒，從冬至到夏至（或夏至
到冬至）之間，它會改變太陽沿著地平線升起角度的範圍，如果上升點逐
漸偏斜到極北和極南，也就是上下運動，歷時須數萬年時間。波士南斯基
計算帝瓦納科主要的夏冬至對齊方位，得出或許早在一萬七千多年以前，
就有了上述的勘察結果。根據現代衛星觀測，美國考古天文學者史迪德
（Neil Steede）將這年代修正為一萬兩千年以前[10]。

重大的轉變

帝瓦納科在一萬兩千年前就存在的假設，被主流派史學家與考古學家
斥之為荒謬。但在一九九六和一九九七年間，似乎有了重大的轉變。

發生重大轉變的第一個徵兆，是史迪德贊同及加強了波士南斯基原先
的計算，得出的結果為公元前一萬一千年。然後在一九九七年一月時，
主流學派的玻利維亞國家考古研究所所長、世界知名的帝瓦納科專家——
李維拉博士（Dr. Oswaldo Rivera）應雜誌之約，接受我們的同事，同時也
是《上帝的指紋》一書的日文譯者——大地舜（Shun Daichi）專訪時，發
表許多驚人的言論：

大地：「對了，美國學者史迪德最近以天文方式測量卡拉薩薩雅……他的

帝瓦納科的門神，被視為是維拉科查的形象。在大門口東側，此一神明高懸在階梯金字塔基腳的頂端——階梯金字塔是古埃及本本石的象徵，或許是亞卡帕納金字塔的象徵「地圖」。

─────────

研究顯示內牆建於二千年前，但外牆卻建於一萬二千年前，您對這結果有何看法？」

李維拉：「事實上，這和我們的研究很類似。前者觀察日出，我們則是觀察日落。和內牆相對而立的是十大塊巨石，功能是星象觀測站。這方面的詳細報告才在一九九六年十二月二十一日出爐，它的結果和觀察日出的一樣。」

大地：「史迪德計算出卡拉薩薩雅建於一萬二千年以前，你也計算出接近的數字？」

李維拉：「數字非常接近。」

大地：「是指一萬兩千年？但波士南斯基說的是一萬七千年……」

李維拉：「這件事仍需要多加琢磨。」

大地：「您還不能做出結論？」

李維拉：「相關的研究仍在進行中，揭開真相不是件簡單的工作。但在利用先進方法、技術與工具的同時，我相信能在未來幾年獲得更多訊息。」

大地：「埃及與南美兩地有許多相似處，像是木乃伊、輪迴之說與巨石建築等等……」

李維拉：「其他還有金字塔、十字形圖案，別忘了還有『國王室』。」

大地：「國王室？」

李維拉：「我們或許能在今年看到二十世紀最後、也是最偉大的考古發現。事實上，在帝瓦納科的亞卡帕納金字塔裡有間密室。金字塔內部有迴廊和密室，我們相信這間密室和埃及吉沙的很相像。我們打算今年打開它[11]。」

　　大地舜在一九九七年一月做這段專訪時，李維拉仍然是玻利維亞國家考古研究所所長，在他任職七年多的時間內，致力於擴大帝瓦納科城的挖掘面積（在此之前的十四年內也一直如此），他也以優秀的工作成就享譽國際之間。但在一九九七年三月，李維拉卻突然辭去所長的職務。

考古研究所所長的證實

　　李維拉接受日文專訪時發表的評論，被學院派視為異端邪說。凡是有人論及比吉沙更古老的建築物，總會聽到來自埃及考古學家官僚般的抗議。所以，當我們從大地舜這兒聽到玻利維亞如此德高望重的考古學者，竟然積極思考帝瓦納科城建於一萬兩千年前的可能性，真是令我們

從太陽門西側向東所見到的月出時刻。

非常訝異。除此之外,更聳動的是金字塔內部竟然有一座密室。

　　一九九七年五月,在我們乘坐飛機飛越帝瓦納科上空後二天,我們經事先安排,與李維拉在卡拉薩薩雅的太陽門前會面。我們原以為他會推翻先前的說詞,但他仍堅定他曾經告訴大地舜的年代——以天象推算卡拉薩薩雅建於一萬二千年前。他似乎開始將此視為正確的時間:

的確有此可能。我們認為帝瓦納科城存在的年代比已知的更早。在帝瓦納科城進行考古挖掘與研究的二十一年來,每天都讓人大開眼界。帝瓦納科城本身及在帝瓦納科工作的考古學者都太難以置信了,我們常常挖掘到各種不同的文物。

　　李維拉願意將帝瓦納科城的建立年代向前推至公元前一萬一千年——與獅身人面像假設的建造年代相同——意味著一段失落的文明對帝瓦納科曾產生最原型的影響:「可能是亞特蘭提斯之類的古文明。」而且李維拉告訴我們,他開始發現,失落文明存在的假設,有助於他勾勒出墨西哥、南美與埃及之間驚人文化相似處的全貌:「我們需要一個點連結今日與相隔久遠的孤立世界。」

刻在石上的地圖

帝瓦納科太陽門的維拉科
查形象，描繪可能存在的地
下室。

————

也許李維拉所指出的亞卡帕納金字塔中尚未開放的密室，能為這些神祕事物提供一些解答。我們詢問他，現在可有進一步打開密室的進程。李維拉回答：「我們在金字塔中間與內部尋找密室的入口，據了解有八個入口。」

我們繼續追問他：「所以你已經在亞卡帕納金字塔內部發現一間密室，或者是密室的入口？」

他回答：「我們沒有進去，但我們正在尋找，我花了一整年的時間挖掘這些古蹟……我確信會發現帝瓦納科城的深層結構……一座陷落的帝瓦納科，在現存城市的下面……我認為在地底十二或二十一公尺深處會發現另一座帝瓦納科，它是原創神聖的帝瓦納科，我不敢說它會有多古老，但這是研究帝瓦納科的新篇章，我們會開啟一部嶄新的典籍。」

對談中所提到的奇特部分（密室）尚未出土。我們詢問李維拉，他是怎麼確定密室就在太陽門的東面。這一整面牆刻有複雜的帶狀圖案、符號和幾何圖形，全長超過三公尺的帶狀圖案中央，刻有擬人的形體，兩隻手各拿一支形狀怪異的權杖。考古學家認為這是維拉科查的另外一種造型或是人形的化身，太陽神造型具有高度的個人風格，就像電腦桌面圖示一樣不容忽視。他有獅子的外貌，面向東方，嘴上有鬍髭，站在階梯金字塔的基台上面。

李維拉將我們的注意力帶到金字塔上的基台，它有三層石階，正如亞卡帕納金字塔的基底一樣也有三層石階。深藏在金字塔核心部位的圖案，代表他所謂的密室。這間方形房間裡有一隻奇怪蜷曲的動物——也許是一條龍，也許是一隻獅子——好像有八條走道可以通向這個房間。其中六條走道形狀是鳥頭（或稱羽毛頭）蛇身，另外兩條的形狀為獅頭蛇身。四條走道的路徑是傾斜的，和埃及大金字塔相同。

李維拉說：「我確信這是亞卡帕納的地圖。」上面顯示八條入口通道。他接著說：「我們正在挖掘其中一條通道。我相信很快就能重新開始挖掘。」

相隔兩地卻共同的謎題

凡此種種，不得不讓人聯想到一九九○年代一些在吉沙的發現：美國地震偵測儀和地底雷達探測器在獅身人面像下面測到密室，以及德國製

機器人照相機在大金字塔內部探索王后室南邊，長達六十公尺的狹窄通氣口，在通氣口盡頭發現一扇緊閉的閘門，門後顯然有一間從未開啟的密室。就像李維拉一樣，吉沙的研究員進行考古探測期間，也有進度拖延的經驗，但他們總是希望能很快重新開始挖掘工作。

依據合理的地質與天文學推算，吉沙和帝瓦納科城竟然在一萬二千多年前就已存在，這結果實在令人訝異。另外，兩座城市均建在許多迷宮式走廊與密室之上，而且這兩處地點均謠傳那段失落文明欲傳達的重要訊息，即將被發現。

二元性的工作

在李維拉離開拉巴斯之後，我們繼續待在卡拉薩薩雅，觀看的的喀喀湖上的夕陽向西北方下沉，一輪圓月自伊利馬尼（Illimani）山頭向東南方升起。穿過拱形的太陽門，站在大門兩邊進行觀察，可以看到這兩個球體各自在相反的位置上，以一百八十度的態勢橫越天空。這很容易讓我們想像大門有如大型的宇宙槓桿支點，太陽與月亮則在支點的兩邊。

卡拉薩薩雅現存的二尊雕像之一。

向東的帶狀雕紋上，維拉科查神的面龐周圍，向外射出十九道「太陽光芒」，就像太陽神一般。蘇利文認為這些光芒不是太陽的，而是標示出月亮的一種十九年「太陰週期」（Metonic cycle）知識──在特定的陰曆月相再度出現之前，所必須經歷的陽曆年時間。換言之，如果你出生當天是滿月，下一次生日就需要等到十九年後。所以十九道光芒可能象徵月亮的「夏冬至」──月球主體停滯的南方或北方極限──正好也每隔十九年出現一次。遠離帝瓦納科，如同我們曾在導言中介紹過的，外赫布里底群島的卡拉尼許巨石圈的設計，就是為了「捕捉」每隔十九年才運行至最南

維拉科查的頭部，伸出十九道太陽光芒。

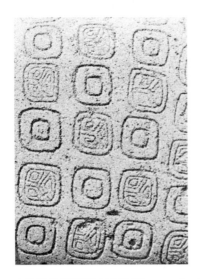

卡拉薩薩雅雕像穿著的圖案，令人想起古埃及人和古馬雅天文學者飾以星點的外衣。

邊的月亮。

根據我們在世界各地探索的卡拉尼許、帝瓦納科和其他許多遺址，做出的結論為它們是大型古代科學計畫的一部分，其目標是追尋人類靈魂的不朽。除非在吉沙與帝瓦納科中也有羅塞塔石碑譯注1（Rosetta Stone）這類的發現，否則我們得要耐心等上數年的時間，才有可能進一步了解整體科學計畫是如何運作，以及起源於何處及何時。

但我們已知它會運用特定的特殊符號。因此，我們一點都不會覺得奇怪，在東面的帶狀圖紋中，維拉科查神像石柱的兩邊刻有三排被稱為「天使」的生命體，他們都是鳥人——有鳥翅膀的人，一些有鳥頭，一些則是人頭。

古埃及也利用類似人頭鳥身的圖像，象徵靈魂的另一面，特別是「巴」（ba）——「心靈」的部分。讀者應當記得，「巴」能以獨立的個體存活於來世，而且能在冥府杜埃像鳥兒一樣自在移動，基於這個理由，它就以鳥作為象徵。

在古埃及，「巴」靈魂通常被描述成可以自天體，如太陽、星星和月亮等處接受能量與生命。太陽門上的四十八個鳥人圖案，以及維拉科查神像石柱兩邊刻繪的二十四個鳥人圖案（雖然有些已經模糊不清），它們從左到右就像蛾圍繞在火燄旁邊一樣，朝向日月天神的方位，也許就在做接收能量的事。李維拉在基台下方發現的亞卡帕納金字塔「地圖」、維拉科查天神站在金字塔基台的圖案，都和本本石象徵的階梯金字塔一樣，具有永生的含義。

光線漸漸微弱，我們漫步在卡拉薩薩雅周圍，仔細觀察這兩座雕像，一座是以巨大安山岩雕成，高三點七公尺，另一座則以砂岩雕成，高一點八公尺。兩座雕像手上都拿著奇怪的東西，衣物上的紋路融合許多明顯是水生動植物的特徵，例如腰帶上刻有水生動物的圖形。馬雅與古埃及穿著豹皮斗篷的天文學家兼祭司，他們的衣服上綴有繁星點點，此地兩座雕像的外衣也綴滿圓點。

我們觀察雕像的臉龐，不帶表情的眼神直視遠方，似乎要將我們看穿，它們就像來自另一個世界的臉孔。如果帝瓦納科的挖掘工作順利，還會發現多少關於那個世界的面貌？考古學家在這片遼闊的區域，只探索了百分之一、二，其餘的就被遺忘在時間與人類的記憶之外了。

夜色很快包圍我們，冰冷的風吹過阿提帕蘭諾台地，我們回到大門

附近，找到化身為獅像的維拉科查天神，看著那對不帶感情的眼神。古老的天神面朝東方，背對著已經西沉的落日，眼睛直視升起的月亮與群星，似乎要開始指揮「天體管弦樂團」。

從太陽門向西邊眺望日落。門神的臉面向東邊，朝著升起的月亮及群星。

我們感受到冰冷宇宙的力量，在無邊無際的宇宙之中，曾經住著一群具有神力的族群，他們有能力選擇善惡，能夠接受並散播愛心，以卓越的智慧檢視整個宇宙。

還記得古人說過——二元一體的天神司掌職務於宇宙之間，計數百萬年的週期，點亮天空繁星：

二元一體的天神司掌職務，創造人類，照亮萬物。

天后、天父、古老天神在藍綠色的光環中散落至凡間的核心。

祂存在於水中……祂存在於雲裡。

古老天神棲息於幽暗的逝者之地，掌管火燄與時間的天神[12]。

譯注：

1.一塊製作於公元前一九六年的大理石石碑，刻有同段內容的三種不同語言版本，使得考古學家得以對照，解讀出失傳千年的埃及象形文字，成為今日研究古埃及歷史的重要里程碑。

結語
第四座神殿

　　一種探討死亡及永生可能性意義與神祕的偉大泛文化理論，啟發了古代世界。那是一個極欲自重重物質阻礙中解放靈魂，以得到永生不死的科學；它與天體物理學、醫學或基因工程一樣的精密及講求經驗法則。然而，不同於現代科學的是，打從一開始，在北歐、埃及、美索不達米亞、古印度、太平洋、日本、中國、東南亞及美洲各地，就有精通此術者及導師宣揚並從事這類工作。

　　這些地區遺留下大量的神話、紀念物與精神信仰的遺產，教導一種天地二元論的教義，當中不斷地強調：

地上所有均由上天安排並賦予意義；因為地上事物無能力安排上天。因此，較弱的神祕必屈服於更強大的神祕……天上的體制強過地上的……地上的一切無一不是上天所賜[1]。

　　宣稱這些律法的科學，使用的是一種國際性的語言，利用建築與神話闡述科技術語，奠基於放諸四海皆準的複雜天文週期。而繁複難解的天文週期更是只能透過數千年來持續觀察天象才能得知。

珍貴的明珠

　　是誰在做這些觀測呢？這些知識又是如何傳播到世界各地？在埃及、古印度、古馬雅之前，觀測是起源於何時？為什麼它們會被賦予如此的重要性？此外，這個知識體系中所蘊含的本質又是什麼？

　　問題的答案充滿神祕性，有些珍寶已被人類遺忘在時間的黑暗中。我們相信「珍貴的明珠」代表的是一種失落的文明，是透過數千年來的探究與實驗所發展的「靈魂科學」，並準確地應用在生死的基本問題上。

　　這項科學是可以重新復興的。如同現代科學一樣，它需要透過物理儀

器及大量的理論來實行。我們試著要證明這些儀器的軌跡仍在許多古代偉大的建築及神殿中，而理論的痕跡也體現在許多先史時代的雄偉雕刻及神話裡。我們不認為兩者產生的協同作用會是個意外，而且總體的表現甚至優於部分之和。神話的產生幾乎就像是為了帶給石雕與天文建築一份生命力，而這些建築也同時賦予神話實體與意義。就好像一個強大的遊戲軟體置入一部超大電腦中，喚醒了機器的潛在功能。

失落的文明

我們試圖去玩這場神話與建築遺跡共同演繹的遊戲，以了解失落的天文寓言及天地二元論中的含意。

在這些遺跡中，我們發現週期性的天文排列及天文象徵。在吉沙、吳哥與中美洲的馬雅，均留下模仿星體的地面建築。

在我們周遊各國所蒐集的神話、傳統與經典中，我們不斷發現一個理念——自古以來，靈魂會以不同的樣貌在各種環境中重生，進而累積經驗並逐步邁向完美。我們也在這些文化中發現，磨練性靈以達完美境界的工作中，不僅要求行為與思想良好，還要堅決屏棄對物質世界的執著，並且掌握古文明系統的精神知識。

精神知識的構成很難去釐清，但從許多遺跡中不難找到線索，這些線索一再顯示對天文及歲差週期的特殊興趣。此外，也有許多文字紀錄與傳統暗示，歷史遺跡被直接用作教導知識的工具。據聞這些遺跡可能就是先知們「轉化為神」或天上星宿的地方；或者也可能是成為輪迴再生的候選人之處。

至今我們仍然相信，這些廣泛流傳的理念最有可能的起源是失落的古文明。在《上帝的指紋》一書中，我們曾提出一個特殊的假設，即這些文明的興盛期是在公元前一萬零五百年，而在最後一次冰河期的地殼變動中消失得無影無蹤。我們認為當中有生還者遍布全球各洲，在定居下來後，他們建立起以天體知識為基礎的智慧信仰，並且將永生的聖杯傳承給其教徒。

天體知識的信仰體系一度以大地測量點，也就是俗稱的「大地的肚臍」為中心，向全球各地擴散。我們已呈現相關證據證明，根據天文計算，至少有幾處遺址刻意布置出相互的關連性。例如，依據春秋分的歲差，各與經度線距離七十二度、五十四度、一百零八度或一百四十四度。

更令人驚奇的是，經過歲差計算來檢驗這些刻意模仿天象的天地對應遺跡，如埃及的獅身人面像、三大金字塔及柬埔寨吳哥的七十二座神廟，可以發現它們是同樣的日期、同樣的季節及同樣時刻的複本，完完全全模仿出一萬二千五百年前，春分日出時的天象。

我們同意埃及的獅身人面像、金字塔及柬埔寨的神廟建於不同時期。但是從它們清楚表現出的共同目的，且意在表達共同的精神理念，我們可以推論出在公元前二千五百年的埃及，及公元一一五〇年的吳哥，其時的信仰體系必定是古老且存在已久。

光之使者

十七世紀的英國哲學家培根（Francis Bacon, 1561～1626）未完成的偉大著作《新亞特蘭提斯》（*New Atlantis*）中，闡述一群住在「世界上最大片水域中的島嶼」——班塞冷（Bensalem）島的智慧族群。他們民智已開、科技先進，同時也是偉大的天文學家與幾何學者[2]；此外，他們也建造飛機與潛水艇（書中有「我們有飛行的程度；我們有船可至海面下」的描述）。培根筆下的這群人也具有基因工程的知識，能夠目視千里，並且精於操作機械。他們雖是優秀的探險家與航海家，卻不願意曝露行蹤；他們幾乎了解所有生物居住的世界，旁人卻不知他們的所在。

培根所描述的故事當然是虛構的，但也被認為是培根寄託個人哲學與政治思想的工具。然而，我們所關切的重點是，書中描述一位班塞冷的天文學祭司，他擁有曾毀於大洪水的偉大文明智慧。這位祭司說：「他們追尋的是萬物起因的知識與事物的神祕動態。」而這是他們為了培育「上帝的第一個創造——光」所背負的任務。他們持續將此任務傳播到國外，並派出「十二位使用化名（為了我們好所以隱姓埋名）的人出海到國外……我們稱這些人為『光之使者』。」

關於《新亞特蘭提斯》內容是否皆為虛構，以及培根是否選擇以預言的方式來傳達一項神祕的歷史訊息，是我們另一本書將討論的議題。然而，可以肯定的是，在相距千年的不同年代中，全球各地均有預言者及賢人扮演重要的角色，在類似的精神發展路徑上引領不相關的文化體。據說這些文明的導師及開化者是來自他方，他們通常是自海上另一端的島嶼乘船而來。

也許他們是真正的「光之使者」——即埃及的「阿卡賢蘇荷」、墨西哥

的「羽蛇神」、安地斯山區的「維拉科查」，以及高棉族的諸神王。也許他們如培根所說的，是屬於一個神祕的社會，一個「無形的學院」，致力於維護大洪水發生前的神祕知識——這份知識就像被黑暗大水所包圍的光之島嶼。

神祕的組織

本書中所探討的概念都跟「靈知」（gnosis）有關，不論是吳哥、墨西哥或古埃及，入門者均是透過直接的經驗來探索存在的奧祕。然而，有一個「諾斯替教派」（Gnostic），通常是指一種神祕的知識，在公元前後的中東廣為流傳。

埃及是該教派的重鎮，一九四〇年代，在丹德拉神廟附近的拿戈瑪第（Nag Hammadi）出土了許多相關文獻。大約在公元前三世紀，這些《諾斯替福音》（Gnostic Gospels）或稱《拿戈瑪第經集》（Nag Hammadi Library）的文獻，記載了神祕組織的存在[3]。許多文獻皆指出，這些組織清楚地傳達出以建立紀念碑來代表精神所在（如天上的群星），並反抗黑暗及無知的意念：

引領那些處於困惑，同時因受欺騙而誤入歧途的人們；這些人至終老都未曾有過歡樂，他們至死不曾發現真理及神明的真相，自天地初創起便受奴役至今[4]。

如同在古埃及、柬埔寨及墨西哥，諾斯替教派視宇宙為一所體驗的學校，賦予「不完美的靈魂」一個寶貴的機會，在面對物質的存在與挑戰中去學習並成長：

所見到的生物……因需要接受教誨及養成而存在，他們因而一點一滴地成長，而這正是神明造人的原因[5]……

諾斯替教派同時主張宇宙中具有兩種強大的力量，一是光與愛的力量，一是黑暗與虛無的力量。黑暗的力量是神明為了不使人們發覺潛在的神性火花而創，因此令人飲下遺忘之水……這樣就不會知道他們是從何而來。黑暗麻痺了智性，同時散播心盲之癌，因為「無知是所有邪惡之母……無知奴役人們，而知識解放人們。」

相反地，這個組織信奉光的力量，其神聖目的在於透過引導人們進入

此知識體系，從而自奴役中解放，沒有比這更重要及更迫切的任務了。在諾斯替教派的觀念中，人是這無邊掙扎中的焦點與支點。人之所以選擇邪惡是因為無知，因而對純物質、凡人與人性的看法產生了分歧[6]。因此，諾斯替教派認為，「我們應努力對抗的不是人性，而是黑暗與邪惡精神的統治者。」

統治者與巨蛇

　　諾斯替教派與古埃及的宗教可說有密切關係，同時存在的還有猶太教及早期的基督教。他們崇拜古埃及的重生之神歐西里斯，祂有如光明的守衛者面對黑暗[7]。而耶和華——舊約中猶太人及基督徒的神——在他們眼裡則是黑暗力量的主宰[8]，令人類永存於無知黑暗的統治者。因此，諾斯替教派認為舊約故事裡，在伊甸園引誘亞當及夏娃的巨蛇並不是邪惡的代表，反而是真正對人類有恩惠的英雄，這對猶太人及基督徒可是極大的震撼。

巨蛇問夏娃：「上帝對妳說了什麼？是不是要妳別吃知識〔gnosis〕樹上的果子？」夏娃回答：「上帝說不只不能吃，碰到它還會立刻死去。」然而巨蛇對夏娃保證：「別害怕，妳不會死的；上帝是出於嫉妒才對妳說這些。一旦妳吃下果子，妳將如上帝一般能夠分辨善惡[9]。」

　　諾斯替教派認為，在亞當與夏娃這對人類原始夫妻吃下智慧之果後，內在的光明與永生的本性受到了啟發與覺醒。這種覺醒雖然不是永生的保證，卻是品嘗生命之樹的先決條件。

　　統治者滿懷嫉妒地說：

看啊！亞當！他將像我們當中的一員，他將知道光明與黑暗的差異。現在他可能走向生命之樹，並吃上面的果子，得到不朽的生命。來吧！讓我們將他自樂園驅逐，從他所擁有的墜落凡塵，從今以後，他無法辨識出更美好之事……所以他們將亞當和妻子逐出樂園。光是這樣做還不夠，他們還是感到害怕。他們走向生命之樹，擔心地圍著……他們將灼熱的劍插在中間，鎮日戒慎恐懼地環繞，不讓地上的任何生物進入[10]。

超級大洪水

諾斯替教派的文獻告訴我們，日後亞當與夏娃的後裔漸漸發展出高度的知識文明，開始懂得以機器來操控物質世界，並開始從事深刻的精神探究。這令統治者十分嫉妒，因而決定削弱人類的潛能。「諸神議論之後決定：來吧！讓我們引起一場大洪水，淹沒所有的人類與動物。」

根據諾斯替教義，洪水並非如《聖經》上所言，是為了懲罰邪惡所引發的，而是對人類高度發展的教訓，欲自人類手中奪走那持續成長的光明。這個教訓十分成功，雖然有生還者，但他們被丟進「強烈的精神錯亂和終生勞碌之中，以致人類被俗事纏身，可能無法有機會奉獻給聖靈。」

幸運的是，生還者之中仍有少數擁有古老知識的人，為了下一代的福祉而致力將此智慧傳承下去，不管要花多久時間，一直到人類再度普遍地覺醒過來。

波波武經

歷史上並無記載諾斯替教派是循何途徑，將教義傳播到墨西哥及瓜地馬拉的古奎契族（Quiche）馬雅人。我們在第一部曾提到，奎契族建造了獵戶座的星體之城——烏塔特蘭（Utatlan）。他們唯一保存下來的聖書，是在西班牙征服者到來不久後即寫下，但內容卻是古老教義的《波波武經》。奇怪的是，就像諾斯替那些文獻，書中亦談及生活在遙遠黃金時代的人類初民：

他們被賦予智慧，即看即知千里，盡覽世界，無所不知，不需移動便知隱藏於遠方的事物……他們有偉大的智慧，視線及至森林、岩壁、湖泊、海洋、群山及山谷。他們是令人欽佩的……他們知曉並檢視四方，即天穹四點及大地的表面[11]。

初民們的成就觸犯眾神，眾神因此令其罹患失憶症：

天上的主宰將迷霧吹入他們的眼睛，視線如同起了霧的鏡子。他們的眼睛被蒙蔽了，從此只能看近處之物……就這樣，初民們的智慧與知識因而被摧毀[12]。

對於先人曾經到達過的文明巔峰，以後僅能從唯一流傳下的《波波武經》一書得知。馬雅人稱此書為「來自海上另一邊的光明」[13]。

文明遺產

在五千年前，閃族及埃及流傳下來的古老世界文獻中，也可以找到相同的概念。而遠在密克羅尼西亞、東南亞、中國、祕魯、希臘及印度，自古以來便流傳著這樣的傳說：一份祕密珍寶已被一群曾受到諸神懲罰的超人藏起來。傳說及經典中暗示這批寶藏並不是黃金或珠寶，而是不可思議的知識，可能以書本或文件的形式被保留下來。

例如，在印度的全球洪水神話中，毗濕奴警告門徒馬努大洪水即將來臨，他應該將聖典藏在安全的地方，以免大洪水前的知識遭到摧毀[14]。另外像是美索不達米亞的傳說指出，名叫烏納皮斯汀（Utnapishtim）的大英雄得到天神伊亞（Ea）的指示，要他記錄下當時的一切，並將之埋藏於希帕拉（Sippara）的太陽之城[15]。洪水退去後，生還者受到指引，前往太陽之城尋找這本裨益後世的知識之書。

當英國天文學家葛瑞威斯（John Greaves）在十七世紀造訪埃及時，他收集了許多關於吉沙三大金字塔與洪水前的一位法老相關的當地傳說：

事件起因為國王在睡夢中見到了整個大地翻轉過來，地面上的人都面朝天空而躺，星星自天上隕落，彼此碰撞造成巨大聲響……國王因此驚醒，他找來了埃及各地的祭司領袖……他將整起事件告訴他們，祭司們看了看星星的高度，預測將會有大洪水發生。國王問道，埃及會受到洪水的侵襲嗎？祭司們的回答是肯定的，而且埃及將遭到毀滅。由於洪水來臨前還有幾年的時間準備，於是國王下令興建金字塔……他在塔內刻下眾智者告訴他的話，以及所有科學知識──占星學、算數、測地學和物理學。而這些刻文只有了解當時特色及語言的國王才能解讀[16]。

獅子座、獵戶座、天龍座及寶瓶座

這些傳說的共同主題是失去的黃金時代、大洪水，或具同等破壞力的大災變，令人類知識文明倒退，還有少數自災害中生還的人，尋求能將珍貴的智慧流傳至後世的決心。

不論何時何地，這種智慧都與諾斯替教派文獻中所稱，「人類探索的目的及對永生的發掘」有關。文獻中指出，信徒必須致力追求永生，然而並不是透過盲目的信仰或良善的行為就可以得到，而是相信「靈魂可以超越一切」的獎賞。

因此我們的結論是：在本書中所提到的古老建築、神話以及傳說，都是古老精神體系的一部分，目的在於授予那些已證明自己價值的人，啟發自己進入永恆的生命之謎。

　　此外，如同諾斯替教派文獻所相信的，在這樣的體系背後，必定有一些密切相關的「組織」。在文中所提到最強有力的例證，就是吉沙與吳哥之間難以解釋的相似處，但兩地卻相隔了八千公里及將近四千年，更重要的是，兩地的建築均不約而同的模仿出公元前一萬零五百年春分日出時，獅子座、獵戶座、天龍座及寶瓶座的排列圖形。

　　公元前一萬零五百年春分時，寶瓶座自西方落下，獅子座自東方升起，獵戶座則位在子午線南端，天龍座在子午線北端。

　　吉沙金字塔模仿的是獅子座及獵戶座，吳哥則模仿天龍座，這不可能是巧合，因為兩地建築均正對不同的重要方向。因此這顯然是經過設計，而設計者正是某個「組織」。

　　這個組織為完成這份偉大的世界計畫，一定會在地球上的某一處建造模仿寶瓶座的神殿（公元前一萬零五百年神奇天空中的第四個星座）。為了證實這個全球性的布局，我們設想這個與寶瓶座「類似」或「相仿」的建築必會對準西方，就像吳哥對準北方，吉沙金字塔對準南方，人面獅身像則對準東方。且如同吉沙與吳哥相隔七十二經度——一個「當值」歲差數字，我們也期待這座神殿會與它們有特殊意義的距離。

寶瓶座和鳳凰座

　　或許這座類似寶瓶座的神殿已經存在。

　　有沒有可能就是帝瓦納科城？在卡拉薩薩雅和面西的亞卡帕納金字塔渠道中所擺放的兩座雕像，正是水瓶座的象徵型態。若果真如此，要是李維拉博士找到他所要找的密室，那麼將會揭露許多有趣的事情。

　　又或者這座仿寶瓶座建成的神殿位於其他水域中？這個驚奇有可能隱藏在墨西哥灣、美國佛羅里達海岸及巴哈馬——特別是比米尼群島（Bimini Islands）的淺水域。我們在一九九七年九月收到一名自由潛水者瑪尤（Jacques Mayol）的傳真，他曾因創下人類首度閉氣潛入一百公尺深海中的記錄而聞名。他告訴我們，他曾在一九六七年至一九七五年間加入一個由潛水夫和考古學家組成的比米尼群島海底探險隊，由後來成為邁阿密科學博物館館長的瓦倫泰博士（Dr. Manson Valentine）領軍。瑪尤

說，這個探險隊「在比米尼島海域發現了無人能解釋的，大洪水發生前即存在的海底遺跡。」他並說：「我手上還有一些驚人的海底幻燈片。出於明顯的原因，瓦倫泰博士從未聲稱這些可能是亞特蘭提斯遺跡[17]。」

難道第四座神殿會隱藏在這些遠古文明遺跡之中嗎？

或者，第四座神殿注定要在未來「適當時機」來臨時才會興建，以實現古代的規畫藍圖？

讀者不妨想像自己在公元二〇〇〇年三月二十一日（或者上一世紀或下一世紀中的任何時期），站在人面獅身像的足掌之間，和獅身像一樣看向東方。在日出前約莫一小時，你將可能會觀察到寶瓶座自東方地平線上升，在太陽即將升至的地方盤旋。

雖然寶瓶座在古代通常被視為「自甕中倒水的人」[18]，有些文化更喜歡將它視為「向上飛的鳥」[19]。羅馬人稱這種鳥為孔雀或鵝[20]。馬雅人叫它「寇茲」（Coz），意為「天上的獵鷹」[21]。一九二〇年代，英國學者瑪特伍德（Katherine Maltwood）證實，古印度教所謂的神祕鳥人「迦樓羅」（Garuda），指的可能就是寶瓶座，而迦樓羅的外觀為「鷹的頭翼爪喙，人的身體與四肢[22]。」

瑪特伍德也拿「萬鳥之王迦樓羅」和埃及希臘神話中的鳳凰做比較。她指出，迦樓羅和鳳凰一樣，有著很長的週期（據說迦樓羅在蛋中的孵化期長達五百年）。另外，鳳凰的特色是長生不老，而在印度教的神話中，迦樓羅也自諸神手中竊得長生不老藥。根據傳說，長生不老藥就像伊甸園的生命之樹，被放在一個四周布滿火燄的危險地方，為一個快速轉動，邊緣尖銳又光彩奪目的轉輪所守護。迦樓羅撲滅了火燄，打破轉輪，自珍貴的杯中取走長生不老藥。

由於這項行為，迦樓羅經常被描述成帶著盛滿液體的杯子——更進一步支持它和寶瓶座（盛水之座）的關聯。瑪特伍德更指出，如果寶瓶座就是迦樓羅，而迦樓羅就是鳳凰的話，更能將寶瓶座視為鳳凰的天體象徵。事實上，在先史時代的眾多仿天象建築中，都可以找到這種代表意義，像是只能從空中方可見到，環繞英國聖城格拉斯頓伯里（Glastonbury, 亞瑟王的埋葬地）的建築[23]。

在古埃及的肖像和象形文字中，鳳凰是「在死亡存在前便已出生」。它象徵著萬物永無止境的回歸和戰勝物質的靈魂。如同我們今日所見，代表鳳凰的寶瓶座自赤道升起，就像面對一個強大天體象徵的重生。

古人相信地上一切皆取決於天上，那麼我們可以合理地問：還有什麼

將會再度重生？

再度重生

公元前一萬零五百年春分清晨前一小時，獅子座就在今天**寶瓶座**所在位置，而**寶瓶座**正在下沉。可是公元二〇〇〇年情況倒**轉**，寶瓶座在上升，獅子座則在下沉。

公元前一萬零五百年春分日出時，獵戶座和天龍座各在子午線的南北兩側，彼此隔著天際遙遙相望。此情此景在公元二〇〇〇年春分會再度出現，只不過換成了日落。另外，公元前一萬零五百年的天龍座正好位在地平線上最高點，而公元二〇〇〇年同一時間則是在最低點。獵戶座的情形恰與天龍座相反。

換句話說，同樣的星座卻出現一百八十度大轉變，其間相隔了一萬二千五百年。

這是不是透露了某種訊息，告訴我們將會有事發生？我們所想像的體制符合公元前一萬零五百年春分時重要的天象，那麼在公元二〇〇〇年春分時，會不會也看到截然相反的重要天象？

雖然先前提過，在整個二十世紀中，歲差運動並未造成外觀上的重大差異，但也許天空早就發出訊號，該是建造「第四座神殿」的時候了。或許先史時代信奉永生的教義──利用與星體和天文週期連結的巨大建築作為導入工具──又將重出江湖。今天當旅行者來到吉沙和吳哥時，會和所有來此地的人一樣，著迷於這些地方的神祕感。同樣地，墨西哥神廟和金字塔、復活節島的巨大石像、從空中鳥瞰方可得見的祕魯納茲卡地線，還有安地斯山區裡的庫茲科、歐蘭泰坦堡和帝瓦納科，在在都令人目眩神迷。

在世紀交替的時刻，看看上一世紀末前所未有的邪惡及貪婪所帶來的血腥，人類面臨物質與精神，黑暗與光明的抉擇。現代宗教如同現代科學，一再令我們失望，無法讓我們自當中獲得滋養和引導。或許人類唯一的希望，正如智者早已看出來的一樣，那就是：
當特定理念自絕望和被踐踏的過去中再度興起時，也許會有某種型態的「再度重生」。我們不該剝奪後世子孫繼承來自久遠年代遺產的最後機會24。

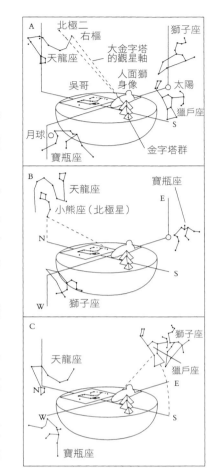

A.公元前一萬零五百年春分日出時的「天空圖紋」。
B.公元二〇〇〇年春分日出時的「天空圖紋」。（獅子座和寶瓶座已交換位置。）
C.公元二〇〇〇年春分日落時的「天空圖紋」。（獵戶座和天龍座從公元前一萬零五百年的位置做上下或前後移動，以至今日的天龍座已降到最低點，而獵戶座已升至最高點。）

注釋

導言

1.翡翠字板引自K.E.Maltwood《群星神殿格拉斯頓伯里指南》（*A Guide To Glastonbury, Temple of the Stars*）（London, James Clarke and Co.,1964），頁xix。

2.《羯陀奧義書》引自Joseph Head and S.L. Cranston《轉世：鳳凰火焚之謎》（*Reincarnation : The Phoenix Fire Mystery*）（New York, Julian Press／Crown Publishers Inc., 1977），頁40。

3.同前書。

4.同前書。

5.Alastair Service and Jean Bradbury《歐洲的立石：巨石碑指南》（*The Standing Stones of Europe : A Guide to the Megalithic Monuments*）（London, J.M. Dent, 1993），頁47。

6.Patrick Ashmore《卡拉奈斯立石》（*Calanais : The Standing Stones*）（Callanish, The Standing Stones Trust, 1995），頁10。

7.我們感謝Kent B. Watson及Izumi Masukawa博士，從錄影帶場景和未出版的廣泛背景文件中，向我們介紹這些主要的資訊。《日本的金字塔》（*The Pyramids of Japan*）（Honolulu, International Production Services Inc.）參見Tsutomu Sago, Osama Yamada and Lyle B. Borst《北海道忍路環狀列石的天文分析》（*Astronomical Analysis of Oshoro Stone Circles in Hokkaido*）（同前書）。

8.《歐洲的立石》，頁89。

9.深度的探討，參見Graham Hancock《失落的約櫃》（*The Sign and the Seal*）（New York, Crown Publishers, London, William Heinemann, 1992）。

10.William N. Morgan《密克羅尼西亞的先史時代建築》（*Prehistoric Architecture in Micronesia*）（London, Kegan Paul International, 1988）。

11.深度的探討，參見Graham Hancock《上帝的指紋》（*Fingerprints of the Gods*）（New York, Crown Publishers, London, William Heinemann, 1995）。

12.精確而言，乃18.6年出現一次。參見Gerald Ponting and Margaret Ponting《卡拉尼許巨石的新視角》（*New Light on the Stones of Callanish*）（Isle of Lewis, 1984），頁50。

13.E.C.Krupp《古代天空的回音》（*Echoes of the Ancient Skies*）（Oxford University Press, 1983），頁167。

14.參見Christopher Chippendale《巨石陣全集》（*Stonehenge Complete*）（London, Thames and Hudson, 1994），頁137-138。

15.Graham Hancock的每日信件，1966年3月13日。

16.同前書。

17.〈每日電訊報〉（*Daily Telegraph*），1996年6月28日。

18.Julius Caesar《高盧戰記》（*De Bello Gallico*）第6章，頁13-18，被引用於John Matthews主編之《杜魯伊德教原典》（*The Druid Source Book*）（London, Blandford Press, 1996），頁15-16。

19.Robert Graves《白色女神》（*The White Goddess*）（London, Faber and Faber, 1961），頁251, 274, 292。

20.參見《上帝的指紋》，Robert Bauval and Graham Hancock《創世紀的守護神（美國版：人面獅身像的訊息）》（*Keeper of Genesis〈US : The Message of the Sphinx〉*）（New York, Crown, Publishers, London, William Heinemann, 1996）。

第一章

1.此一數字來自阿茲特克編年史作者Ixtlilxochitl，引自William Prescott《墨西哥征服史》（*History of the Conquest of Mexico*）（New York, Modern Library版），頁49，許多其他的目擊者支持此說。

2.Wigberto Jimenez Moreno, 引自Laurette Sejourne《燃燒之水：古墨西哥的思想與宗教》（*Burning Water : Thought and Religion in Ancient Mexico*）（The Vanguard Press, 1956, Berkeley, Shambhala, 1976），頁17。

3.Bernadino de Sahagun《新西班牙事務史》（*Historia General de las Cosas de Neuva España*）（Mexico, S.A.,Editorial Neuva España, 1946）。

4.Mary Miller and Karl Taube《古墨西哥的神明與符號》（*The*

Gods and Symbols of Ancient Mexico）（London, Thames and Hudson, 1993），頁190。

5.Kurt Mendelssohn《金字塔之謎》（*The Riddle of the Pyramids*）（London, Thames and Hudson,1986），頁190；Peter Tompkins《墨西哥金字塔之謎》（*Mysteries of the Mexican Pyramids*）（London, Thames and Hudson, 1987），頁57；Constance Irwin《公正的神和岩石的面容》（*Fair Gods and Stone Faces*）（London, W.H.Allen, 1964），頁56。

6.Juan de Torquemada《印第安君主國》（*Monarchicha Indiana*），引自《公正的神和岩石的面容》，頁37-38；《古物的北美洲》（*North America of Antiquity*），引自 Ignatius Donnelly《亞特蘭提斯：大洪水之前的世界》（*Atlantis : The Antediluvian World*）（New York, Harper and Brothers, 1882），頁165；John Bierhorst《墨西哥與中美洲的神話》（*The Mythology of Mexico and Central America*）（New York, William Morrow, 1990），頁161。

7.來自寇特斯對一位蒙特祖瑪的密使的評語。引自William Sullivan《印加的祕密》（*The Secret of the Incas*）（New York, Crown Publishers, 1996），頁315。

8.Bernal Diaz de Castillo,引自《阿茲特克：血與光輝的統治》（*Aztecs : Reign of Blood and Splendour*）（Time-Life Books, 1992），頁29。

9.Sahagun，引自《燃燒之水》，頁163-165。

10.同前書。

11.引自《燃燒之水》，頁12-13。

12.引自《墨西哥征服史》，頁48。

13.引自《燃燒之水》，頁14-15。

14. Munoz Camargo引自前書，頁126。

15. Bernadino de Sahagun引自前書，頁29。

16.同前書，頁29-30。

17.《古墨西哥與馬雅的神明和符號》（*The Gods and Symbols of Ancient Mexico and the Maya*），頁176；《墨西哥征服史》，頁49。

18.引自《燃燒之水》，頁55-56。

19.引自前書，頁63。

20.《燃燒之水》，頁20。

21.《阿茲特克：血與光輝的統治》，頁41。

22.引自《燃燒之水》。

23.同前書。

24.Sahagun，引自前書，頁22。

25.《國家地理雜誌》（*National Geographic*）（Washington），1995年12月，頁201。

26.Michael D.Coe《墨西哥》（London, Thames and Hudson, 1988），頁91。

27.Michael D.Coe《破解馬雅密碼》（*Breaking the Maya Code*）（London, Thames and Hudson, 1992）；頁275；Adela Fernandez《前西班牙時期墨西哥的神明》（*Pre-Hispanic Gods of Mexico*）（Mexico City, Panorama Editorial, 1992），頁24。

28.《前西班牙時期墨西哥的神明》，頁21。

29.Coe《墨西哥》，頁89。

30.Sahagun，引自《燃燒之水》，頁76。

31.引自Coe《墨西哥》，頁98。參見Demetrio Sodi《中美洲的偉大文化》（*The Great Cultures of Mesoamerica*），頁89-90。

32.Juan de Torquemada《印第安君主國》，引自《公正的神和岩石的面容》，頁37。

33.Dennis Tedlock《波波武經：馬雅生命初始之書》（*Popol Vuh : The Maya Book of the Dawn of Life*）（Simon and Schuster, 1996），頁64。

34.〈華盛頓郵報〉，1997年4月15日。

第二章

1.引自《燃燒之水》，頁58。

2.關於杜埃的詳盡探討，參見《創世紀的守護神》（*Keeper of Genesis*）。

3.引自《燃燒之水》，頁63-64。

4.E.A.Wallis Budge《埃及人的眾神》（*The Gods of the Egyptians*）（London, Mathuen and Co.,1904），第2卷，頁

140。

5.參見《古墨西哥的神明與符號》,頁114「在馬雅地域,銀河系乃概念化為通往西巴巴之路,即冥府,整個夜空可被冥府,以及其居民的遷移所複製。」

6.Kurt Sethe,引自Selim Hassan《吉沙的挖掘》(*Excavations at Giza*)(Cairo, Government Press, 1946),頁135。先前摘錄的納瓦透族的歌曲,亦清晰指向死者注意到面對破曉之前「玫瑰色」的天空。

7.引自《燃燒之水》,頁67。

8.Peter Tompkins《墨西哥金字塔之謎》(*Mysteries of the Mexican Pyramids*),頁317, 318。參見《燃燒之水》,頁86。引自Ignacio Marquina建築師的調查,他「發現位移形成的原因,係金字塔指向太陽每日繞過天頂後落在地平線之下的位置。」

9.Anthony F. Aveni《古墨西哥的觀天者》(*Skywatchers of Ancient Mexico*)(Austin, University of Texas Press, 1980),頁225;Chiu and Morrison《建築天文學》(*Archaeoastronomy*,第2部,1980)。

10.John Major Jenkins《馬雅創造:世界年紀的星體結構》(*Maya Creation:The Stellar Frame of the World Ages*)(Four Ahau Press, 1995),頁4。

11.Alexander Marshack《文明之根》(*The Roots of Civilization*)(New York, McGraw-Hill, 1972)。

12.Frank Edge《天空中的歐洲野牛》(*Aurochs in the Sky*)(Arizona, Pinetop, P.O.Box 2552, 1995, 12)。

13.Cyril Fagan《舊與新的黃道帶》(*Zodiacs Old and New*)(London, Anscombe, 1951),頁24。

14.《天空中的歐洲野牛》,頁6。

15.〈星期日電訊報〉(*Sunday Telegraph*)的報導(London, 1997, 5, 25)。

16.「天穹3.6版」(SkyGlobe3.6),一個DOS版的星圖模擬程式。

17.Stansbury Hagar〈烏斯瑪爾神殿的黃道宮圖式〉(The Zodiacal Temples of Uxmal)〈通俗天文學〉(*Popular Astronomy*),第79卷,1921,頁96。

18.同前文,頁96-97。

19.Hagar〈烏斯瑪爾神殿的黃道宮圖式〉,頁101。

20.José Fernandez〈星城:烏塔特蘭和獵戶座〉(A Stellar City:Utatlan and Orion),〈兩個世界的邂逅:時間與天文學〉(Time and Astronomy at the Meeting of Two Worlds),國際學術研討會學報,1992, 4, 27-5, 2,頁72, 74。

21.Fernandez,引自David Friedel, Linda Schele, Joy Parker《馬雅宇宙》(*Maya Cosmos*)(New York, William Morrow, 1993),頁103。

第三章

1.Jaromir Malek《研討埃及學》(*Discussions in Egyptology*)(Oxford, 1996),頁34。

2.John Michel《天文考古學小史》(*A Little History of Astro-Archaeology*)(London, Thames and Hudson, 1977),頁45。

3.Giorgio de Santillana and Hertha von Dechend《哈姆雷特的磨坊》(*Hamlet's Mill*)(Boston, David R. Godine Publisher, 1977),頁245。

4.論證參見Peter Tompkins《大金字塔的祕密》(*Secrets of the Great Pyramid*)(New York, London, Harper and Row, 1978),頁101。

5.Einar Palsson《異教徒冰島的聖三角》(*The Sacred Triangle of Pagan Iceland*)(Reykjavik, Mimir, 1993),頁32。

6.Jill Kamil《路克索》(*Luxor*)(London, New York, Longman, 1989),頁37。

7.Sir J. Norman Lockyer《天文學之始》(*The Dawn of Astronomy*)(Massachusetts Institute of Technology Press, 1973),頁109。

8.W.R.Fix《金字塔奧德賽》(*Pyramid Odyssey*)(Virginia, Urbanna, Mercury Media Inc., 1984),頁264-265中的報告。

9.Geoffrey Cornelius and Paul Devereux《恆星與行星的祕語》(*The Secret Language of the Stars and Planets*)(London,

Pavilion, 1996），頁138。

10.《天文學之始》，頁104-106。

11.R.O.Faulkner編《古埃及棺材經文》（*The Ancient Egyptian Coffin Texts*）（Warminster, Aris and Phillips, 1994），第1卷，頁179-180。

12.相關討論參見Peter Tompkins《方尖碑的魔法》（*The Magic of Obelisks*）（New York, Harper and Row Publishers, 1981），頁358-359。

13.Herni Frankfort《君道與眾神》（*Kingship and the Gods*）（The University of Chicago Press, 1978），頁90。

14.John Baines and Jaromir Malek《古埃及地圖集》（*Atlas of Ancient Egypt*）（Time-Life Books, 1990），頁76。

15.E.A.E. Reymond《埃及神廟的神祕起源》（*The Mythical Origin of the Egyptian Temple*）（Manchester University Press, 1969）。

16.同前書，頁316。

17.同前書，頁231。

第四章

1.John Anthony West《古埃及旅客之鑰》（*The Traveller's Key to Ancient Egypt*）（London, Harrap Columbus, 1989），頁374。

2.R.O.Faulkner編《古埃及亡靈之書》（*The Ancient Egyptian Book of the Dead*）（London, British Museum Publications, 1989），頁12。

3.《古埃及旅客之鑰》，頁374。

4.S.A.B.Mercer《古埃及的宗教》（*The Religion of Ancient Egypt*）（London, 1946），頁25，112：「古埃及人已確認獵戶座與歐西里斯有關。」《古代天空的回音》（*Echoes of Ancient Skies*），頁19。R.O.Faulkner編《古埃及金字塔經文》（*The Ancient Egyptian Pyramid Texts*）（Oxford University Press, 1969），頁147-148：「看啊！祂像獵戶座一樣蒞臨，看啊！歐西里斯像獵戶座一樣蒞臨。」

5.Veronica Ions《埃及神話》（*Egyptian Mythology*）（London, Newnes Books, 1986），頁133-136；Budge《埃及人的眾神》（*The Gods of the Egyptians*），第1卷，頁416；Margaret Bunsen《古埃及百科全書》（*The Encyclopaedia of Ancient Egypt*）（New York, Oxford, Facts on File, 1991），頁152。

6.E.A. Wallis Budge《埃及的天堂與地獄》（*The Egyptian Heaven and Hell：Book of What is in the Duat*）（London, Martin Hopkinson Co., 1925），第2卷，頁158；Ions《埃及神話》，頁134-135。

7.《古埃及百科全書》，頁23。

8.E.A. Wallis Budge《亡靈之書》（*London, New York, Arkana, 1985*），頁366。

9.《埃及神話》，頁136。

10.Kamil《路克索》，頁171。

11.Budge《埃及人的眾神》，第1卷，頁414-415。

12.Martina D'Alton《紐約方尖碑》（*The New York Obelisk*）（The Metropolitan Museum of Art），面對頁72。

13.《埃及人的眾神》，第2卷，頁407-408。

14.Budge《埃及的天堂與地獄》，第2卷，頁166，杜埃的第六區。

15.《埃及人的眾神》，第1卷，頁408。

16.同前書，頁409。

17.《古埃及亡靈之書》，第94章，引自同前書，頁411。

18.《亡靈之書》，第175章，引自同前書，頁412。

19.《埃及的赫米斯》（*The Egyptian Hermes*），頁58-59。

20.同前書，參見《埃及人的眾神》，第1卷，頁414-415。

21.《埃及的赫米斯》，頁60；《古埃及旅客之鑰》，頁426：「在費萊（Philae）所發現最後為人所知的神聖象形文字，年代為公元394年，而便體字塗鴉的最後一例，年代為公元425年。假如堅持象形文字的知識超越這個時代，則尚未發現任何紀錄。」

22.參見Fowden《埃及的赫米斯》；G.R.S.Mead《三倍偉大的赫米斯》（*Thrice Greatest Hermes*）（New York, Samuel Weiser Inc., 1992）；Walter Scott《煉金術》（*Hermetica*）（Boston, Shambhala, 1992）。

23.《三倍偉大的赫米斯》，「世界的處女」，頁60。

24.《煉金術》，「Kore Kosmou」篇，頁461。

25.同前書，注釋4，頁461。

26.E.A. Wallis Budge《埃及魔法》（*Egyptian Magic*）（London, Keegan, Paul, Trench, Trubner and Co., 1901），頁143。

27.同前書。

28.韋斯特卡（Westcar）抄本，參見Miriam Lichtheim《古埃及文學》（*Ancient Egyptian Literature*）（University of California Press, 1975），第1卷，頁219。

29.I.E.S. Edwards《埃及金字塔》（*The Pyramids of Egypt*）（London, Penguin, 1949），頁134。

30.F.W. Green〈埃及考古學報〉（Journal of Egyptian Archaeology）（JEA），第16卷，1930，頁33。

31.Alan H. Gadner, JEA，第11卷，1925，頁2-5。

32.Budge《埃及魔法》，頁144。

33.《古埃及棺材經文》，咒文992，第3卷，頁100。

34.《古埃及棺材經文》，第1卷，頁19, 25, 28。

35.同前書，頁28。

36.同前書，第3卷，頁132。

37.Faulkner《古埃及金字塔經文》（*The Ancient Egyptian Pyramid Texts*），導論，頁vi。

38.E.A. Wallis Budge《歐西里斯與埃及的復活》（*Osiris and the Egyptian Resurrection*）（The Meidic Society Ltd., 1911），第1卷，頁93。

39.Hassan《吉沙的挖掘》（*Excavations at Giza*），頁278。

40.同前書。

41.《古埃及金字塔經文》，咒文1087，第3卷，頁150。

42.Werner Forman and Stephen Quirke《古埃及的象形文字與來世》（*Hieroglyphs and the Afterlife in Ancient Egypt*）（London, Opus Publishing，1996），頁7。

43.同前書，頁7-8。

44.John Romer《帝王谷》（*Valley of Kings*）（London, Michael O' Mara Books, 1981），頁117；James H. Breasted《良心之始》（*The Dawn of Conscience*）（New York, London, Charles Scribner' s Sons, 1944），頁70。

45.Edwards《埃及金字塔》，1949，頁27-28。同樣地「埃及人對宗教事務的思維是偶然和混淆」，T.G.H. James《古埃及入門》（*An Introduction to Ancient Egypt*）（London, British Museum Publications, 1987），頁128。

46.Margaret A. Murray《光輝的埃及》（*The Splendour that was Egypt*）（London, Sidgwick and Jackson, New York, Saint Martin' s Press, 1987），頁131-132。

第五章

1.Reymond《埃及神廟的神話起源》（*The Mythological Origin of the Egyptian Temple*），頁9「索斯書寫的摹本係依據聖者的言語而成」。

2.〈馬太福音〉（Matthew），第13章第46節。

3.《煉金術》，頁457, 521, 523。

4.《埃及的天堂與地獄》，頁240。

5.同前書，頁258。

6.《埃及神廟的神話起源》，頁309。

7.Selim Hassan《人面獅身像：依據最近挖掘的歷史》《*The Sphinx：Its History in the Light of Recent Excavations*》（Cairo, Government Press, 1949），頁91。

8.摘自〈人面獅身像的神祕〉（The Mystery of the Sphinx）（NBC Television, 1993），AAA會議的副本，Chicago。

9.例如在美國地質學會（Geological Society of America）。參見《上帝的指紋》修訂版下冊，第15章。

10.所謂新石器時代雨季之下。

11.《上帝的指紋》中的採訪，修訂版下冊第15章，頁218。

12.《創世紀的守護神（美國版：人面獅身像的訊息）》，頁65。

13.同前書，頁67。

14.《創世紀的守護神（美國版：人面獅身像的訊息）》，頁76-78。

第六章

1.《古埃及金字塔經文》，頁117。

2.James Henry Breasted《良心之始》，頁68-69。

3.Reymond《埃及神廟的神話起源》，頁257, 262。

4.James Henry Breasted《古埃及宗教與思想的發展》
（*Development of Religion and Thought in Ancient Egypt*）
（Pennsylvania手裝本，1972），頁71-72。

5.Normandi Ellis《甦醒的歐西里斯：埃及亡靈之書》
（*Awakening Osiris：The Egyptian Book of the Dead*）
（Phanes Press, 1988），頁102。

6.Robert Bauval and Adrian Gilbert《獵戶座之謎》（*The Orion
Mystery*）（London, Heinemann, 1994），頁16-17。

7.Labib Habachi《埃及的方尖碑》（Cairo, The American
University Press, 1988），頁5-6；《古埃及百科全書》（*The
Encyclopaedia of Ancient Egypt*），頁110。

8.Henri Frankfort《君道與眾神》（*Kingship and the Gods*）
（The University of Chicago Press, 1978），頁153-154；Ions
《埃及神話》，頁35-36。

9.E.A. Wallis Budge《克麗奧佩特拉之針》（*Cleopatra's
Needles*）（London, The Religious Tract Society, 1926），頁
2；Bauval《獵戶座之謎》，頁203-204。

10.Budge《埃及的天堂與地獄》，頁196。

11.《古埃及的神話與符號》，頁245-246。

12.Hegel《歷史哲學》（*Philosophy of History*）中關於鳳凰的
論述，引自《轉世》，頁19。

13.G.A. Wainwright《埃及的天空宗教》（*The Sky Religion
in Egypt*）（Connecticut, Westport, Greenwood Press
Publishers, 1971）。

14.John Ivimy《人面獅身像與巨石》（*The Sphinx and the
Megaliths*）（London, Abacus, 1976），頁33-34。

15.《古埃及棺材經文》，第1卷，頁18：「保持沉默，喔人！
人要仔細聆聽，仔細聆聽！聽荷魯斯為其父親歐西里斯所
創造的偉大言辭。祂為此生存，祂為此擁有靈魂，祂為此
享譽天下。」

16.Jacqueline Mitton《企鵝天文學辭典》（*The Penguin
Dictionary of Astronomy*）（London, Penguin Books,
1993），頁129。

17.《創世紀的守護神（美國版：人面獅身像的訊息）》，頁

123-214。Lockyer在《天文學之始》57頁中嚴肅的思索其
可能性。

18.Scott《煉金術》，頁349-351。

第七章

1.George Coedes《吳哥入門》（*Angkor：An Introduction*）
（London, New York, Oxford University Press, 1966），頁7。

2.Bernard Groslier and Jacques Arthaud《吳哥：藝術與文
明》（*Angkor:Art and Civilization*）（London, Thames and
Hudson, 1966），頁16。

3.這是通常可接受和無庸置疑的字源學。例如參見Henri
Parmentier《吳哥指南》（*Guide to Angkor*）（Phnom-
Penh, EKLIP Publisher重印），頁61；David P. Chandler《柬
埔寨史》（*A History of Cambodia*）（Thailand, Silkworm
Books, 1994），頁29；Dawn Rooney《吳哥：神廟入門》
（*Angkor：An Introduction to the Temples*）（Thailand,
Asia Books, 1995），頁13；Albert Le Bonheur and Jaroslav
Poncar《屬於眾神、國王與人：小吳哥和巴戎寺的浮雕》
（*Of Gods, Kings and Men：Bas Reliefs of Angkor Wat and
the Bayon*）（London, Serindia Publications, 1995），頁6。

4.大英博物館埃及古物部門，R.B.Parkinson博士在1997年1月
9日所寫的信函中：「『Ankhhor』一詞的確為個人的名字，
其意為『不朽的荷魯斯神』。」

5.同前書，引自H.Ranke《埃及個人的名字》（*Die
Aegyptischen Personennamen*）。

6.Richard Hinckley Allen《星星的名字：它們的知識和意義》
（*Star Names：Their Lore and Meaning*）（New York, Dover
Publications Inc., 1963），頁203。

7.Michael Freeman《吳哥》（*Angkor*）（Thailand, Asia
Books），頁9；Rooney《吳哥：神廟入門》，頁15。

8.Robert Stencel, Fred Gifford, Eleanor Moron「小吳哥的天
文學與宇宙論」（Astronomy and Cosmology at Angkor
Wat），《科學》雜誌，1976年7月23日，第153卷，第4250
期，頁281。

9.Groslier《吳哥》，頁55-56，他亦指出「一條長60公里的運

河呈現筆直的走向」。

10.《大英百科全書簡明版》，第7卷，頁763。

11.Philips Rawson《神聖的西藏》（*Sacred Tibet*）（London, Thames and Hudson, 1991），頁90。

12.一塊從皇宮中出土的闍耶跋摩七世的碑文，大約為公元1166年，參見Coedes《吳哥入門》，頁87。

13.John Grigsby《吳哥的神廟》（*The Temples of Angkor*），針對Graham Hancock的一項研究計畫，頁11-12。

14.《科學》雜誌，頁281。

15.極地星座在子午圈上的最高點。參見《企鵝天文學辭典》，頁102。

16.極地星座在子午圈上的最低點。

第八章

1.Binod Chandra Sinha《古印度的巨蛇崇拜》（*Serpent Worship in Ancient India*）（Delhi, Books Today, 1978），頁63。

2.Rooney《吳哥：神廟入門》，頁52：「高棉人著魔於那迦巨蟒，體現在其無所不在的神廟，到處都是。」

3.Hinckley Allen《星星的名字》，頁202。

4.J.L.Brockington《神聖的脈絡：持續與變化中的印度教》（*The Sacred Thread：Hinduism in its Continuity and Diversity*）（Edinburgh, The University Press），頁27-28；Donald A.Mackenzie《印度：神話與傳奇》（*India：Myths and Legends*）（London, The Mystic Press,1987），頁65；A.L.Basham《古典印度教的起源與發展》（*The Origins and Development of Classical Hinduism*）（Oxford University Press），頁75。

5.Lockamanya Bal Gangadhar Tilak《獵戶座或研究吠陀經中的文物》（*The Orion, or Researches into the Antiquity of the Vedas*）（Poona, Tilak Bros., Publishers, 1955）；David Frawley《神明、賢人與國王》（*Gods, Sages and Kings*）（Salt Lake City, Passage Press, 1991）；Georg Feuerstein, Subhash Kuk and David Frawley《探索文明的搖籃》（*In Search of the Cradle of Civilization*）（Adyar, Wheaton：

Quest Books, 1995）。

6.David Frawley《神明、賢人與國王》，頁39。

7.Alain Danielou《印度的神話與神明》（*The Myths and Gods of India*）（Rochester, Inner Traditions International, 1991），頁151；《新拉魯斯神話百科全書》（*New Larousse Encyclopaedia of Mythology*）（London, Hamlyn, 1989），頁362。《崇拜蛇者：蛇崇拜的起源、興起和發展的神祕關連的報告》（*Ophiolatreia：An Account of the Mysteries Connected with the Origin, Rise and Development of Serpent Worship*）（自印, 1889），頁96。

8.《新拉魯斯神話百科全書》，頁362。

9.參見本書第6章。

10.《摩奴法典》，頁5。

11.W.J. Wilkins《印度神話》（*Hindu Mythology*）（New Delhi, Heritage Publishers, 1991），頁116。

12.參見本書第6章。

13.Danielou《印度的神話與神明》，頁163。

14.參見本書第7章更詳盡的尺寸。

15.Ananda K. Coomarswamy and Sister Nivedita《印度教徒與佛教徒的神話》（*Myths of the Hindus and Buddhists*）（New York, Dover Publications, 1967），頁395。

16.Sinha《古印度的巨蛇崇拜》，頁44-45。在某些古印度的賽夏浮雕中，顯現不僅支持毗濕奴，還有世界本身，有段經文陳述：「這個轉動的地球和她的岩石與森林，和她的海洋、村莊、樹叢與城鎮，啊賽夏！抱著她深一些，為使她不動。」（《古印度的巨蛇崇拜》，頁25-26）這可詮釋賽夏何以在蛇王婆蘇吉像攪拌繩索一樣工作之前，將曼德拉山連根拔除。

17.《印度：神話與傳說》，頁143。

18.《探索文明的搖籃》，頁237。

19.Coedes《吳哥入門》，頁40。

20.《哈姆雷特的磨坊》，頁232。

21.此種浮雕的複製品，參見Lockyer《天文學之始》，頁149。

22.感謝John Grigsby向我們指出類似的觀點，參見研究論文

〈吳哥的神廟〉（Temples of Angkor），頁2, 10。

23.Mark Lehner《埃及的遺產》（The Egyptian Heritage），頁119。

24.參見本書第4章。

第九章

1.《科學》雜誌，頁285。

2.同前書，頁285-286。對小吳哥天文和宇宙象徵意義更進一步的詳細觀察，參見Eleanor Moron「小吳哥時空的配置」（Configurations of Time and Space at Angkor Wat），〈印度與亞洲的藝術與文化研究〉（Studies in Indo-Asian Art and Culture），第5卷，1977，頁217-267。

3.Coomarswamy《印度教徒與佛教徒的神話》，頁393；公元前3102年2月16日，係依據某些計算。參見RILKO簡訊，第28號，1986，頁13。

4.例如參見Aveni《古墨西哥的觀天者》（Skywatchers of Ancient Mexico），頁143。

5.Wilkins《印度神話》，頁354。

6.Mackenzie《印度：神話與傳奇》，頁357-358。

7.Ions《印度神話》，頁29，Mackenzie《印度：神話與傳奇》，頁108。

8.Danielou《印度的神話與神明》，頁164。

9.Walter Scott《煉金術》，頁343。

10.同前書，頁345-347。

11.參見本書第2部。

12.Raymond《埃及神廟的神祕起源》（The Mythical Origin of the Egyptian Temple），頁201。

13.Hinkley Allen《星球名錄》，頁205；Lockyer《天文學之始》，頁150。

第十章

1.Rooney《吳哥》，頁109。

2.《科學》雜誌，頁281。

3.天文學家稱日出指向的目標為「跨越四分之一」。參見《創世紀的守護神（美國版：人面獅身像的訊息）》，頁254的討論。

4.Michael D.Coe「高棉人定居的模式：與馬雅可能的類似」（The Khmer Settlement Pattern：a Possible Analogy with the Maya）〈美國古物〉（American Antiquity），第22卷, 1957, 頁409-410。

5.Sir Arther Conan Doyle〈四個簽名〉（The Sign of Four），1889。

6.「天穹3.6版」。我們再度感謝John Grigsby發現這項相互關係。

7.Groslier《吳哥》，頁29。

8.Coedes《吳哥入門》，頁77-78。

9.Coedes《吳哥入門》，頁82。

10.「許多紀念碑指向早期對此地的佔領。」Bruno Dagens《吳哥：亞洲帝國的心臟》（Angkor：Heart of an Asian Empire）（London, Thames and Hudson, 1995），頁170。

11.我們早已從吳哥引用實例。以埃及為例，參見《象形文字與來世》，頁22，Werethekau女神半人半眼鏡蛇的形象。

12.《大英博物館古埃及字典》，頁262。

13.Groslier《吳哥》，頁168。

14.Zahi Hawass與Mark Lehner「人面獅身像：誰和為何興建」（考古學）（Archaeology），1994, 9-10月，頁34；Coedes《吳哥入門》，頁29, 31。

15.Aylward M.Blackman「古埃及與巴比倫的開口儀式」（The Rite of Opening the Mouth in Ancient Egypt and Babylonia），〈JEA〉，第10卷，倫敦，1924，頁55。

16.《羯陀奧義書》（Katha Upanishad），引自Coomarswamy《印度教徒與佛教徒的神話》，頁334-335。

第十一章

1.《古埃及金字塔經文》，頁170；《古埃及棺材經文》，第1卷，頁65。

2.Henri Mouhot〈旅遊印度-支那（暹羅）中部地區、柬埔寨與寮國〉（Travels in the Central Parts of Indo-China〔Siam〕, Cambodia and Laos），摘自《吳哥：一個亞洲帝國的心臟》，頁141。

3.來自Milindapana《翻譯的佛教》（*Buddhism in Translations*），頁232。

4.Milarepa《引用山中河水》（*Drinking the Mountain Stream*）（Boston, Wisdom Publications, 1995），頁43。

5.F.A.Wagner《世界的藝術：印尼，島群的藝術》（*Art of the World：Indonesia, the Art of an Island Group*）（Baden Baden, Holle & Co.,1959），頁81。

6.Danielou《印度的神話與眾神》，頁180-181。

7.周達觀《真臘風土誌》（*The Customs of Cambodia*）（Bangkok, The Siam Society, 1992），頁5。

8.同前書。

9.Audric《吳哥》，頁24。

10.《古埃及金字塔經文》，頁120。

11.同前書，頁186。

12.Audric《吳哥》，頁176。

13.摘自John Greaves《金字塔圖表》（*Pyramidographia*）（London, 1646），（Baltimore, Robert Lienhardt重印），頁155。

14.引句來自桑提拉納和戴衡德《哈姆雷特的磨坊》，頁7，但斷章取義。桑提拉納和戴衡德在此謹慎論辯「當伴隨著堅實的設計，普遍性即是考驗。若某些事物，好比在中國挖掘出，又在巴比倫的占星文中出現，就必須假設其互相有關聯。因它揭露了一個複雜的罕見圖像，沒有人能宣稱其為獨立的自發生成。」

15.Norman Lewis《可見的龍》（*A Dragon Apparent*）（Eland, London, Hippocrene, New York, 1982），頁227-228。

16.一篇重要的論文言及吳哥的歲差運動，參見Eleanor Moron「小吳哥時空的配置」（Configurations of Time and Space at Angkor Wat），尤其在頁251。

17.Pierre Loti《去吳哥朝聖》（*A Pilgrimage to Angkor*）（Thailand, Silkworm Books,1966），頁43-44。

18.Claudel〈學報〉，摘自《吳哥：亞洲帝國的心臟》，頁104。

19.John Audric《吳哥》，頁185。參見Parmentier《吳哥》，頁70。「〔巴戎寺〕的中央祠堂是被狹窄迴廊環繞的巨大黑暗中心，牆壁上無數的洞穴證明昔存在的華麗鑲板，在炫爛的屋頂下，必須改造此一粗糙的洞穴，成為值得神明居住之地，如鍍金般光彩奪目。尋寶者前往掠奪，他們挖掘至地基，將神像丟進水井。」

20.Budge《埃及人的眾神》，第2卷，頁359；「整體而言，河馬女神是個仁慈的生物，在《亡靈書》中出現在底比斯校正本的最後片段中，祂是陰間〔杜埃〕的神，善良的死者守護神。祂的前爪抓著某樣東西，仍未有滿意的解釋，左邊剩下的部分象徵「保護和神奇的力量」；另一方面，怪獸阿米特出現在審判的場景中，有河馬的臀部……。」

第十二章

1.William N.Morgan《密克羅尼西亞先史建築》（*Prehistoric Architecture in Micronesia*）（London, Kegan Paul International, 1988），頁68。

2.David Hatcher Chidress《遠古雷姆利亞與太平洋失落的城市》（*Lost Cities of Ancient Lemuria and the Pacific*）（Illinois, Stelle, Adventures Unlimited Press, 1998），頁217。

3.F.W.Christian《加羅林群島》（*The Caroline Islands*）（London, Frank Cass and Co., 1967），頁81。

4.參見本書第3部。

5.Alex McIntyre將田野研究筆記提供給作者。

6.Arthur Saxe博士《澎貝的南馬都爾區：古代行政中心的範圍和使其穩定的研究》（*The Nan Madol Area of Ponape：Researchs into Bounding and Stabilizing an Ancient Administrative Center*）（Saipan, Trust Territory of the Pacific, Office of the High Commissioner, 1980）。

7.《遠古雷姆利亞與太平洋失落的城市》，頁216-217。

8.摘自John White《磁極移動》（*Pole Shift*）（Virginia Beach, ARE Press, 1996, 頁36）

9.Charles H. Hapgood《古代海上國王地圖》（*Maps of the Ancient Sea Kings*）（Philadelphia and New York, Chilton Books, 1966），頁187。

10.摘自《上帝的指紋》修訂版下冊，頁284。

11.Charles H. Hapgood《地球變動的地殼》（*Earth's Shifting*

Crust）（New York, Pantheon Books, 1958），頁1，愛因斯坦的序文。

12.John Grigsby提供給作者的研究筆記。

13.Emilio Spedicato《太陽神物體、亞特蘭提斯與大洪水：最後冰河化末期的劇變概要》（*Apollo Objects, Atlantis and the Deluge：A Catastrophical Scenario for the End of the Last Glaciation*）（Bergamo, Quaderni Del Dipartimento di Mathmatica, Statistiica, Informatica e Applicazioni, 1990），頁10。

14.在《上帝的指紋》第4部有詳細的討論。

15.《柯林斯英語辭典》（*Collins English Dictionary*）（London, Collins, 1982），頁1015。

16.Avenj《古墨西哥的觀天者》，頁103。

第十三章

1.Maziere《復活節島之謎》（*Mysteries of Easter Island*），頁42。

2.Englert《世界中心之島》（*Island at the Centre of the World*），頁45。

3.論及玻里尼西亞人的航海技術，參見D. Lewis〈航海之星：玻里尼西亞與密克羅尼西亞人的天文學觀點〉（London, Phil.譯, 皇家學會, 1974），頁276, 133-148。

4.引自《復活節島之謎》，頁47。

5.同前書，頁51。

6.Guillaume de Hevesy《復活節島與印度河谷文字》（*The Easter Island and Indus Valley Scripts*）（Anthropos XXXIII, 1938）；Alfred Metraux《原始印度文字與復活節島石板》（*The Proto-Indian Script and the Easter Island Tablets*）（Anthropos XXXIII, 1938）。

7.《世界中心之島》，頁74-76。

8.同前書，頁73。

9.Scoresby Routledge, 引自前書，頁97。

10.《世界中心之島》，頁104。

11.引自Jacek Machowski《謎之島》（*Island of Secrets*）（London, Robert Hale, 1975），頁112。

12.Budge《埃及的天堂與地獄》，第2卷，頁4-5。

13.人口數字來自《世界中心之島》，頁108。

14.Budge《歐西里斯》，第2卷，頁180。

第十四章

1.Maziere《復活節島之謎》，頁134-135。

2.Bahn and Flenly《復活節島，地球島》（*Easter island, Earth Island*），頁118。

3.William Liller《復活節島的巨石天文學》（*The Megalithic Astronomy of Easter Island*），History of Science, 1989, S27。

4.參見本書2部，以及Piankoff《圖坦卡門的聖堂》（*The Shrines of Tutankhamon*）。

5.數字或許有些出入，乃各種估算。例如：《復活節島，地球島》，頁187；《太平洋上古埃及人的遺物》（*Ancient Egyptian Survivals in the Pacific*），頁29；《世界中心之島》，頁146。

6.《世界中心之島》，頁147。

7.Heyerdahl《復活節島：神祕的解釋》（*Easter Island：The Mystery Solved*），頁145。

8.《大英百科全書》，第9卷，頁393。

9.《太平洋上古埃及人的遺物》，頁31。

10.《古埃及金字塔經文》，頁72。

11.Faulkner《古埃及亡靈書》，頁181。

12.《古埃及金字塔經文》，頁284。

13.參見本書第2部及Budge《象形文辭典》（*Hieroglyphic Dictionary*），第1卷，頁170。

14.參見本書第2部。

15.《康提基號》（*Kon-Tiki*），頁142；《復活節島：神祕的解釋》，頁77。

16.R.A.Jairazbhoy在其《太平洋上古埃及人的遺物》中首度觀察到。猶如太陽神的名字，「ra」在古埃及即為「太陽」。Budge《象形文辭典》，第1卷，頁417。

17.傳統的詳述，引自《謎之島》，頁112。

18.《哈姆雷特的磨坊》，頁62。

19.引自《復活節島之謎》，頁57。

20.Heyerdahl《復活節島之謎》，頁111。

21.Robert Temple《中國的天才》（*Genius of China*）（Prion, 1991），頁30。

22.Mircea Eliade《永恆回歸的神話》（*The Myth of the Eternal Return*）（Princeton University Press, 1991），頁16。

23.參見本書第13章。

24.參見本書第2部。

25.Lewis Ginzberg《猶太人傳奇》（*The Legends of the Jews*）（Philadelphia, The Jewish Publication Society of America, 1988），第1卷，頁12。

26.同前書，第1卷，頁352。

27.現在放在遺址的博物館。

28.參見本書第2部。

29.Stecchini在《大金字塔的祕密》，頁182。

第十五章

1.《柯林斯星球與行星指南》（*Collins Guide to Stars and Planets*）（London, Collins, 1984），頁128。

2.參見Tony Morrison《走向山神之路》（*Pathways to the Mountain Gods*）（London, Book Club Associates, 1979），頁78。

3.Maria Reiche寄給Clorinda Caller的書信，引自《納茲卡：線條、黏土與神祕》（*Nazca：Lines, Clay and Mystery*）（Lima），頁7。

4.《走向山神之路》，頁55。

5.David Parker是《破碎的形象》（*Broken Images*）（Manchester, Cornerhouse Publications, 1992）一書的攝影師。

6.《線條之謎》（*The Mystery of Lines*）（WTW／PBS）。

7.參見Johan Reinhard《納茲卡線》（*The Nazca Lines*）（Lima, Editorial Los Pinos, 1996），頁9。

8.參見本書第14章。

9.Maria Reiche《沙漠之謎》（*Mystery on the Desert*）（Stuttgart, 1989），頁41。

10.所有大小均為估算，依據前書，頁52-53。

11.Michael Moseley《印加人及其祖先》（*The Incas and their Ancestors*）（London, Thames and Hudson, 1992），頁187。

12.翡翠字板，引自Maltwood《群星神殿格拉斯頓伯里指南》（*A Guide To Glastonbury, Temple of the Stars*），頁XiX。

第十六章

1.Sir Clements Markham《祕魯的印加人》（*The Incas of Peru*）（London, Smith,Elder and Co., 1911），頁21-23。

2.《祕魯的印加人》，頁23。

3.Pedro Cieza de Leon《祕魯編年史》（*Chronicle of Peru*）（London, Hakluyt Society, 1864及1883），第1部，第87章。

4.《祕魯的印加人》，頁32-33。

5.Garcilaso de la Vega《印加皇室實錄》（*The Royal Commentaries of the Incas*）（New York, Orion Press, 1961），頁4。

6.《印加皇室實錄》，頁4-6。

7.維拉科查與太陽的認定在Arthur A.Demarest《維拉科查：安地斯山主神的本質與古物》（*Viracocha：The Nature and Antiquity of the Andean High God*）（Harvard, Peabody Museum, 1981）一書中有極佳的證據。

8.Harold Osborne《南美洲神話》（*South American Mythology*）（London, Paul Hamlyn, 1968），頁74。

9. Harold Osborne《安地斯山脈的印地安人》，頁44。

10.《印加皇室實錄》，頁75-76。

11.原始資料引自《印加的祕密》，頁121。

12.《印加皇室實錄》，頁76-77。

13.《印加的祕密》，頁110。

14.同前書，頁106-107。

15.《古埃及金字塔經文》，頁68, 294。

16.參見Walter Scott《煉金術》（*Hermetica*）及James M.Robinson編《拿戈瑪第經集》（*Nag Hammadi Library*）（Leiden, New York, E.J.Brill, 1988）。

17.參見Tom Zuidema〈在國王的桌上：庫茲科印加人對神

聖王權的概念〉（At the King's Table：Inca Concepts of Sacred Kinship in Cuzco）History and Anthropology, 1989, 第4卷, 頁249-274。

第十七章

1.《印加皇室實錄》, 頁233-235。

2.John Hemming《印加的征服》（The Conquest of the Incas）（London, Macmillan, 1993）, 頁191。

3.如Vincent R.Lee〈薩克賽瓦曼的建築〉（Building of Sacsayhuaman）中的陳述, 柏克萊加州大學安地斯學研究所年會發表的論文。

4.例如參見Geoffrey of Monmouth《大不列顛諸王史》（The History of the Kings of Britain）（London, Penguin, 1987）, 頁196。

5.David Zink《遠古岩石物語》（The Ancient Stones Speak）, 頁123-124。

6.Johan Reinhard《馬丘比丘：神聖的中心》（Machu Picchu：The Sacred Center）（Nuevas Imagenes, 1991）, 頁49。

7.《印加的祕密》, 頁312-313的討論。

8.Scott《煉金術》, 頁155, 447。

9.《印加的祕密》, 頁365。

10.〈人的神祕起源〉（Mysterious Origins of Man）中的採訪, 美國國家廣播公司（NBC）, 1996。

11.大地舜-李維拉的採訪,《領袖》雜誌。

12.佛羅倫斯的手抄本（Florentine Codex）, 引自《印加的祕密》, 頁112。

結語

1.Scott《煉金術》。

2.Francis Bacon《新亞特蘭提斯》（New Atlantis）（Montana, Kila, Kessinger Publishing Company重印）, 頁329。

3.《拿戈瑪第經集》（Nag Hammadi Library）, 頁73-89。

4.同前書, 頁121-122。

5.同前書, 頁87。

6.Kurt Rudolph《靈知：諾斯替教的本質與歷史》（Gnosis：The Nature and History of Gnosticism）（San Francisco, Harper, 1987）, 頁116。

7.參見Francis Legge《從公元前330年至公元330年基督教的先驅者與競爭者》（Forerunners and Rivals of Christianity from 330BC to 330AD）（New York, University Books, 1965）, 第2卷, 頁21。

8.Normandi Ellis《喚醒歐西里斯：古埃及亡靈書》（Awakening Osiris：The Ancient Egyptian Book of the Dead）, 頁84。

9.《拿戈瑪第經集》, 頁184, 165。

10.同前書, 頁185。

11.Delia Goetz and Sylvanus G. Morley譯《波波武經：奎契族馬雅聖書》（Popol Vuh：The Sacred Book of the Ancient Quiche Maya）（University of Oklahoma Press, 1991）, 頁168-169。

12.同前書, 頁169。

13.Tedlock《波波武經》, 頁16。

14.《薄伽梵歌》（Bhagavata Purana）, 引自《亞特蘭提斯：大洪水之前的世界》（The Antediluvian World）, 頁88。

15.巴洛素斯（Berosus）殘片, 引自Robert K.G.Temple《天狼星之謎》（The Sirius Mystery）（Vermont, Destiny Books, 1987）, 頁249。

16.John Greaves《金字塔圖表》（Pyramidographia）。

17.來自Jacques Mayol, 1997年9月16日的傳真。

18.Hinkley Allen《星球名錄》, 頁45。

19.Mary Caine《格拉斯頓伯里黃道帶》（The Glastonbury Zodiac）, 頁129-130。

20.《星球名錄》, 頁46。

21.Hugh Harleston Jr.《馬雅黃道帶》（El Zodiaco Maya）（Mexico City, Editorial Diana, 1991）, 頁37。

22.Ions《印第安神話》, 頁102。

23.Caine《格拉斯頓伯里黃道帶》, 頁129；Maltwood《群星神殿格拉斯頓伯里指南》, 頁42。

24.《哈姆雷特的磨坊》, 第2章。

天之鏡 全譯本

原著書名／Heaven's Mirror: Quest for the Lost Civilization　　　　譯　　者／周健
原出版社／Sheil Land Associates　　　　　　　　　　　　　　選書編輯／何宜珍、劉枚瑛
作　　者／葛瑞姆・漢卡克 Graham Hancock　　　　　　　　　責任編輯／劉枚瑛
攝　　影／桑沙・法伊亞 Santha Faiia

版　　權／葉立芳、翁靜如
行銷業務／林彥伶、張倚禎
總 編 輯／何宜珍
總 經 理／彭之琬
發 行 人／何飛鵬
法律顧問／台英國際商務法律事務所　羅明通律師
出　　版／商周出版
　　　　　臺北市中山區民生東路二段141號9樓
　　　　　電話：(02) 2500-7008　傳真：(02) 2500-7759 E-mail：bwp.service@cite.com.tw
發　　行／英屬蓋曼群島商家庭傳媒股份有限公司城邦分公司
　　　　　臺北市中山區民生東路二段141號2樓
　　　　　讀者服務專線：0800-020-299　24小時傳真服務：(02)2517-0999
　　　　　讀者服務信箱E-mail：cs@cite.com.tw
劃撥帳號／19833503　戶名：英屬蓋曼群島商家庭傳媒股份有限公司城邦分公司
訂購服務／書虫股份有限公司客服專線：(02)2500-7718；2500-7719
　　　　　服務時間：週一至週五上午09:30-12:00；下午13:30-17:00
　　　　　24小時傳真專線：(02)2500-1990；2500-1991
劃撥帳號：19863813　戶名：書虫股份有限公司
　　　　　E-mail：service@readingclub.com.tw
香港發行所／城邦(香港)出版集團有限公司
　　　　　香港 灣仔 駱克道193號超商業中心1樓
　　　　　電話：(852) 2508-6231　傳真：(852) 2578-9337
馬新發行所／城邦(馬新)出版集團
　　　　　Cité (M) Sdn. Bhd. 41, Jalan Radin Anum,
　　　　　Bandar Baru Sri Petaling, 57000 Kuala Lumpur, Malaysia.
　　　　　電話：(603)9057-8822　傳真：(603)9057-6622
商周出版部落格／http://bwp25007008.pixnet.net/blog
行政院新聞局北市業字第913號

設　　計／林家琪
印　　刷／卡樂彩色製版印刷有限公司
總 經 銷／高見文化行銷股份有限公司　客服專線：0800-055-365
　　　　　電話：(02)2668-9005　傳真：(02)2668-9790

■2013年（民102）6月初版　　　　　　　　　Printed in Taiwan
定價750元
著作權所有，翻印必究

城邦讀書花園
www.cite.com.tw

國家圖書館出版品預行編目(CIP)資料

天之鏡 / 葛瑞姆.漢卡克（Graham Hancock）著；桑沙.法伊亞（Santha Faiia）攝影；周健譯. -- 初版. -- 臺北市：商周出版：家庭傳媒城邦分公司發行, 民102.06
　面；　公分　　全譯本　　譯自：Heaven's mirror : quest for the lost civilization　ISBN 978-986-272-391-3（精裝）　1.文明史 2.上古史 3.文化遺址
713.1　　　102009444